国家无障碍战略研究与应用丛书（第一辑）

无障碍与现代奥运

吕小泉　　吕天天　著

辽宁人民出版社

© 吕小泉　吕天天　2019

图书在版编目（CIP）数据

无障碍与现代奥运 / 吕小泉，吕天天著. —沈阳：
辽宁人民出版社，2019.6
（国家无障碍战略研究与应用丛书. 第一辑）
ISBN 978-7-205-09634-2

Ⅰ. ①无… Ⅱ. ①吕… ②吕… Ⅲ. ①奥运会—残疾
人—社会服务—研究—中国 Ⅳ. ①G811.21 ②D669.69

中国版本图书馆 CIP 数据核字（2019）第 119674 号

出版发行：辽宁人民出版社
　　　　　地址：沈阳市和平区十一纬路 25 号　邮编：110003
　　　　　电话：024-23284321（邮　购）　024-23284324（发行部）
　　　　　传真：024-23284191（发行部）　024-23284304（办公室）
　　　　　http://www.lnpph.com.cn
印　　刷：辽宁新华印务有限公司
幅面尺寸：170mm×240mm
印　　张：15.75
字　　数：247千字
出版时间：2019 年 6 月第 1 版
印刷时间：2019 年 6 月第 1 次印刷
责任编辑：刘铁丹　郭　健　赵学良
装帧设计：留白文化
责任校对：常　昊　等
书　　号：ISBN 978-7-205-09634-2
定　　价：85.00元

总 序

何毅亭

目前，我国直接的障碍人群有 1.25 亿，包括 8500 多万残疾人和 4000 万失能半失能的老年人。如果把 2.41 亿 60 岁以上的老年人这些潜在的障碍人群都算上，障碍人群是一个涵盖面更宽的广大群体。因此，无障碍建设是一项重大的民生工程，是我国社会建设的重要课题，也是我国社会主义物质文明和精神文明建设一个基本标志。毫无疑义，研究无障碍战略和无障碍建设具有十分重要的意义。

在中国残联的关心支持下，在中央党校、中国科学院、清华大学等各方面机构的学者和无障碍领域众多专家努力下，《国家无障碍战略研究与应用丛书》（第一辑）付梓出版了。这是我国第一部有关无障碍战略与应用研究方面的丛书，是一部有高度、有深度、有温度的无障碍领域的研究指南，具有开创性意义，必将对我国无障碍建设产生深远影响。

这部丛书将无障碍建设的研究提升到国家战略层面，立足新时代，展望新愿景，提出了新战略。党的十九大确认我国社会主要矛盾已经转化为人民日益增长的美好生活需要和不平衡不充分的发展之间的矛盾。我国社会主要矛盾的转化，反映了我国经济社会发展的巨大进步，反映了人民群众的新期待，也反映了发展的阶段性特征。新时代，一定要着力解决好发展不平衡不充分问题，更好满足人民在经济、政治、文化、社会、生态、公共服务等各方面日益增长的需要，更好推动人的全面发展和社会全面进步。无障碍建设是新时代人民群众愿景的重要方面。中央党校高端智库项目将无障碍建设作

何毅亭　第十三届全国人民代表大会社会建设委员会主任委员，中央党校（国家行政学院）分管日常工作的副校（院）长。

为重要战略课题进行研究，系统论述了无障碍建设的国家战略，提出了无障碍建设目标体系以及实施路径和机制，将十九大战略目标在无障碍领域具体化，成为本套丛书的开篇，体现了国家高端智库的应有作用。

这部丛书汇聚各个机构专家学者的知识和智慧，内容涉及无障碍领域的创新、建筑、交通、信息、文化、教育等领域，还涉及法律、市场、政策、社会组织等方面，体现了无障碍建设的广泛性和系统性。它既包括物理环境层面，也包括人文精神层面，还包括制度层面，是一个宏大的社会话题，涵盖国情与民生、经济与社会、科技与人文、创新与发展、国家治理和全球治理等重大问题。丛书为人们打开了一个大视野，从多领域、跨学科、综合性视角全面阐释了无障碍的理念与内涵，论述了相关理论与实践。丛书的内容说明，无障碍建设实际上是一个国家科技化、智能化、信息化水平的体现，是一个国家经济建设和社会建设水平的体现，也是一个国家硬实力和软实力的综合体现。它的推进，也将有助于推进我国的经济建设、社会建设、文化建设和制度建设，对于我国新时期创新转型发展将产生积极影响。

这部丛书立足于人文高度，体现了"以人民为中心"的要求，不仅从全球角度说明了无障碍的人道主义内涵，而且进一步论述了我国无障碍建设所体现的社会主义核心价值观内涵。丛书把无障碍环境作为国家人文精神的具象，从不同领域、不同方面阐述无障碍环境建设的具体措施，体现了对残疾人的关爱，对障碍人群的关爱，对人民的关爱。它提醒我们，残疾人乃至整个障碍人群是一个具有特殊困难的群体，需要格外关心、格外关注，整个社会应当对他们施以人道主义关怀，让他们与其他人一样能够安居乐业、衣食无忧，过上幸福美好的生活。这是我们党全心全意为人民服务宗旨的体现，是把我国建成富强民主文明和谐美丽的社会主义现代化强国，促进物质文明、政治文明、精神文明、社会文明、生态文明全面提升的体现。

这部丛书的出版，深化了对无障碍的认识，对于无障碍建设具有重要的指导意义，对于各级领导干部进一步理解国家战略和现代文明的广泛内涵也具有重要参考作用。丛书启迪人们关爱残疾人、关爱障碍人群，关爱自己和别人，积极参与无障碍事业。丛书启迪人们，无障碍不仅在社会领域为政府和社会组织提供了大有作为的空间，而且在经济领域也为企业提供了更大的发展空间。丛书还启迪人们，无障碍不仅关乎我国障碍人群的解放，而且关乎我们所有人的解放，是人的自由而全面发展的一个标志。

我国无障碍建设自 20 世纪 80 年代开始起步，从无到有，从点到面，逐步推开，取得了明显进展。无障碍环境建设法律法规、政策标准不断完善，城市无障碍建设深入展开，无障碍化基本格局初步形成。但是也要看到，我国无障碍环境建设还面临着许多亟待解决的困难和问题，全社会无障碍自觉意识和融入度有待进一步提高，无障碍设施建设、老旧改造、依法管理有待进一步加强，信息交流无障碍建设、无障碍人才队伍建设等都有待进一步强化。无障碍建设任重道远。

借《国家无障碍战略研究与应用丛书》（第一辑）出版的机会，我们期待有更多的仁人志士关注、参与、支持无障碍建设，期待更多的智库、更多的专家学者推出更多的无障碍研究成果，期待无障碍建设在我国创新发展中不断迈上历史新台阶。

2018 年 12 月 3 日

国家无障碍战略研究与应用丛书（第一辑）

顾　问

吕世明　段培君　庄惟敏

编者的话

《国家无障碍战略研究与应用丛书》（第一辑）历时三载，集国内数十位专家、学者的心血和智慧，终于付梓，与读者见面。

《丛书》以习近平新时代中国特色社会主义思想为指导，体现习近平总书记对残疾人事业格外关心、格外关注。2019年5月16日，习近平总书记在第六次全国自强模范暨助残先进表彰大会上亲切会见了与会代表，勉励他们再接再厉，为推进我国残疾人事业发展再立新功。习近平总书记强调要重视无障碍环境建设，为《丛书》的出版指明了方向，提供了遵循；李克强总理2018年、2019年连续两年在《政府工作报告》中提出"加强无障碍设施建设""支持无障碍环境建设"；韩正、王勇同志在代表党中央、国务院的讲话中指出"加强城乡无障碍环境建设，促进残疾人广泛参与、充分融合和全面发展"。

中国残联名誉主席邓朴方强调：无障碍环境建设是一个涉及社会文明进步和千家万户群众切身利益的大问题，我们的社会正在一步步现代化，要切实增强无障碍设计建设意识，认真推进无障碍标准，不断改善社会环境，把我们的社会建设得更文明、更美好。

中国残联主席张海迪阐释："自有人类，就有残疾人，就会有障碍存在。人类社会正是在不断消除障碍的过程中，才逐步取得文明进步。无障碍不仅仅是一个台阶、一条盲道，消除物理障碍固然重要，消除观念上的障碍更为重要。发展无障碍实际上是消除歧视，是尊重生命权利和尊严的充分体现。"

多年来，在各部门努力推进和社会各界支持参与下，我国无障碍环境建设取得了显著成就。《无障碍环境建设条例》实施力度不断加大，国民经济和社会发展"十三五"纲要及党中央关于加快残疾人小康进程、发展公共服务、文明建设、推进城镇化建设、加强养老业、信息化、旅游业发展等规划都明确提出加强无障碍环境建设和管理维护；住房和城乡建设部、工业和信息化部、教育部、公安部、交通运输部、国家互联网信息办、文化和旅游部、中国民航局、铁路总公司、中国残联、中国银行业协会等部委、单位、高校、科研机构制定实施了一系列加强无障碍环境建设的公共政策和标准，城乡和行业无障碍环境建设全面推进，社区、贫困重度残疾人家庭无障碍改造深入实施，无障碍理论研究与实践应用方兴未艾。大力推进无障碍环境建设，努力改善目前与经济社会发展不相适应，与广大残疾人、老年人等全体社会成员需求不相适应的现状，是新时代赋予的使命担当。

　　《丛书》是多年来我国无障碍环境建设实践和研究的总结，为进一步加强无障碍环境建设提出了理论思考建议并对推广应用提供了参考和借鉴。

　　《丛书》入选"十三五"国家重点图书出版规划和国家出版基金资助项目，是对《丛书》全体编创人员出版成果的高度肯定，充分体现了新时代国家对无障碍环境建设的关心、关注和支持，将进一步促进无障碍环境建设发展，助力我国无障碍事业迈向新阶段。

前　言

　　无障碍建设是人类努力创造美好生活环境、构建和谐社会。现代奥林匹克运动是人类在努力挑战自我与自然、追求更高更快更强。通过奥运会和残奥会，无障碍与奥运这两项伟大的人类活动有了交集，现代奥运是无障碍建设与人类文明理念的强有力发动机和推进器。

　　奥运精神与无障碍理念是相通的。与自然界优胜劣汰的法则不同，人类无障碍理念更加注重自主与尊严、更加注重平等与共赢、更加注重社会融合与普适通用。

　　本书通过奥运举办城市以及北京的无障碍建设历程，结合著者考察国内外无障碍建设情况与担任北京奥组委工程部无障碍设施处处长和北京奥组委无障碍专家组组长的亲身经历，以及其后参与的我国创建无障碍先进城市、举办亚洲和国家残疾人体育赛事活动、无障碍标准编制和无障碍项目研究等，总结无障碍建设的发展成果。

　　本书归纳我国发挥体制优势、集中力量办大事的北京奥运无障碍建设经验。领导重视科学决策是成功的前提；遵守国际惯例、执行国家标准是成功的依据；职责机构落实、严密组织计划是成功的基础；专家智慧与群众监督是成功的保证。北京奥运无障碍向全世界交出了诠释奥运精神与无障碍理念的优秀答卷，实现了我国无障碍理念与建设跨越式的发展。

　　本书参考了著者参与的上百个案例与项目，记述了著者在区域无障碍、无障碍应急与安全、多层无障碍工业建筑、旅游无障碍环境、城市新区无障碍规划等方面的研究。提出无障碍理念提升在于从注重残疾转为注重克服障碍，无障碍研究深入在于明确我国无障碍建设发展战略，无障碍建设的理想境界在于人类可以无障碍使用建筑物、无障碍驾驭客观环境。

本书探讨了2022北京冬奥会无障碍建设八个关键因素，即无障碍需求、无障碍标准、无障碍流线、无障碍设施、无障碍设备、无障碍信息、无障碍标识、无障碍安全等。探讨了无障碍设施有没有、够不够与好不好的标准，指出八个要素定量化的重要性。

本书针对2022北京冬奥会及未来我国无障碍建设发展理念、阶段、目标和手段，提出无障碍建设战略分期与发展目标。提出打基础、补短板、强服务的无障碍发展手段，提出了我国无障碍建设未来发展技术层次体系框架和技术领域，以及亟待开展的无障碍研究项目与课题。

本书注重根据案例总结我国无障碍建设与发展规律。附录收入了著者查阅数千份英语无障碍文献资料后翻译的、具有一定参考价值的国外残疾人应急与安全、临时活动场地与新建体育场馆的无障碍标准，以及著者编写的滑雪场建筑无障碍建设标准要点。限于篇幅，收录文献多为节选。著者拍摄的照片与翻译的国外文献均为首次发表。

本书完成适逢北京奥运会和残奥会成功举办十周年，谨此纪念无障碍工作者付出的艰辛努力与辉煌历程。本书参考了奥运会和残奥会场馆与城市无障碍建设等方面大量的文献、资料、标准和论文等，引用的国内外文献资料与照片在本书参考文献和脚注中已列出。如有错漏请予指出，以便补充更正。在此一并致谢。

吕小泉

吕天天

2018 年 8 月 8 日于北京

目　录

第一章

无障碍建设与现代奥运

第一节　奥运无障碍建设

一、奥运需求与无障碍建设

奥林匹克运动诞生于公元前 776 年的古希腊。现代奥运会自 1896 年举办第一届，到 1960 年意大利罗马第一届现代残疾人奥林匹克运动会，距今才 100 多年的历史。残疾人从走出家门融入社会到参与奥林匹克运动，已在古代奥运会举办近 3000 年以后。漫长的历程说明，如果奥运主办城市不具备完善的无障碍设施与无障碍环境，残疾人争取与健全人同台竞技的道路会更加艰难，尽管残疾运动员创造的成绩，很多健全运动员都难以企及。

自 1960 年第一届残奥会以来，奥运筹办工作中出现了无障碍建设的内容。对主办城市无障碍环境的要求越来越高。1988 年的汉城残奥会，国际奥委会与国际残疾人体育组织达成协议在同一城市举办夏季奥运会和残奥会。残疾运动员第一次使用了为奥运会设计建设的比赛场馆。在西方国家以外的城市场馆设计中有了无障碍设施。1989 年国际残奥委会正式在德国成立。从悉尼 2000 年奥运会和残奥会开始，场馆与城市筹备工作中增加了大量标准化的无障碍建设与改造的内容。

2001 年国际奥委会与国际残疾人奥林匹克委员会签署协议，确立奥运会、残奥会"一个申办一个城市"原则，意味着残奥会的举办将自动列入申办奥运会。协议涉及残奥会的一般范围和组织，目的是为了奥运会和残奥会组织采用相同的标准要求。协议自 2008 年北京夏季奥运会残奥会以及加拿大温哥华 2010 年冬季奥运会、残奥会开始执行。

自 2002 年美国盐湖城冬季奥运会以来，一个组委会开始负责同时主办奥运会和残奥会。两个运动会的运动员住在同一个奥运村（残奥村），享受同样的饮食服务、医疗和设施。奥运会票务、技术和交通系统无缝地延伸到残奥会。2002 年冬奥会结束后，盐湖城举行了冬季残奥会。来自 36 个国家的416 名运动员参加了高山滑雪、北欧两项和冰球比赛。尽管发达国家城市无障碍建设基础较好，但无障碍设施建设依然成为冬季残奥会筹备工作的重点与难点。

2005 年国际残奥委会在第一次制定的残奥会场馆技术手册中明确指出，无障碍是残奥会中至关重要的元素，也是奥运会期间所有场馆在运行中非常重要的元素。在残奥会策划与建设初期即应遵守无障碍要求。良好的设计应该为所有人提供无缝的无障碍环境，而不是在事后解决问题。奥运会和残奥会应该为所有的使用者提供无障碍环境。无障碍环境是使移动能力、视力、听力或智力上有障碍的人能够独立、公平、有尊严地参与奥运会和残奥会。

因此除了依靠残疾运动员发扬自立自强的现代奥运精神外，比赛场馆需要建设完备的无障碍设施以保证残奥会等大型国际赛事活动的公平竞赛。主办城市也需要创造良好的无障碍环境让残疾人自主、便利地观赛和游览。国际残奥委会把残奥会称作是全世界残疾人的节日与最盛大的欢乐活动。重在参与，奥运精神与无障碍参与胜于比赛成绩。残奥会期间不仅大量的残疾运动员需要到主办城市参加比赛，而且世界各地的大量残疾观众与其家人也要涌入奥运主办城市去观赏比赛。残奥会对主办城市的餐饮、住宿、交通出行、旅游、购物、娱乐等服务行业的无障碍设施建设提出了很高的要求。需要考虑肢体残疾人、视力残疾人、听力残疾人及其他一切有需要的人的无障碍需求，使他们能够无障碍地观赛与活动。

承办一届现代奥运会残奥会对一座城市来说，既有社会效益与经济效益的巨大收获，也需要人力、物力与财力的巨大付出。1992 年在北京举行的远南运动会，由于受到条件限制，很多场馆没有无障碍设施，残疾运动员和残疾观众靠他人协助出入。有无障碍需求的观众无法顺利进入场馆观看比赛。从北京奥运会、残奥会开始筹办，北京市政府加大力度，持续不断地进行了城市无障碍建设与改造工作。截至奥运会召开的北京奥运筹备的 8 年中，北京市在城市无障碍设施建设方面投入 10 多亿元人民币，实施了 14000 多项无障碍改造工程。无障碍设施建设总量相当于过去 20 年的总和。仅 2007 年北京市就投入无障碍建设与改造工作经费 38948.4 万元（其中，市级财政投入 20314.31 万元，区级财政投入 15146.72 万元，社会单位自筹资金 3487.37 万元），保证了北京奥运会残奥会各项无障碍建设和改造任务的顺利完成。这些无障碍设施建设不仅使人民群众提前享受了无障碍环境带来的便利，也在以后城市运行中继续发挥着巨大的作用。通过北京奥运会、残奥会首创并确立了奥运筹办的无障碍建设标准，体现了奥运会、残奥会等大型活动与无障碍建设发展的相互推动与交相辉映。奥运会、残奥会的筹办工作有力地推动了举办城市无障碍建设与无障碍理念的提高，推动了人们对无障碍需求的认识。

无障碍建设是人类追求美好生活与构建和谐社会的活动。现代奥林匹克运动是人类挑战自我，追求自身更高更快更强的活动。通过筹办奥运会，这两项伟大的人类活动有了交集，现代奥运是无障碍建设强有力的发动机和推进器。与自然界优胜劣汰的法则不同，人类创建无障碍环境注重自身能力的发挥，无障碍理念更加注重自主与尊严、更加注重平等与共赢、更加注重社会融合与普适通用。在追求自主、卓越、平等、尊严、融合与和谐上，奥运精神与无障碍理念是相通的。奥运会、残奥会是无障碍建设强大的推进器。

二、奥运无障碍需求的发展

现代残奥会残疾运动员的残疾类别从最初的第一届 1960 年的罗马残奥会只有肢体残疾，发展到 2008 年北京残奥会有肢体残疾、视力残疾与脑瘫等多种残疾类别，与不同程度的残疾分级。残奥会的规模不断扩大，参加残奥会的运动员数量在不断增加。

奥运场馆设施的无障碍需求通过运动员的需求体现了出来。各类残疾运动员的无障碍需求有较大的区别。如肢体残疾、视力残疾和听力残疾的无障碍需求除了硬件设施与标识系统的无障碍建设外，还需要信息系统的无障碍建设。更需要清晰、完善、连续的无障碍标识系统。国际残奥委会指出，没有无障碍标识的环境不是无障碍环境。

表 1-1-1　残奥会残疾运动员数量与残疾类别

残奥会	举办城市	时间	运动员数	残疾类别
第 1 届	罗马	1960	400	脊髓损伤
……	……	……	……	……
第 5 届	多伦多	1976	1657	脊髓损伤，截肢，视力残疾
第 6 届	阿纳姆	1980	1973	脊髓损伤，截肢，视力残疾，脑瘫
……	……	……	……	……
第 10 届	亚特兰大	1996	3259	脊髓损伤，截肢，视力残疾，脑瘫，智力残疾
……	……	……	……	……
第 13 届	北京	2008	3951	脊髓损伤，截肢，视力残疾，脑瘫

　　上表反映了历届残奥会参赛运动员残疾类别的变化情况。从第一届罗马残奥会到第十三届北京残奥会，参赛运动员残疾类别从脊髓损伤一种增加到了四种，几乎涵盖了所有的残疾类别。残疾运动员的数量也大大增加。为此在北京残奥会举办前，需要对残疾运动员的数量与残疾类别进行预测，以明确无障碍需求，由此确定无障碍设施的建设工程量。对于奥运会、残奥会的组委会来说，无障碍需求的预测越准确，无障碍建设的工程量与无障碍设施的建设形式就越科学越合理。北京残奥会时参赛的残疾运动员人数达到创纪录的 4000 人，其中乘坐轮椅的残疾运动员约 2000 人。为防止残奥会的规模越来越大，北京残奥会后，国际残奥委会限定了残奥会的运动员规模为 4000 人。即使如此，保障这 4000 人的无障碍需求对城市的无障碍建设也是巨大的压力。况且观看奥运会、残奥会和参加大型活动的观众和游客中残疾人、老年人和推婴儿车的年轻人等都有无障碍需求，无障碍需求人数规模可达百万人。无障碍需求类别与需求数量强度变化导致无障碍设施与服务保障的难度大大增加。残奥会主要残疾类别的无障碍需求应对措施见表 1-1-2。

表1-1-2　残奥会主要残疾类别无障碍需求应对措施

残疾类别	无障碍应对措施
肢体残疾	场馆及城市公共建筑的无障碍设施、无障碍道路交通、无障碍标识与信息系统、语音提示系统、屏幕及光电信号提示系统、无障碍救助系统与无障碍服务
视力残疾	无障碍道路交通与盲道系统、无障碍标识与信息系统、语音提示系统、无障碍救助系统与无障碍服务
脑　瘫	需要上述类别的无障碍需求综合保障措施

　　无障碍建设内容包括：场馆及城市建筑的永久、临时与运行无障碍设施、无障碍道路交通、无障碍标识与信息系统、无障碍应急与救助系统和无障碍服务等。

　　场馆无障碍建设主要包括：涉及运动员、观众、媒体记者、贵宾与赛会工作人员在内的各类客户群的比赛训练和热身场地、兴奋剂检测、座席设施、通道与流线、出入口与安全检查、售票与咨询服务、衣物器具辅具等存储、更衣室、休息室、工作室、医务室、卫生间、标识、信息、视听辅助与成绩发布系统、停车和各类服务设施等。

　　城市建筑无障碍建设的主要类别包括：食、宿、行、旅游、购物、娱乐等和城市单体建筑的无障碍建设部位，如停车位、出入口、卫生间等。这些建设内容与建设工程量，展现了无障碍需求保障的广度与难度。国际残奥委会对无障碍需求的解释是：人们应该自主、平等、有尊严、满足自身需求地使用基础设施、公共建筑和社会资源。无障碍是人类共同的需求，是现代城市与环境的充分必要条件，是社会和谐与生活高质量的重要内容。城市和场馆无障碍建设与改造的需求是重中之重。

　　与发达国家100年漫长的无障碍建设历程不同，在我国社会制度下，北京奥运筹办的8年，中国的无障碍建设从仅为残疾人服务迅速迈入了为无障碍需求者和所有人服务的发展阶段。从仅有少数的几个无障碍建设法规标准，迅速实现了无障碍法规标准体系的建立与相关行业的覆盖，从几乎空白的城市无障碍设施迈入了蓬勃发展的全面无障碍环境建设。我国无障碍建设与发展已经迅速缩小了与发达国家的差距，北京城市无障碍建设已经追上了发达国家城市无障碍建设的水平。我国独特的无障碍建设与发展道路已经引起全世界的重视。

往届成功的奥运会、残奥会实践说明，无障碍需求推动了无障碍理念的更新，推动了人们认识无障碍与无障碍标准的完善。在充分明确奥运会残奥会无障碍需求的基础上，确定奥运会残奥会城市与场馆无障碍建设标准，据此进行建设与改造，将为举办一届成功的奥运会、残奥会提供有力的保障。

第二节　奥运与城市无障碍建设

一、现代奥运与城市无障碍

2008 年以前的残奥会几乎全部是在发达国家城市举行。这些国家社会成员对于无障碍需求的认识水平较高，无障碍法规体系较为完备，城市无障碍基础设施和服务相对完善，具有较好的无障碍环境。

奥运主办城市的无障碍立法、无障碍标准和无障碍环境对举办一届精彩纷呈的奥运会与残奥会至关重要。往届奥运举办国都经历了无障碍理念的发展、无障碍立法与标准的探索，也经历了长时间城市无障碍设施的建设与改造过程。研究这些奥运举办国家的无障碍建设与改造经验，对我国有很好的借鉴作用。

在北京奥运会残奥会之前的奥运筹办历史上，国际奥委会和国际残奥委会从来没有对比赛场馆与主办城市提出过无障碍建设标准，也从来没有对主办城市与场馆无障碍建设进度与内容等规定明确的要求。往届奥运会和残奥会主办城市做好比赛场馆与奥运村的无障碍建设，以及城市与场馆点对点的交通无障碍保障即可。奥运筹办取决于各国对于无障碍需求的认识以及主办城市无障碍设施与无障碍建设的实际水平。1996 年美国亚特兰大奥运会残奥会的奥运村借用了乔治亚工学院的学生宿舍。著者发现由于学校无障碍设施情况较好，组委会没有新建残奥村。

图 1-2-1
美国亚特兰大乔治亚工学院
学生宿舍外景

图 1-2-2
亚特兰大奥运会运动员宿舍——乔治亚工学院
学生宿舍内景

　　发达国家城市大规模无障碍建设开始于第一次世界大战以后。1918 年结束的第一次世界大战产生了 1000 多万伤残人员，其中既有士兵也有平民。他们都需要无障碍建筑与无障碍环境。无障碍需求使第一次世界大战后轮椅和坡道等在欧洲城市迅速发展起来。两次世界大战后的伤残人员康复与日常生活引起了欧美各国的关注。运动手段由于在伤残人员的康复过程中起到积极作用而受到重视。欧洲康复医学的诞生也反过来有力地推动了残疾人体育运动的发展。1944 年英国建立了脊髓损伤中心，该中心引入了体育康复方法。1952 年第一届残疾人斯托克·曼德维尔运动会成功举办，该运动会成为现代残奥会的前身。无障碍设施与无障碍环境建设逐渐成为西方国家城市建设的一项重要内容。

　　城市无障碍建设一般由各国根据自己的标准规范，主要通过政府投资无障碍建设与无障碍改造。发达国家强调保护人权和残疾人福利，通过国家宪法以及残疾人保护法等从总体上规定无障碍的权利与义务，推动国家和城市的无障碍建设与发展。技术标准规范与地方法规较为详细地规定通用的建设标准和技术规定。中央政府主管部门、地方政府或单个城市对特定领域和地区的实施细节加以规范和约束。发达国家在比较健全的法制条件下，确保了城市无障碍建设与改造有效执行，形成了较好的城市无障碍建设环境。

　　著者通过实地考察与文献研究发现，发达国家城市无障碍建设发展对于奥运筹办具有保障作用，奥运筹办又对城市无障碍建设具有推动作用。发达国家城市无障碍建设可大致分为两类：在国家法律制度保护人权与残疾人权益的基础上，以美国为代表的北美与欧洲部分国家，制定推荐性的无障碍标准，地方政府颁行强制性法规并进行管理的无障碍建设；以英国为代表的欧洲部分国家，以西方福利社会的残疾人福利政策为特点的无障碍建设。

二、发达国家城市无障碍建设

2008 年以前的奥运会无障碍需求与无障碍保障是主办城市的自选动作。大量观众包括残疾观众观看奥运会比赛、参与奥运活动对城市和场馆的平时无障碍设施产生了巨大的临时需求。城市无障碍建设越好，奥运会、残奥会对城市造成的瞬时无障碍建设压力就越小。

发达国家城市无障碍建设发展较快，具有明显的优势，容易成功申办奥运会、残奥会。以举办过奥运会、残奥会的美国和英国的城市无障碍建设为例。

1. 美国城市无障碍建设

美国城市无障碍建设历史悠久。美国无障碍法规和无障碍建设经历了漫长的发展道路。美国现代无障碍设施的发源可以追溯到 200 多年前的 1817 年，即被称为全世界第一所残疾人学校——美国康涅狄格州哈特福德聋人学校建立。第一部关于残疾人和无障碍的法规可以追溯到 1864 年美国总统林肯签署的哥伦比亚大学给聋哑人和盲人授予大学学位的授权法案。该法案使哥伦比亚大学成为世界上第一个为残疾人设立的，具有无障碍设施的大学。1865 年学院更名为加劳德特大学。加劳德特大学如今是世界上知名的为聋哑等残疾学生设立的文科大学。现有来自包括中国学生在内的残疾学生 300 多人。2017 年加劳德特大学聋人学生新宿舍开始启用。宿舍设计充分考虑聋哑学生的无障碍需求，设置了无障碍电梯、无性别无障碍卫生间、无障碍自习室和电视室等，满足了学生的无障碍需求。

美国无障碍建设发展简史见下表。

表 1-2-1 美国无障碍实践与标准的发展简史

1869 年	全世界第一台轮椅在美国专利局注册专利。
1918 年	美国批准了退伍军人职业康复法，成为全世界最早的无障碍专业性法规。美国史密斯退伍军人康复法案首次为残疾士兵设立了西尔斯国家职业康复计划。
1920 年	美国费斯.史密斯公民职业康复法案通过，并创建了残疾公民职业康复计划。
1929 年	美国建立了全世界第一所使用导盲犬的学校。
1938 年	美国公平劳工标准法案获得通过，使盲人工厂数量大幅增加。虽然为盲人和视力残疾者提供了培训和就业机会，但往往导致了恶劣条件下工厂主以最低工资剥削残疾工人的现象。
1943 年	美国国会通过了职业康复法修正案。为国家资助的职业康复项目增加了身体康复目标，并为一些康复服务提供资金。
1946 年	美国国会通过了医院勘察和建设法，也称为希尔伯顿法案，授权美国联邦为医院和残疾人康复医疗设施勘察和建设拨款。
1949 年	美国第一届轮椅篮球赛在伊利诺伊州盖尔斯堡举行。轮椅篮球和其他残疾人运动开始成为美国残疾人生活和文化的重要组成部分。
1961 年	美国盲人协会正式成立。肯尼迪总统任命一个智障专家特别小组调查智障人士状况，并制定计划进行改革。
1959 年	美国总统的残疾人就业委员会和全国残疾儿童协会共同发起了第一个国家无障碍标准 ANSI A117.1 的编制工作。ANSI A117.1 规定旨在新建筑设施的设计与建设以及既有建筑的改造、扩建和修复。
1961 年	美国国家标准协会发布了美国适用于残疾人的无障碍建筑标准（ANSI A117.1）。ANSI A117.1 标准规定建筑设计与建设的技术参数主要基于人体测量学、人体工程学和人类行为学的数据。
1964 年	美国通过了民权法案。禁止在公共住宿、就业和联邦援助计划中的种族歧视。民权法案成为其后的保障残疾人权利立法的典范。
1964 年	美国联邦政府制定的住宅法和城市大众运输法中规定以后凡政府补助的建筑和交通项目，应符合残疾人和老年人的无障碍需求。
1965 年	美国国会通过职业康复法案鼓励公共设施符合 ANSI A117.1 标准。
1968 年	美国通过建筑障碍法，规定美国联邦建造的建筑物和设施可供残疾人士使用。这是有史以来第一次美国国家残疾人权利的立法。
1969 年	美国建筑无障碍法成为最先落实美国国家标准协会 A117.1 标准的法案，使得 A117.1 标准具有了部分强制性的效力。
1970 年	美国通过城市公共交通援助法，宣布这是一项国家政策，老年人和残疾人享有与其他人一样的权利来利用公共交通设施和服务。但是城市公共交通援助法几乎没有产生影响，因为没有法律规定城市公共交通援助法需要强制执行。
1970 年	美国建筑规则制定完成，但不是强制性标准。它提出了残疾人老年人使用的公共建筑的无障碍和安全性，被纳入美国国家标准协会 A117.1 标准。
1972 年	美国残疾退伍军人和美国全国截瘫基金会等提起诉讼，迫使华盛顿大都会地区交通管理局在华盛顿特区价值数十亿美元的新地铁系统中包括无障碍设计，美国残疾人为争取无障碍公共轨道交通的建设获得了最终胜利。

续表

1973 年	美国康复法出台，规定接受政府补助的新建筑和相关公共设施应确保行动障碍者使用无障碍。
1973 年	美国华盛顿特区第一次出现残疾人停车位标识。
1974 年	美国北卡罗来纳州第一个制定了全州范围带强制性无障碍要求内容的建筑标准。成为美国其他州地方政府推动建筑无障碍立法的典范。
1979 年	美国最高法院对东南社区学院诉戴维斯案裁定，根据美国 1973 年残疾人康复法第 504 条，接受美国国家资金的计划等必须作出合理的修改，以使残疾人能够参与其中。这是最高法院对 504 条款的第一次裁决，并将合理修改以使残疾人能够参与确立为执行残疾人权利法的重要原则。
1982 年	美国无障碍委员会发布无障碍设计最低准则和要求 。
1984 年	美国建筑协会发布联邦统一无障碍标准出台，明确要求应遵循的最低无障碍标准适用于所有政府建筑物，但对民间和私人建筑未做要求。
1986 年	航空承运人无障碍法通过，禁止航空公司因残疾而拒绝提供服务，或向残疾旅客收取更多的费用。
1986 年	美国残疾人理事会发布关于残疾人走向独立的文件中概述了美国残疾人的法律地位，记录了对残疾人存在歧视和对国家公民权益立法的需求（最终促使美国残疾人法案 1990 的通过）。
1988 年	美国加劳德特大学乔丹博士成为该大学第一位聋人校长。
1988 年	美国国会通过公平住房法修正案，首次将残疾人纳入受美国联邦公平住房立法保护的群体，并为新建多层居住建筑规定了最低无障碍标准，即建设 4 户以上公共住宅的应保证残疾人使用的便利性。
1990 年	美国残疾人法（ADA）由布什总统在数千名残疾人权利活动者参加见证的白宫草坪仪式上签署。
1990 年	美国制定残疾人法执行指南（ADAAG）。指导美国残疾人法的实施。
1998 年	美国编制残疾人无障碍建筑等两份技术性补充文件，对建筑无障碍设计提供技术指导。
2000 年以后	美国无障碍建设实践与标准建设继续稳步发展

　　1961 年美国国家标准协会发布的《美国适用于残疾人的无障碍建筑标准（ANSI A117.1）》在世界无障碍建设史上具有里程碑的意义。ANSI A117.1 标准规定建筑设计与建设的技术参数主要基于人体测量学、人体工程学和人类行为学的数据，这使得无障碍建设的标准建立在了坚实的基础上。今天无障碍设计中的主要问题在于没有遵守人体测量学、人体工程学和人类行为学的规律与实测数据。

ANSI A117.1 标准不包括界定范围的条款。它描述了何处需要无障碍，何时需要无障碍，以及建筑设施或环境无障碍的技术参数。这个具有重要意义的建筑标准成为美国所有后续无障碍建筑标准的基础，开创了现代城市无障碍建设法规标准的先河。该标准适用于新设计与建设的建筑包括空间与要素、环境改进和公共道路；既有建筑改建扩建复建；建筑类型包括永久、临时与应急建筑。该标准中对无障碍尺寸规定的基本数据一直沿用，近50年几乎没有变过。该标准为美国标准协会（民间组织）自订，属于自愿采用或参照的标准而无强制约束效力。

1990 年美国残疾人法（ADA）是美国历史上最全面的残疾人法律，首次为美国残疾人提供了合法的公民权利，具有里程碑的意义。其无障碍要求已经发展成为全国范围内强制性的要求。该法规定美国地方、州和联邦政府的建筑及计划应无障碍。规定就业、公共服务、公共运输、通信等不限于建筑的领域也应禁止对残疾人的歧视，应符合无障碍要求。要求拥有超过 15 名员工以上的企业为残疾员工提供合理便利，要求餐馆和商店等公共场所进行合理的无障碍改造，以确保公众中的残疾人可以无障碍出入。该法通过后有力地推动了美国城市的无障碍建设。以后的相关法规在残疾人法的基础上得到了不断的细化完善。2000 年以后完善了对小型公共建筑和服务型企业的无障碍改造的税收优惠和减免政策。例如为了支持小型公共建筑和小型公共服务企业贯彻美国残疾人法的无障碍标准，美国国税局税收条例第 44 条允许小型公共建筑和小型公共服务型企业获得无障碍改造费用的税收抵免。第 190 条则允许所有企业减税。税收抵免适用于上一个纳税年度总收入为 100 万美元以下或全职雇员总数不超过 30 人的企业。该抵免额度可用于全年内符合条件的无障碍改造费用支出的 50%，可达 10250 美元（最高抵免额度为 5000 美元）。税收抵免可用于抵消为改进无障碍所进行的如墙体拆除和改建等的费用。或提供无障碍信息的费用如盲文，大字体印刷材料和录音带；为客户或员工提供手语翻译或无障碍阅读器以及购买某些无障碍设备等。所有企业均可享受无障碍改造费用的减税优惠，每年最高的无障碍改造费用抵免额度为 15000 美元。美国相继成立了若干委员会推进无障碍建设。如美国总统的残疾人工作顾问委员会等。

表 1-2-2　美国政府各部门各司其残疾人和无障碍事务的职责

美国建筑无障碍委员会	1965 年成立，是一个独立的联邦机构。有 15 名成员。由美国总统任命并经美国参议院通过。目的是促进政策、程序、做法和程序，保证所有残疾人的机会均等，帮助残疾人实现经济上独立生活，并纳入和整合到社会的各个方面。负责颁布无障碍最低标准，确保建筑物、设施、铁路客车，公交车辆等在建筑设计、交通运输、通讯等方面的无障碍。
美国建筑管理委员会	1992 成立，对建筑无障碍标准（ANSI）A117.1 进行继续修订，完成 CABO/（ANSI）A117.1 后续版本
美国联邦通信管理委员会	管理电信设备和服务提供商对电话中继服务和字幕等。为美国残疾人法的电话中继服务（TRS）提供技术援助
美国司法部	全面负责美国残疾人法无障碍标准的执行与完善，负责编写执行条例和适用规则。负责州和当地政府、私营雇主、所有的设施和计划向公众开放等。负责管理美国残疾人法第二章和第三章的要求。向企业、州和地方政府以及依法享有权利或责任的个人提供技术援助。负责免费的美国残疾人法案信息专线，向公众提供关于美国残疾人法案要求的信息和材料。负责其他政府职能、关于与执法或公共安全有关的计划，服务或活动的相关投诉；司法行政，包括法院和惩教机构；包括一般经济发展，银行业，金融业，消费者保护业，保险业和小型企业业，州和地方政府支持服务（如审计，人事，审计员，行政服务），和其他未指定给其他指定机构的其他政府职能的有关残疾人和无障碍事务。
美国住房和城市发展部	负责公共住房、住房援助和转介计划以及社区发展相关的政府计划，服务或活动等的有关残疾人和无障碍事务。美国残疾人法第二章关于国家和地方公共住房、住房援助和住房转介的法律。负责落实《公平住房法》保护残疾人和其他群体在租房、购买或获得任何住房的资助时不受歧视
美国交通部	负责有关高速公路，交通管理，汽车许可和检查，驾驶执照或公共交通系统的计划，服务或活动的有关残疾人和无障碍事务。关于运输和公共住宿的美国残疾人法第二和第三章法律。负责落实《航空承运人无障碍法》，禁止国内外航空公司航空运输中的残疾人歧视
美国内政部	负责关于与公共土地和自然资源，公园，娱乐，水和废物管理，环境保护，能源，历史和文化保护，博物馆或美国公园服务部门有关的政府计划，服务或活动的有关残疾人和无障碍事务。美国残疾人法第二章关于公园和娱乐相关服务和教育项目歧视的投诉
美国劳工部	负责有关政府计划，服务或与劳动力和劳动力有关的活动，包括就业服务，工作培训，工作团队，失业保险，工伤赔偿或职业安全与健康的有关残疾人和无障碍事务。关于就业的美国残疾人法第一章法律。负责就业辅导、残疾人就业的住宿及工作场所咨询。负责州和地方政府就业工作中涉及的残疾人歧视问题。
美国教育部	负责教育及学校的有关残疾人和无障碍事务。美国残疾人法第二章关于通过美国教育资助的公共服务歧视法，包括解决投诉和提供技术援助
美国卫生部	负责有关政府计划、社会服务或老年护理、学前教育或医疗保健计划（包括医学，牙科，护理和其他健康相关领域的学校）有关残疾人和无障碍事务。美国残疾人法第二章：关于国家和地方政府卫生和社会服务机构的法律和歧视投诉
美国农业部	美国残疾人法第二章关于联邦政府资助的农业项目和服务的投诉，涉及的残疾人歧视问题。
美国国内收入署 / 国税局	负责税收优惠、按照美国残疾人法 8826 表小型企业申请税收抵免。解释任何规模企业的无障碍建设免税费用。
美国国防部	负责军事设施相关的无障碍事务。

政府各部门在无障碍建设上明确职责，减少了工作中的推诿扯皮。无障碍建设与发展离不开残疾人，但美国残疾人的待遇也并非绝对公平，还在依靠残疾人的维权运动不断地向前推进。一系列具有里程碑意义的美国法院裁决以及1973年康复法、1975年残疾人教育法以及1990年的美国残疾人法案，为美国残疾人获得了前所未有的公民权利。残疾人争取权利和独立生活的运动改变了美国社会，提升了美国人的无障碍理念，改善了城市无障碍环境。美国无障碍建设的历史包含着美国残疾人的斗争与贡献。

美国城市无障碍建设有稳定的立法、司法、执法体系保障。目前美国所有的州议会都已通过法律程序采用了美国国家无障碍标准（ANSI）A117.1，该标准被确认为强制性的标准。各州或县市地方政府还可以自行修改补充，通过州或县、市议会批准来颁行和执法。南卡罗来纳州对公共建筑的无障碍规定较为明确具体。如：1993年1月明确规定新建城市建筑（包括国家和私人出资的）除非建筑结构上不可行，必须满足无障碍建设要求，且应无障碍标识齐全。南卡罗来纳州明确规定新建3层300平方米的公共建筑必须安装1部电梯。规定1992年1月后改造的建筑，除非实际不可行，否则必须是无障碍的。为减轻业主费用，南卡罗来纳州规定通向主要功能区的无障碍通道的改造费用可以不超过建设费用的20%。对改造建筑详细规定了无障碍改造的优先性。如条文中明确规定优先确保人行道或停车区的无障碍通行等。

美国许多州和城市规定了占用或损坏无障碍设施的处罚条款，如亚特兰大市规定未经许可占用无障碍停车位罚款50~200美元，著者考察时拍下了有关无障碍车位的禁停罚款标识，见图1-2-3。美国有的州最高罚款250~500美元。美国有的州规定在高速公路服务区占用无障碍停车位罚款300美元。

美国各州根据国家标准和本州情况，制定出适用于当地的无障碍技术规程。有的规定与条款后来被采纳进国家标准或技术指南中。美国圣安东尼奥市市政条例要求相邻人行道的房屋和土地所有者按照人行道作为其房屋和前院的延伸来加以维护，包括保持人行通道没有任何缺陷、危险或障碍物，例如私人邮箱、篮球架、停放汽车、垃圾桶、灌木林或栅栏（圣安东尼奥市条例第29-11节和第6-1节）不得侵占人行通道。保持人行通道两旁所有树木和灌木均匀整齐，不超出人行道或街道以避免影响行人无障碍通行（圣安东尼奥市条例第 29 条）。美国残疾人法无障碍标准和圣安东尼奥市条例要求人行道是具有稳定、坚固、防滑的平整表面；最小宽度 0.9 米（36 英寸）、最小垂直净空 2 米（80 英寸）的无障碍通道。违反条例将接到传票，罚款高达 500 美元（圣安东尼奥市条例第 1–5 节）。圣安东尼奥市以图片列举出在人行道上堆放垃圾和私自建设邮箱等违反人行道无障碍条例的案例。有些城市的罚则甚至包括拘役。

美国各地无障碍建设水平虽不均衡，但城市无障碍建设可以满足残疾人出行与基本生活需求。

图 1-2-3
美国亚特兰大市无障碍停车位、标识及违停罚款警示

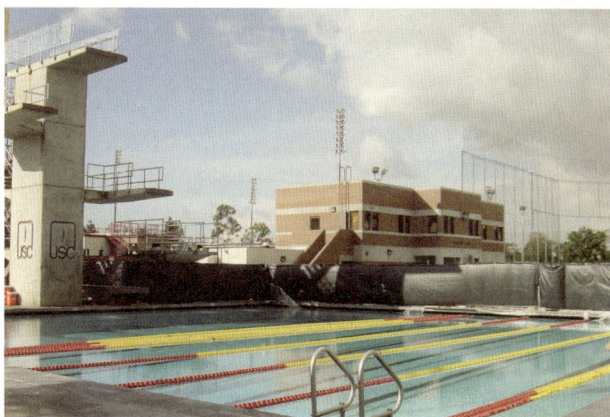

图 1-2-4
美国洛杉矶南加州大学跳水池做洛杉矶奥运会赛场

1996 年美国亚特兰大残奥会直接利用了该市大学体育场馆与大型公共建筑作为比赛场馆，有的场馆进行了临时无障碍改造。参赛运动员被安排住高校学生公寓。为缓解奥运给城市道路与公共交通带来的巨大压力，亚特兰大市政府采取了一定的疏散措施，号召城市居民在赛会期间尽可能外出度假。1984 年洛杉矶奥运会时美国南加州大学学生宿舍成为当时最大的运动员村。学校跳水池成为奥运跳水比赛场馆。美国实践表明，城市无障碍建设越好，奥运会时需要搭建的临时无障碍设施的工程量就越小。

美国根据往届奥运会的实践，对场馆临时无障碍设施进行了有益的探索。在承办奥运时并非按照残奥会的需求全盘建设永久无障碍设施。采用无障碍临时设施，采用通用空间可以大大降低建设费用，赛后转换用途，可以较大地节约建设成本。因为按照残奥会瞬时需求建设的永久无障碍设施，在赛后会有巨大的闲置。美国在平时城市无障碍建设的基础上，对奥运会残奥会特殊的、瞬时极大值的无障碍需求根据检查评估结果，采用临时设施加以解决。美国编制的主要场所无障碍设施是否完善的检查评估表见下图 1-2-5。

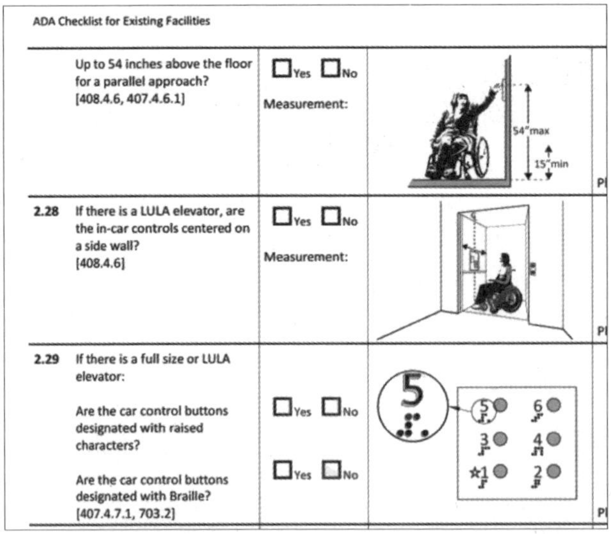
ADA Checklist for Existing Facilities

	Up to 54 inches above the floor for a parallel approach? [408.4.6, 407.4.6.1]	☐Yes ☐No Measurement:	54"max 15"min
2.28	If there is a LULA elevator, are the in-car controls centered on a side wall? [408.4.6]	☐Yes ☐No Measurement:	
2.29	If there is a full size or LULA elevator: Are the car control buttons designated with raised characters? Are the car control buttons designated with Braille? [407.4.7.1, 703.2]	☐Yes ☐No ☐Yes ☐No	5 5 6 3 4 1 2

图 1-2-5
美国无障碍设施检查表

表中主要的检查内容可以通过填写表格简单清晰地完成并加以反映。检查表对于每一个细节都有详细的描述。例如桌下的轮椅使用者容膝空间规定为 70 厘米高，76 厘米宽，44 厘米至 64 厘米进深。通过无障碍设施检查表，任何人都可以清楚地了解现有建筑设施在无障碍建设方面的不足，明确需要新建与改造的无障碍工程量。

1999 年美国司法部民权局残疾人权益处专门制定了新居住建筑实现无障碍的方法步骤，以方便对无障碍建设不熟悉的居民、无障碍需求者和业主。通过司法部民权局建议的五步程序可以方便地建成符合要求的无障碍建筑。

第一步：明确无障碍需求。无障碍需求者和业主可以提出自己的无障碍需求并交给设计师和建筑承包商。如确保无障碍需求者可以使用住宿设施，所有新建的住宿设施必须遵守无障碍设计标准等。建筑师和建筑承包商通常都知道国家建筑和消防规范的要求，但可能不熟悉受到公民权利保护的无障碍需求。所以业主和无障碍需求者应首先避免建筑设计没有考虑无障碍需求的情况。

第二步：告知建筑师和建筑承包商希望新设施符合无障碍规范。设计和建造合同通常需要遵守美国联邦法律法规，所以大多数建筑师和建筑承包商都应知道新住宿设施必须符合无障碍标准。然而业主和无障碍需求者应促使所有参与设计和建设过程的人员，包括建筑师、室内设计师、建筑承包商，特许经营设计者和施工人员，注意新住宿设施必须符合美国残疾人法无障碍标准的要求。应要求在设计和建设合同中包含无障碍需求，要求严格遵守无障碍标准。此外应要求设计师对建筑设计和施工图书面确认遵守无障碍要求，一旦开工应再次确认符合无障碍的所有要求。还应在设计和施工合同条款中包括要求建筑师和施工承包商确认并支付在建设期间和完工以后发现的所有错误的修复费用。确保建筑师和建筑承包商知道应完全遵守无障碍标准。

第三步：确保建筑设计和计划没有常见的无障碍错误。一般住宅设施的无障碍失误都可以追溯到设计文件，如选址和施工计划。因此仔细审核这些设计文件可以有效防止大部分无障碍错误。避免错误的方法是设计图纸施工前交无障碍专家审查。另一种相对简单的方法是检查施工计划，确保不包含最常见的无障碍错误。为协助业主和无障碍需求者，同时使建筑师和建筑承包商避免在交付时发现常见的无障碍错误，美国司法部准备了一份名为"新建居住建筑常见的无障碍问题"的文件，列举了新建住宅设施存在的无障碍问题。业主和无障碍需求者应在开工前请建筑师、设计和施工人员或施工承包商确认建筑设计中没有这些常见的无障碍错误。如果在设计中存在这些问题，应要求建筑师修改设计以确保施工前符合无障碍要求。

第四步：确保工程按照无障碍设计图纸要求施工。虽然大多数无障碍错误发生在建筑设计中，但很多也发生在施工过程中。在施工过程中可以通过建筑师、监理或无障碍顾问定期检查施工现场及监督进展情况，确保按照设计进行施工，避免发生无障碍错误。

第五步：竣工后检查设施并纠正无障碍问题。一般最好在发生无障碍错误之前加以预防，但竣工后业主和无障碍需求者也应检查新住宿设施是否符合无障碍要求。美国司法部负责检查美国残疾人法特别是新建宾馆、酒店、汽车旅馆等的落实情况，这是美国司法部的头等重要任务。个人可以向美国司法部投诉建筑没有无障碍，或向联邦法院提起诉讼，指控建筑违反无障碍法规。司法部将对新建住宿设施进行现场检查和履约审查。发现无障碍问题后，司法部将采取法律行动来强制执行无障碍法规，包括进行整改以使建筑物符合无障碍要求并进行罚款。

美国司法部除准备新建住宿无障碍设施检查表等协助措施，如果需要咨询或技术支持，还可直接联系美国司法部民权局残疾人权益处免费提供帮助，这些极大地方便了普通群众，这些做法值得借鉴。美国政府各局以及各州政府对公共建筑无障碍和住宅无障碍有明确的资金支持。规定个体投资的公共建筑和公共交通设施也必须遵守相关的无障碍规定。

美国制定的公共建筑无障碍建设五阶段工作程序也可供参考。第一阶段接受任务，做出承诺，明确标准。第二阶段制定计划，分析问题，随时评估。第三阶段确定预算，修正计划，得到批准。第四阶段认真实施，对照要求，完成建设。第五阶段后续支持，接受评估，提供维护。美国量大面广的各类公共建筑无障碍建设与改造由于最能代表政府与城市的形象和最大量人群的需求，与日常生活密切相关，最能体现法规管理成效，最能体现无障碍环境发展实际水平，因而得到了较快的发展。

美国这些20年前制定并一直坚持执行的无障碍建设程序对我国无障碍建设具有借鉴作用。

2. 英国城市无障碍建设

英国是第一个工业化国家和第一个建立现代福利制度的国家，英国公共建筑无障碍建设带有福利主义色彩。这种福利主义的主要表现是无障碍建设为残疾人提供服务。英国较为完善的无障碍环境与残疾人福利政策和管理措施令人印象深刻。著者参观英国著名巨石阵历史古迹时，普通健全的游客需要在很远处下车接受安检，然后徒步几公里才能到达巨石阵。而残疾游客则受到特殊照顾，由于无障碍中巴车上有一名英国残疾老人，中巴车将全车十多名游客直接送到巨石阵古迹前，免除了长途跋涉。这种照顾有无障碍需求的残疾老人及其家人和陪伴者的管理措施非常人性化。

英国城市公共建筑无障碍建设发展比其他欧洲国家稍晚，20世纪40年代英国建立了改善残疾人生存条件的社会保障制度，包括了残疾人家庭无障碍改造服务。60年代初，英国建筑师协会（RIBA）制定了无障碍设计指南以提供特殊福利服务的方式满足肢体残疾人的需求。这与美国无障碍立法明确为方便所有使用者的理念有明显差别。1967年英国建筑师协会制定了英国《建筑无障碍标准》以及《英国标准应用守则》两个全国性的技术规范，后经多次修订。这两个规范虽提出了无障碍要求，但都不属于强制性标准。1970年英国慢性病人和残疾人法案第一次成为有强制力的法规。要求残疾人住宅和连接道路应实现无障碍。并规定在可行的情况下为残疾人提供停车设施、无障碍通道和无障碍卫生间。但由于没有规定主管部门和执行部门，以及缺乏执行手段和罚则等规定，使该法案缺乏强制力。1971年英国出台包括无障碍内容的建筑规则。1976年英国慢性病人和残疾人法案修订版增加了政府职责。1978年英国制定方便残疾人的房屋设计标准BS5619，规定在建筑内设置必要的无障碍设施以方便残疾人使用。但这也是非强制性的行业自律标准。1979年英国制定残疾人通道标准BS5810，也是非强制性的行业标准。1979年英国制定了建筑技术规则增订部分《残疾人无障碍》，提出了公众使用的建筑物和人行道应修建残疾人使用的无障碍设施，属于强制性的标准。1986年英国通过残疾人法案。1987年英国建筑规则M部分无障碍要求正式生效，规定在新建办公室、商店、教学楼及公共建筑应设置残疾人通道和残疾人设施。1992年英国建筑规则M部分修正案正式生效，其中增加了视力和听力残疾无障碍的内容。经过1992年和1995年残疾人的反抗歧视的大规模集会游行，1995年英国制定残疾歧视法规定了更加详细的残疾人享有的平等权利。2000年以后，英国注重了制定建筑无障碍的强制性标准和法规，陆续对建筑相关无障碍规则进行了修订。

英国政府推行的公共建筑无障碍建设政策主要集中在技术规则方面。属于政府颁行的强制性建筑技术标准适用区域为英格兰和威尔士地区。但英国其他区域也参照执行并制定了相应的无障碍法规与设计指南。2010年通过并实施的英国《平等法》将《残疾歧视法》的内容纳入其中，从强调人的平等权利方面，进一步增加了为残疾人提供公共建筑无障碍等方面的内容。

由于英国地理环境为丘陵盆地且境内多山，再加上各城镇建设的不同特点，建筑历史悠久，很难采用统一的处理方法。英国公共建筑的无障碍建设一直发展较为缓慢。英国众多的著名历史建筑以及城市人行道是无障碍改造困难的原因之一。随着英国平等法的实施，这种现象发生了较大的改变。

英国古建筑很多都是著名的历史文化遗产。为古文物保护，英国专门制定了古建筑无障碍改造与开发的政策。在1995年英国《反残疾歧视法》、英国标准BS 8300-2001《满足残疾人需求的建筑物及其通道的设计、实施规则》以及2004年英国《建筑法》的既有建筑无障碍法规补充部分的基础上，对古遗产建筑无障碍改造提出了许多可行的规定。

英国对历史建筑或遗产建筑的无障碍改造较为慎重。由专门的研究机构提出改造方案。既保证残疾人可以有尊严地进入古建筑参观，又使坡道、电梯、扶手、标识等无障碍设施设备不影响古建筑景观，使残疾人老年人等公众，特别是残疾运动员在伦敦奥运会、残奥会期间能够方便地参观这些历史瑰宝。自2000年以来，随着英国《反残疾歧视法》的深入人心，特别是该法要求所有商品、设施和服务提供者，包括公开开放的列入遗产名录的历史建筑、纪念建筑、教堂建筑的所有者和使用者，及超过20名雇员的业主都应为残疾人提供信息和帮助，不得歧视残疾人。

伦敦格林尼治天文台加建无障碍电梯就是历史建筑无障碍改造的较好例子。

根据英国反残疾歧视法要求，自2004年起英国对建筑物的外形进行合理调整以满足无障碍需求。英国残疾人权利委员会宣布，这项义务将扩大到包括所有建筑物及其业主。英国中等教育需求和残疾法要求在2005年9月1日起将包括高等院校的历史建筑。因此从2004年10月1日起，一些历史建筑应进行无障碍改造，使残疾人能够进入古建筑参观游览。英国经过改造符合无障碍要求的历史建筑，以及符合无障碍标准的无障碍通道、坡道和卫生

图 1-2-6
英国格林尼治天文台加建的
无障碍电梯

图 1-2-7
英国格林尼治天文台无障碍电梯与景观相融合

间越来越多。一些古建筑向游客提供大字本和盲文的游客无障碍指南，提供触觉显示、声音感应环路或红外线声音增强等无障碍设备。目前这些无障碍改造仍在持续进行中。由于英国《反残疾歧视法》的重点是关注提供服务，因此英国古建筑无障碍设施的改造始终控制在一定的范围内。英国政府通过判例法来界定改造是否合理，包括提供的无障碍服务性质和可用资源、有效性、实用性和费用等。

英国古建筑无障碍改造首先委托无障碍专家对建筑进行评估审核。例如通过专家评估发现，古建筑出入口有台阶和缺乏无障碍卫生间是普遍存在的问题。很多古建筑也存在缺乏无障碍通道和难以进行应急疏散等问题。专家评估审核对无障碍标识、照明和音响系统，以及装修改造方案也要加以考虑。英国100万视障人士中只有5%是完全失明的，许多视障者可以通过使用色彩与色调鲜明的对比来感知历史悠久的古建筑室内色彩和装饰。古建筑无障碍改造应进行必要的无障碍改造设计。特别应注意确保历史建筑的宝贵特征不被破坏。改造方案不应使残疾人和有无障碍需求的人被边缘化，也需要遵守相关文物保护法规。例如若由于无障碍改造方案不可行而残疾人不能使用古建筑正门，则新增的无障碍出入口就应尽可能靠近古建筑的正门，使残疾人的平等使用与尊严不会受到伤害。同样新改造的无障碍卫生间应位于公共卫生间的附近，而且应是无性别的，以使异性照顾者能够帮助残疾使用者。

特别珍贵的古迹如果因为现有技术条件限制而修建电梯有困难，可以留待以后有更好的技术时再加以解决，但一定要提前明确告知游客。

例如，1988 年列入世界遗产保护名录的伦敦塔（Tower of London）是不列颠群岛最受欢迎的历史景点，每年接待 250 万参观者，是游客到英国必参观的景点。世界遗产委员会给予该景点高度的评价。著者考察时发现伦敦塔进行了大量的无障碍改造，包括在古城堡周边及内部参观路线上设置无障碍通道，改建门口通道使地面无障碍通行以及增设无障碍电梯和无障碍卫生间等。

图 1-2-8　英国伦敦塔无障碍设施平面示意图

伦敦塔博物馆虽然努力使所有游客都能到达古堡内部，但历史悠久的古堡建筑有大量又高又陡的楼梯和狭窄通道，因为当初古堡修建的目的是作为军事要塞。因此限制了轮椅通行且难以改造。有移动障碍的轮椅游客只能沿一定的无障碍流线参观其中的一部分。古堡内著名的白塔设置了电梯可供参观地下室。古堡内著名的珍宝馆首层可以无障碍入内参观。重要的珍宝都安排在首层布展，使残疾游客与健全游客一样可以不错过观赏。伦敦塔为残疾游客专门开发了无障碍虚拟体验，可以通过视频来观赏这座中世纪的宫殿和古堡。

　　伦敦塔有受过无障碍培训的导游为视觉障碍游客提供无障碍服务。伦敦塔游览说明与导览图都提供盲文版，并且专门编制游客无障碍指南，这些都在服务中心向游客免费提供，见图1-2-9。在古堡内重要部位还设置了无线感应线圈等设备提供语音说明，这使有需要的游客使用自己携带的或租借的助听设备即可收听讲解。伦敦塔古堡内提供免费Wi-Fi。所有经认可的服务犬、包括训练中的辅助犬都可以进入古堡内，但服务犬需要佩戴标识，主人还应携带服务犬鉴定书（或等效的证明）。古堡内有无性别无障碍卫生间、母婴室、无障碍停车位等设施。每位残疾游客的优惠票价为22英镑，比普通游客便宜6英镑，而且可以申请一名成人免费陪同参观，这种优惠政策获得了较好的口碑。

　　英国巴斯是一座全世界著名的古城，是英国唯一列入世界文化遗产的城市。遍布城市各个角落的历史建筑以及山坡上的巴斯大学都是世界闻名遐迩的建筑瑰宝。巴斯这座古城的无障碍建设与改造令人称道。巴斯根据无障碍标准对重要历史建筑进行了无障碍改造。英国强调珍贵历史文物古迹应根据无障碍需求，采用科学的方法进行无障碍改造。位于巴斯市中心的著名亚贝教堂始建于公元8世纪，1499年由当时的奥利弗主教重建，出入口和内部实现了无障碍。巴斯古建筑的首层一般都可以入内参观。著者考察亚贝教堂时就有无障碍需求者开着无障碍代步车入内，见图1-2-10。

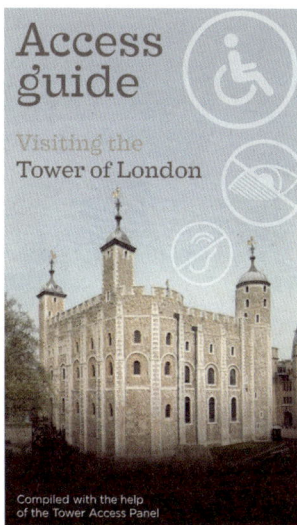

图 1-2-9
英国伦敦塔游客无障碍指南

图 1-2-10
英国巴斯著名的亚贝古教堂内部
电动轮椅无障碍出入

2009 年英国无障碍标准中增加了带提升设备的多功能无障碍卫生间的设计要求。英国开始在城市中配备这样的公共卫生间以满足人们越来越高的无障碍需求。以往无性别无障碍卫生间内下肢重度残疾者无法自主使用。带无障碍吊架提升设备的多功能无障碍卫生间满足了重度残疾人的护理需求，所以受到欢迎，下肢重度残疾者可以自主或者由他人协助使用。

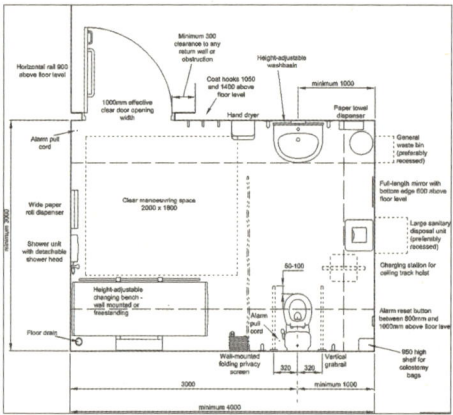

图 1-2-11
英国多功能无障碍卫生间平面图

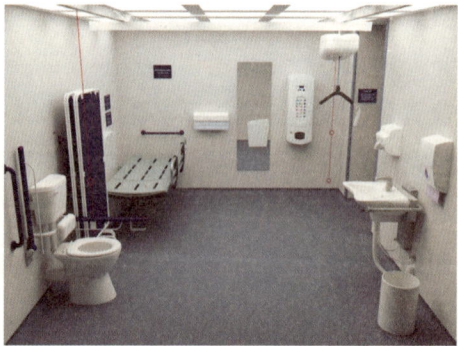

图 1-2-12
英国带提升设备的多功能无障碍卫生间内部

这种无障碍卫生间标准高，设施设备齐全，造价较为昂贵。英国伦敦、诺丁汉等城市建造了 200 多座这样的卫生间。目前欧洲城市有 600 多座这种卫生间。只有在经济较为发达的西方国家城市才有可能推广建设这种卫生间。带提升设备的多功能无障碍卫生间方便了有多种无障碍需求的个人与家庭。其具体设置标准见下表。

表 1-2-3　英国多功能无障碍卫生间设置标准

设施设备	设置标准
一张高度、长短可调节的成人打理床	长度最小 1.8 米；高度应可调节；床板可以是墙上固定型，也可以是独立可移动的
一个导轨吊架提升系统或可移动吊架	导轨吊架系统（可沿墙也可天花板固定）；方便使用者移动到到厕位、洗手盆、打理床等
打理区可容纳残疾人及两个护理员	多功能卫生间应至少 3 米 ×4 米或等效 12 平方米面积；最小空间高度 2.4 米
坐便器	提供两边留有护理员足够空间的中置坐便器
挡板或隔帘	提供可保护隐私的挡板或隔帘
打理床垫纸	提供可更换的打理床垫纸
废物桶	提供一个放置废弃物的大垃圾桶
防滑地面	提供防滑地面
洗手盆	提供手动或电动的高度可调节的洗手盆
喷　头	交通枢纽或特殊项目等应提供喷头与地漏
其　他	设有应急呼叫器，镜子、抓杆扶手等

　　利用筹办残奥会的机会，伦敦交通局投资 350 万英镑在无障碍交通设施中更换老旧的地铁车厢为新无障碍车厢，并为地铁站投资安装无障碍设施。伦敦所有的轻轨车站以及近半数的伦敦地铁站已经实现电梯无障碍通行。伦敦 8500 辆公交车和 22000 辆出租车也全部安装了方便轮椅上下的无障碍设施。所有的公共交通设施中都安装有音频、视频报站系统，公共交通站点附近也都铺设了盲道。奥运场馆附近的停车场和奥运专用大巴上都配有轮椅。英国推进城市建设注重从经济效益与社会影响的角度去预测和分析评估。

　　美国和英国这两个多次举办奥运会残奥会的经济发达国家的城市无障碍建设与发展的特点说明，发达国家无障碍建设的推进和无障碍标准的制订是一个长期的过程。城市无障碍建设的完善受到各方面的制约，需要较长时间积累。但发达国家城市公共建筑可以基本满足当地残疾人的无障碍需求，可以相对从容地应对奥运会残奥会瞬时巨大的无障碍需求压力。

　　尽管如此，城市与体育场馆的无障碍设施不可能解决奥运会残奥会的全部无障碍需求，需要在大型活动时进行无障碍改造，采取一定数量的无障碍临时设施和无障碍运行措施加以保障。

3. 爱知世博会无障碍建设

日本无障碍建设标准与环境无障碍建设较为发达，国内研究较多，本书不赘述。但日本爱知世博会无障碍建设是值得借鉴的大面积区域无障碍建设的实例。爱知世博会筹办时制定了专门的无障碍建设标准。其主要内容包括：无障碍交通；无障碍道路；无障碍建筑设施；无障碍标识；无障碍应急和无障碍服务等。爱知世博会无障碍标准参考了日本的相关法规，如《促进有关高龄者、残疾者等能够方便利用的特定建筑物》的建筑法规、《建设为公众服务的公园》的日本公园绿地协会标准以及《创建融合街道条例》（条例第 33 号）的爱知县条例。日本爱知世博会的无障碍标准详细且具体，其中提出的为公众服务、应对老龄化、创建融合街道等理念很有前瞻性，至今依然具有参考和借鉴作用。著者 2005 年考察日本爱知世博会时对其无障碍建设留下深刻印象。

爱知世博会园区地形起伏，为了让广大参观者舒适观览，主办方在一定区域内设置了大量的无障碍临时设施，克服地形带来的障碍。主办方对爱知世博会会场进行了专门的道路与交通无障碍设计。在最热闹的世博园中心地区如青少年公园，设置了无障碍的空中回廊"全球环路"。建在公园地面 14 米上方的全球环路全长 2.6 公里，平均宽度 21 米。全球环路连接起世博会园区的每个大门、6 个全球共同展区（各国展区）、民间展区等主要设施。参观爱知世博会可沿全球环路无障碍步行，也可乘坐各种无障碍交通工具。一边方便地移动位置，一边俯瞰横跨长久手和濑户两地雄伟壮观的爱知世博会主会场。

图 1-2-13
日本爱知世博会全球环路与无障碍缆车

图 1-2-14
日本爱知世博会无障碍全球环路

全球环路成为参观者便捷舒适的通道，提供了独特的无障碍观览方式。通过全球环路，参观者用一小时可轻松环游整个世博会主会场一周。减少了游客上下移动的次数，对无障碍需求者安全便利。日本爱知世博会的全球环路就是本书强调的无障碍游览路线。

爱知世博会园区内设有多种无障碍交通工具，包括空中缆车、轻轨电车、环路电车、电瓶摆渡车等。空中缆车每个车厢可以搭乘 8 个人。行驶距离约 2 公里。也可搭乘 1 名轮椅使用者并同时搭乘其他 4 人。可以从空中观赏世博会的场馆和园区环境。在环路上行驶电池驱动的电车，3 辆车厢编成1 列。搭乘全球环路无障碍电车，可以在环路上参观游览。每列环路电车可以搭乘 2 台轮椅。爱知世博会的互联网主页上对缆车、IMTS（中量运输系统）、连接型运输车等会场内的运输系统，说明按照日本促进高龄者和残疾人使用公共交通工具顺利移动的有关法规，如日本交通无障碍法中规定交通无障碍最佳水平。对场外停车场等与展览会场相连接的运输系统，根据交通无障碍法的要求进行装备，同时采取实现顺利移动的必要措施。

爱知世博会主办方希望通过无障碍建设创造一个让尽可能多的人得以安全度过一段愉快时光的会场，让无障碍需求者也同样能够方便地进入会场尽兴观赏。各种活动会场、展览厅、观众席、休息座椅、饮食或售货店、银行、邮政局、向导处、售票处、卫生间、诊所以及其他游客使用的各种公共服务设施，以及建筑物的出入口、园区出入口、道路、走廊、台阶、坡道、电梯、标识与信息系统、公共汽车站和停车场等都确保无障碍。设置了无障碍坡道、固定电梯和移动电梯，确保主要的上下移动路线畅通，并为游客提供方便。同时满足参观者的无障碍需求。园区设置了大量残疾人、老年人以及母婴室等无障碍卫生间。园区无性别无障碍卫生间达 70 余处。为了保证会场内的各种设施及使用方法简明易懂，采用大量无障碍标志和信息系统。努力使所有的游客都能顺利参观展览。园区内设有 50 台电子应急显示屏，一旦发生紧急情况，可以通过园区应急广播系统迅速通知游客疏散。

爱知世博会的互联网主页至今开通，介绍爱知世博会的无障碍理念与无障碍建设。其无障碍规划与设计理念、无障碍建设与改造实践值得我国相关园区无障碍建设参考。

图 1-2-15
希腊雅典残奥会体育馆轮椅
观众无障碍座席

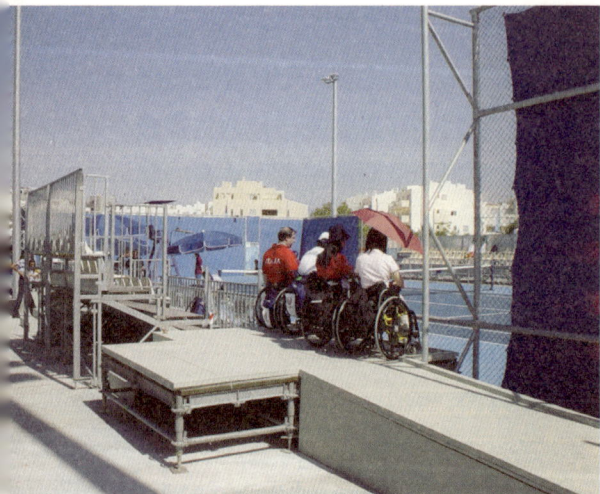

图 1-2-16
希腊雅典残奥会体育场轮椅
观众无障碍座席

三、奥运举办城市场馆无障碍建设

1. 雅典夏季奥运会无障碍建设

尽管奥运可以推动城市无障碍建设，但是奥运会残奥会场馆设施建设方面的投入对主办城市产生巨大的财政压力是不争的事实。奥运会残奥会时搭建的大量临时场馆与临时无障碍设施，赛后也需要拆除以节约日常运营的费用。因此国际奥委会越来越提倡奥运主办城市以节俭的原则控制场馆建设的规模，避免赛后大量的场馆设施闲置。国际奥委会指出赛会规模并非越大越好。应该最大限度地降低成本，最大限度地利用竞赛场馆、非竞赛场馆和训练场馆。无障碍建设也应有合理的标准。

雅典残奥会的比赛场馆参照赛后使用的要求建设，赛时增加临时设施以满足奥运会比赛的特殊使用功能。这样可以有效地控制场馆建设和改造的规模，使永久场馆和临时设施相互补充来满足奥运会使用要求。雅典奥组委将残奥会赛时服务用房等无障碍设施采用临时设施或场馆外建设来补充解决。比赛场馆内的无障碍设施尽可能按照平时标准建设，满足了运动员和其他客户群的使用要求，有利于赛时运行与节约经费。比赛场馆外要有足够大面积的"赛时后院"搭建无障碍临时设施。这是选择既有场馆以及新建场馆作为残奥会设施，以及确定设计方案等的重要因素和限制条件。雅典奥组委对无障碍临时设施采用租借而非购买的方式，降低场馆建设与运行方面的开支。

雅典奥组委将场馆建设以赛后利用为核心，赛时附加的无障碍需求采用临时设施解决。便于灵活适应各部门增加临时的无障碍需求，因为轮椅观众与其他残疾观众数量赛前是无法准确预测的。在场馆规划时尽早研究无障碍临时设施搭建计划非常重要。著者考察发现这些赛时场馆内的无障碍临时设施如看台等都较为简单易于搭建，赛后迅速移除。

雅典奥组委聘请有奥运会经验的机构和专家帮助组委会制定运行纲要和临时设施初步预算。这对临时设施计划和规划设计工作有巨大帮助。同时及时成立场馆运行部，组织各职能部门展开对奥运期间运行计划的研究。在这个过程中，临时设施部门与场馆运行部门密切合作，明确各职能部门对无障碍临时设施的需求。

出席雅典残奥会的残疾运动员为3969人。残奥会持票观众达85万人。在雅典残奥会开幕式的当天，主体育场很多持票的轮椅观众需要靠临时安排座席位置。雅典奥运会筹备中场馆建设拖期和无障碍设施不达标是主要问题。雅典奥运会的所有场馆都是奥运会开幕前才完工。临时设施如无障碍卫生间等也是在最后一刻才布置到位。雅典奥运会残奥会后，国际奥委会对北京奥组委开始重点监督场馆无障碍建设标准与场馆建设进度这两个重要的控制因素。

2. 都灵冬残奥会无障碍建设

冬残奥会自1976年举办首届以来，参赛运动员与观赛观众人数越来越多，比赛规模越来越大。都灵冬残奥会时残疾运动员达477人。冬残奥会持票观众达16万人。冬残奥会由于离不开冰雪场地与地形的条件，无障碍设施要求更加复杂，例如无障碍缆车需要考虑多种无障碍需求，原有的吊椅式缆车系统已经难以满足需求。夏季奥运会残奥会的主办城市往往不具备冬季项目的条件。具备冬奥会条件的城市往往位于山区或丘陵地带，城市规模一般不大。雪上项目场地一般位于山区，往往仅有宾馆客栈和训练营地。基础设施相对简陋，需要搭建大量临时看台等无障碍设施。

图 1-2-17　意大利都灵冬残奥会滑雪场临时无障碍座席

在北京 2022 年冬奥会之前，世界上还没有一座城市同时举办过夏奥会和冬奥会。北京将成为国际奥林匹克运动史上第一次在同一座城市既举办过夏奥会也举办过冬奥会的城市。

根据著者对 2006 年意大利都灵冬残奥会无障碍设施的考察，完成比赛场馆特别是滑雪项目场地、冰上项目场馆与其他重要设施的无障碍建设面临严峻的挑战。主办城市基础设施与接待服务也面临许多新的困难。尽管意大利是发达国家，都灵也是老牌工业城市，但是冬残奥会给都灵带来的无障碍设施压力非常巨大，必须依靠大量无障碍临时设施加以补充。

都灵冬奥会期间在城市广场、主要街道、场馆区域和运动员村布置了大量的移动式临时无障碍卫生间。都灵冬残奥会的场馆设计标准主要是根据主办国意大利与主办城市都灵的相关标准规定执行。筹备都灵冬残奥会时，国际残奥委会正在制定场馆无障碍设计手册，还没有提出具体的无障碍标准。但意大利无障碍标准已较为完善，如意大利场馆残疾人座席比例为 1%，与国际残奥委会的要求一致。因此意大利场馆残疾观众的无障碍席位数量没有成为大的问题。但国际残奥委会要求在观众无障碍席位外另设置 1% 的陪伴席位，要求安排在观众无障碍席位旁边，虽是方便残疾人家庭的举措，但这个要求也给都灵冬奥组委会带来了不小的压力。都灵没有特殊设置陪伴席位，而是在无障碍席位前后普通观众席位预留。由于残奥会媒体转播规模减小，因此都灵组委会将媒体无障碍席位在残奥会时作为观众无障碍席位的补充。举行都灵冬残奥会开幕式时，由于巨大的瞬时无障碍需求，各国出席都灵冬残奥会的轮椅运动员都被安排在了开幕式体育场比赛场地的内场。

都灵冬残奥会场馆无障碍建设重视因地制宜，讲究实用节俭。各个场馆设施的一层台阶的坡道都是木制临时坡道。户外路边一层台阶的移动坡道多为金属制的，根据需要临时放置。馆内的高度30公分以下的木质无障碍坡道只设挡板、不设扶手。都灵是一个老工业城市，很多既有建筑没有无障碍卫生间，即使经过无障碍改造数量也不够。因此都灵市政当局在需要无障碍卫生间的地方放置了移动式无性别无障碍卫生间。都灵奥运村有38栋6层建筑，冬残奥会时使用其中10栋作为残奥村。即使如此，这10栋也只有1至3层为无障碍的。为节约资金，没有将全部楼层都做成无障碍的。满足400多名冬残奥会残疾运动员的无障碍需求即可。都灵残奥村国际区的电梯门宽为1米。电梯轿厢内有安全抓杆和扶手。电梯门外按键距地面1米，符合通用设计要求。电梯按键有盲文。按键表面数字突出。国际区另一种电梯双方向开门。残奥村公寓门净宽达0.82米。走廊宽度1米。公寓内房间门把手距地面高度为0.8米至1.1米。国际区公共卫生间为推拉门。残奥村公寓淋浴间铺防滑地面，配浴帘和浴凳。无障碍卫生间为1.8米（长）×1.82米（宽）。门净宽0.82米，为外开普通门，扶手为尼龙钢芯材质。

都灵高山滑雪场馆数千平方米建筑全部是临时设施，赛后完全拆除。山上全部采用移动式临时无障碍卫生间。都灵高山滑雪场平时山坡上的小旅馆可以解决冬季滑雪者的住宿。冬奥村与滑雪场有一定距离。运动员靠无障碍交通来往比赛场地与冬奥村。冬奥会期间大量无障碍建设都采用临时设施。几十处临时无障碍卫生间产生的垃圾每天由保洁车清理，全部运到山下处理。冬奥会结束后，所有临时设施全部拆除干净，都灵滑雪度假区很快就恢复了往日的宁静。

根据残奥会项目与观众情况，都灵冬奥组委会大大削减了场馆运行团队人数。如冰壶球馆冬奥会时有2000名工作人员，冬残奥会时减少到400人。对于场馆实事求是地进行无障碍改造，不多增加投资。例如室内曲棍球馆原是展览馆，临时改造后还要复原。因此最大限度地利用空间布置搭设了3000

个临时座席，无障碍临时座席安排在搭建工程量最小的第一排。都灵无障碍建设简单有特色、实用高水平的经验值得借鉴。

图 1-2-18　意大利都灵冬残奥会无障碍临时设施

第三节　奥运无障碍建设标准

一、奥运城市无障碍建设标准

由于残奥会不断增加新的比赛项目，无障碍需求不断变化，一直没有制定场馆无障碍标准。北京奥运会以前的各奥运主办城市在筹建奥运会残奥会场馆时，一般只参照本国的无障碍标准，国际残奥委会没有统一的标准。但从悉尼奥运会开始情况有了变化。

澳大利亚联邦政府于 1992 年通过《澳大利亚残疾歧视法案》，强调所有个人拥有无障碍通行的平等权利。并制定了《澳大利亚无障碍通行和活动设计标准》AS 1428，推动了澳大利亚城市无障碍环境建设。为保证 2000 年悉尼奥运会的成功，澳大利亚专门制定了《悉尼奥林匹克公园残疾人行动计划》。该计划要求所有场馆建设中都要考虑到残疾人的需求，对赛时无障碍需求做了进一步分类和细化。比如凡提供助听设备的场馆以及如何临时借用助听设备都应有详细说明。悉尼奥运会时为佩戴助听器的听障观众提供特殊的便利，每个比赛场馆都可以调节到专门的频率收听，并设置明显的无障碍助听标识。在奥林匹克公园车站、悉尼娱乐中心、展览中心以及会议中心内都设有无障碍调频广播发射系统，设有专门的文本电话等。

澳大利亚在建设悉尼残奥会场馆过程中根据本国法律制定了无障碍指南和设计手册，在残奥会场馆无障碍标准化建设方面迈出了重要的一步。编制的悉尼奥运会无障碍标准与运行规定使国际残奥委会印象深刻。国际残奥委会由此采用澳大利亚 1998 年制定（2001 年修订）的场馆设施建筑无障碍标准作为现代奥运会残奥会无障碍标准的范本。

澳大利亚无障碍标准对通道、地面、门、电梯等有较为详细的指标。例如澳大利亚无障碍标准规定所有主要的步行道和通道宽度不应小于 1.8 米，应允许两个轮椅并排通过。其他区域的无障碍通行条件应该符合无障碍标准的规定。步行道和通道区坡度最大不超过 1/20，坡道横向坡度不超过 1/40。地

图 1-3-1
澳大利亚悉尼奥林匹克体育场
的无障碍席位

图 1-3-2
澳大利亚悉尼奥林匹克体育场
无障碍席位

面应该平整防滑。步行道和通道区的所有障碍物前沿 0.3 米处应有明显的地面警示标识，让使用手杖的人能够察觉。所有走道应该符合无障碍标准的规定。坡道最长不超过 60 米，有坡道的地方应该在邻近的地方设置楼梯，供不方便使用坡道的人使用。所有的坡道和走道的宽度不得低于 1.8 米，保证两个轮椅可以并排通过。有路缘石的人行道，应设置缘石坡道。所有的楼梯应该符合无障碍标准的规定。楼梯两边都应该设置扶手栏杆，高度应该在楼梯前缘线上方 0.85 米至 1 米。每级台阶的前缘应有一条警示标识，宽度为 5 厘米且应该防滑等。

悉尼奥运场馆与城市无障碍标准在发达国家中是较高的。悉尼残奥会时，国际残疾人奥林匹克运动会已经在历史上成为继奥运会后当年第二大国际体育赛事。参会的残疾运动员达到 3843 人。残奥会持票观众达 116 万人。但在残奥会开幕式的当天，悉尼主体育场外仍有 100 多名持票轮椅观众需要

图 1-3-3
澳大利亚悉尼奥林匹克中心
无障碍卫生间

图 1-3-4
澳大利亚悉尼奥林匹克中心
无障碍场馆群

临时安排座席。悉尼残奥会后统计，出席开幕式的观众中约15%有无障碍需求。原有的残奥会无障碍座席1%的需求预测无法满足实际的需求。

悉尼奥运会举办多年后著者考察其比赛场馆和奥运村时，依然为其无障碍建设规模之大和水平之高而深深震撼。1992年时北京与悉尼竞争2000年的奥运会主办城市，著者感到如果在1992年北京赢得2000年奥运会残奥会的举办权，无障碍建设与改造工作必将受到我国当时经济发展条件的约束，完成无障碍建设保障任务会更加艰巨。北京失去2000年奥运会残奥会举办权使中国人民感情上难以接受，但是从客观情况来说，推迟了8年的奥运筹办工作，为我国更好地完成场馆与城市无障碍建设打下了坚实的基础。

美英等国家的场馆无障碍建设标准注重平时的无障碍环境建设，规定新建体育场应实现无障碍，以使残疾人及其家人和朋友能够一同平等地观看比赛和享受娱乐、健身与休闲。这使得其城市体育场馆成为在永久无障碍设施建设方面达到全面满足平时使用的无障碍需求。

美国司法部民权局残疾人权益处对体育场馆无障碍提出的具体要求包括以下方面，至少1%的席位应是轮椅席位。轮椅席位应是具有平整，稳定且防滑的地面。应使轮椅使用者不与其他观众或其朋友或家人隔离。每个轮椅座席旁应提供一个陪伴席位。各种观众区应有轮椅席位，包括包厢和贵宾区。轮椅席位应提供可移走或可折叠的座椅。体育场座席超过300个时，应为轮

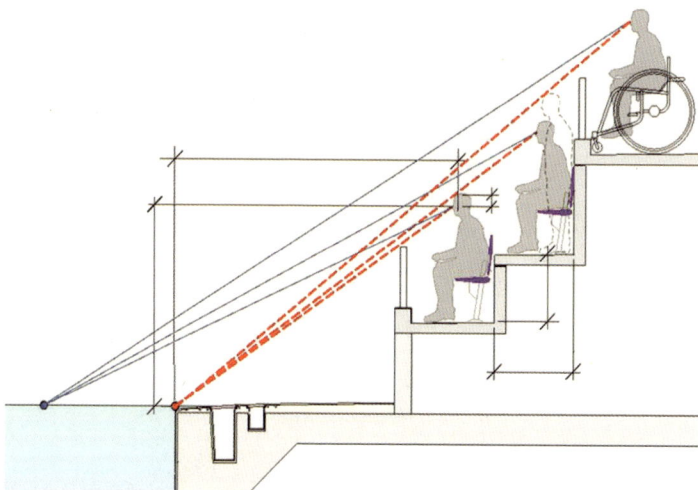

图1-3-5　英国体育场馆无障碍席位的视线设计图

椅使用者提供可比较选择的票价和位置。轮椅座席应有与其他观众相同的视线。轮椅座席应具有前排观众站立后不受影响的视线，轮椅使用者视线应越过前排站立观众头部看到比赛场地边缘。见下图体育场馆轮椅观众无障碍视线要求与视线设计。

除轮椅席位外至少 1% 的席位（国际残奥委会称之为礼仪席位），应是没有扶手的靠走道的或是扶手可拆卸或打开的席位，供有行动障碍但希望使用普通座席的人使用。

西方发达国家的标准特别是美国司法部对体育场馆信息与标识无障碍有具体规定，如体育场馆需要声音交流时应设置辅助听力系统。观众接收器数量应等于体育场席位总数的 4%。每组公用电话应至少有一个无障碍电话，应能放大音量并应有无障碍标识。应至少提供一个文本电话（TDD 或 TTY）。每三部以上公用电话应至少有一部配备搁板和电源插座，以允许使用便携式文本电话。一半数量的冰水机或饮水器应无障碍。应设闪光警报灯，包括在公共卫生间、更衣室及公共走廊中设置。应设置永久性无障碍标识，休息室、应急出口或房间标识应有盲文和凸起的字母或数字。按照美国无障碍标准建设的体育场馆基本满足了各种客户群如运动员、观众、媒体记者、贵宾等的无障碍需求。著者对《美国体育场馆无障碍建设要求》进行了全文翻译，并节录收为本书附录，供研究参考。

二、奥运无障碍建设标准

北京奥运会残奥会以前，由各国际体育单项协会根据比赛项目的参赛运动员残疾类别与人数制定比赛规则以及对竞赛场馆的无障碍要求，主办城市据此进行无障碍建设与改造。国际残奥委会编制残奥会场馆技术手册的官员介绍，实际上因为以前主办城市都是发达国家的城市，国际残奥委会尊重主办国的法律规定。如果主办国法律和标准中的明文规定低于国际残奥委会的要求，国际残奥委会不强求修改，可以根据情况做适当的调整。国际残奥委会对北京奥运会的无障碍要求非常严格，首次编制了无障碍标准。著者认为一是由于我国当时确实缺少大型国际体育比赛的场馆无障碍建设标准规定，一是由于国际残奥委会对北京承办 2008 年残奥会无障碍设施建设的担心。

2005 年 12 月国际残奥委会针对在北京举办 2008 年奥运会残奥会，第一次组织编写了《残奥会场馆技术手册》。这是现代奥运会举办 100 多年来，国际残奥委会首次明确提出关于残奥会竞赛场馆的无障碍建设标准与要求。其技术指标量化到了每个比赛场馆以及各主要客户群无障碍席位的数量。以后经过伦敦、里约等几届残奥会，逐渐形成了由国际残奥委会对主办城市场馆和城市环境建设提出筹办残奥会的统一无障碍要求，以无障碍指南的形式发布。由各国际单项体育协会提出比赛项目的特殊无障碍需求。

国际残奥委会在场馆技术手册中明确规定了无障碍设施的具体指标，提出了残奥会场馆的观众座席数和轮椅座席的比例，也提出了无障碍设施技术参数，发展成为一套明确的指标体系作为残奥会场馆建设技术标准。见下表。

表 1-3-1 国际残奥委会无障碍技术要求

位置	技术要求	备注
无障碍通道	宽度： 1 米（最小） 1.5 米（标准） 1.8 米（最佳） 净空高度：2.1 米	无障碍通道宽度要求适用于坡道、走道等。（滑雪场建筑内无障碍通道宽度应 1.8 米以上，净空高度应 2.5 米以上。著者注）
无障碍通道坡度	1：20（5%）建议最佳值 1：14（7.14%）最大允许坡度 1：50（2%）最大横坡度	坡度高差超过 0.5 米时应设置休息平台
沿无障碍通道设置的休息座椅	每 50 米间隔设置	
坡道坡度	1：20（5%）最大坡度最佳值； 1：14（7.14%）高度 3 米以下的最大坡度。 1：12（8.33%）高度 30 厘米以下的最大坡度。 1：50（2%）横坡最大坡度	1：20（5%）适用于主入口坡道、人流密集的建筑及最大坡度超过 3000mm； 1：14（7.14%）可用于次要或辅助设施
坡道长度	坡道长度不应超过 60 米	
坡度宽度	1 米（最小值）	两边扶手净间距
坡道休息平台	坡道垂直高差超过 5 米，需要设置休息平台	宽度与坡道宽度一致， 长度大于 1.5 米
坡道扶手	坡道平面两边上方 0.85–0.9 米处设置，断面为圆形，直径 3.5–4.5 厘米。距墙面 5 厘米。长度延长超出坡道首尾两端 30 厘米	坡道高差超过 30 厘米时应设扶手

城市体育场馆中平时使用的无障碍席位数标准，不仅反映了一个国家的经济发展水平，更反映了该国对无障碍需求和无障碍理念的认知。澳大利亚

国家标准在2001年已明确规定体育比赛场馆轮椅席位占0.5%，并且设置0.5%的陪伴席位。如前述，美国无障碍标准规定体育比赛场馆轮椅席位占1%，并应设置1%的陪伴席位和1%的礼仪席位。规定当体育场馆席位超过300座时，应在不同区域设置无障碍席位。英国无障碍标准规定体育比赛场馆轮椅席位占1%且不少于6个轮椅席位，并且设置1%的陪伴席位。国际残奥委会场馆技术手册中要求，一般残奥会比赛场馆的无障碍座席数要达到1%。一些比赛项目场馆如轮椅篮球等的座席数要达到1.5%。个别在发达国家流行的残疾人比赛项目如轮椅橄榄球的观众无障碍座席数比例要达到1.8%，而且应提供相同比例的陪护座席。我国残疾人数比澳大利亚总人口数量都多，我国《体育建筑设计规范》2003年版规定轮椅席位占观众席位总数的比例为0.2%。我国标准中没有规定轮椅观众的陪伴席位，也没有要求轮椅席位应在场馆不同观众席位区域设置。澳大利亚轮椅席位标准是我国的25倍，说明我国当时对这种无障碍需求还没有认识。国际残奥委会场馆无障碍建设标准与中国国家无障碍建设标准有较大的差距。

表 1-3-2　国际残奥委会与中国国家场馆建设标准比较

比较参数	国际残奥委会标准 （残奥会场馆技术手册 2005）	中国国家标准 （城市道路与建筑物无障碍设计规范 JGJ50-2001，体育建筑设计规范 JGJ31-2003）
无障碍席位与总座席数比例	残奥会座席比例 1-1.8% 6个项目要求为1%，10个项目要求为1.5%，田径要求1.2%，坐排要求1.3%，轮椅橄榄球要求1.8%，	无障碍席位数占场馆总座席数比例为0.2%
无障碍陪伴席位比例	陪伴座位数比例为 1：1	无要求
无障碍厕位与席位比例	无障碍厕位为无障碍席位数的10%	除无性别无障碍卫生间外，场馆男女公共卫生间内各设一个无障碍隔间厕位，没有根据无障碍席位数量设置无障碍厕位的要求
卫生间	无障碍卫生间内有 1.5×1.5 米轮椅旋转空间每排卫生间至少设 1 个无障碍无性别卫生间	新建无障碍厕位 1.8×1.4 米；改建无障碍厕位 2.0×1.0 米；观众卫生间和贵宾室必须设无障碍无性别卫生间，数量未规定
出入口坡道坡度	短坡道（不长于6米）最大坡度可8%；60米长度内的坡道坡度不大于5%，如果长度大于60米，则应设置休息平台。	坡道在不同高度和水平长度下，对应不同的 1：8—1：20 的标准

续表

比较参数	国际残奥委会标准 （残奥会场馆技术手册 2005）	中国国家标准 （城市道路与建筑物无障碍设计规范 JGJ50–2001，体育建筑设计规范 JGJ31–2003）
内走廊净空宽度	坡道和人行道宽度最小为 1.8 米	公共 ≥ 1.5 米 居住 ≥ 1.2 米
门净空宽度	门宽度至少 0.9 米（采用旋转门的需另设残疾人入口） 兴奋剂检测用房和个别特殊项目门宽有特殊要求	开启后净门宽 0.8 米以上
电梯门净宽	0.9 米	开启后净门宽 0.8 米以上

　　我国体育场馆的无障碍建设开始于 20 世纪 80 年代末。当时正值第十一届亚运会场馆开始规划设计，北京亚运工程指挥部明文规定"新建场馆务必结合无障碍技术处理"。在无障碍建设方面只有这一句话的要求，非常不明确，北京亚运会的十多个场馆和公共建筑据此进行了一定的无障碍设计与建设。几乎没有考虑满足残疾运动员参加比赛的无障碍需求。而比赛场馆无障碍设施直接关系到残疾人运动员能否独立公平有尊严地参与体育比赛，同时也影响到残疾人老年人等各种有无障碍需求的观众能否平等地参与体育活动和观看比赛。

　　国际残奥委会要求良好的无障碍设计应为所有人提供无缝的无障碍环境，而不应该在事后解决，即不应该在场馆建设完成后再改造补救。申办成功时我国在无障碍标准和理念方面存在的差距，使北京既有场馆在无障碍设施方面达不到残奥会使用要求。为 2008 年奥运会残奥会新建的场馆设施由于没有无障碍设计标准，也面临着巨大的无障碍改造工程量。

　　国际残奥委会《残奥会场馆技术手册》无障碍建设标准包括原则和设计标准两大部分。对奥运场馆无障碍建设与改造提出了明确的原则，即无障碍使用权是一项基本的人权，它赋予所有人公平、公正地充分参与社会生活的机会。无障碍环境是将任何妨碍社会融合的障碍都去除，使残疾人能够自由、独立地使用的环境。它包括无数关键组成部分例如沟通和交流、就业、教育、道路、交通、公众意识和建筑等的无缝衔接与融合。在所有的发展阶段包括总体策划、设计、建设和设施的运行阶段都要为残疾人提供公平的无障碍环境。场馆建设的管理者和执行者要确保对无障碍设施管理到位和良好的维护。这些原则至今仍然具有指导意义。

残奥会场馆技术手册对奥运场馆建设标准规定了以下 8 个方面，交通、停车、出入场馆、通行区、功能与服务区、座席、赛事体验与标准通信、工作人员与培训等，涵盖了场馆设施无障碍的各个方面，对奥运场馆无障碍保障提出了明确具体的要求。北京奥运会前，国际残奥委会对残奥会场馆技术手册进行了数次修改补充。

如残奥会场馆技术手册对无障碍停车的要求是，在所有场馆的区域内，应设置完整的无障碍交通系统，使所有残疾人都能够顺利进出场馆、利用设施。车站和下车点宜尽可能靠近座席区，减少残疾人的行进距离。行进距离不宜大于 60 米，宜在不超过 60 米间距处提供无障碍休息区及休息座椅。在奥运会期间控制或禁止停车的公共区域内，在残奥会使用期间可以结合实际情况放宽停车要求。残疾人观众停车位应设于对残疾人最方便使用的位置上，应考虑邻近行人出入口、电梯、坡道、无障碍卫生间和收费电话等处。应按使用需要为无障碍车辆预留出足够的停车位。无障碍停车位宽度至少为 3.30 米，最佳为 3.60 米。观众停车场应设置不小于 3% 的残疾人专用车位。同时强调了给有残疾的工作人员预留停车位。

残奥会场馆技术手册提出了通行区和无障碍通道的关系。尽管当时还没有上升到对无障碍流线的认识，但已经开始有了初步的规定。例如对场馆通行区的要求方面，所有主要的步行通道、通行区域和供大量人群通行的通道宽度应大于 1.8 米，以便允许两辆轮椅同时通行。步行通道和通行区域的坡度不应大于 5%。步行通道和通行区域的任何障碍物的前缘距离地面不宜超过 0.3 米，如果不能满足要求，应安装危险提示器加以提醒。各种客户群通道应实现无障碍。

场馆每组卫生间应至少设置一个无性别无障碍卫生间。残奥会期间无障碍厕位为无障碍席位总数的 10%（或者为总容纳能力的 0.1%）。若不能满足这一条件，则可以增设临时无障碍卫生间。无障碍卫生间需满足以下最低标准，提供面积为 1.20 米 × 1.20 米（或直径为 1.20 米）的轮椅回转空间，最佳为 1.80 米 × 1.80 米（或直径为 1.80 米）；坐便器旁至少应提供 0.75 米的转移空间，最佳为 0.95 米或更宽。坐便器高度至少为 0.45 米，最佳为 0.5 米。必须配备马桶盖，并将其支撑在比直角大 10° 至 15° 的角度作为残疾人使用的靠背。所有的水龙头都应是杠杆手柄，使手灵活度受限者可以使用。应设置紧急呼叫按钮。

所有与无障碍有关的标识都应该醒目易懂，除文字之外应使用国际标准符号和象形图。每隔固定的间隔都应提供方向标识，至少应在每个方向发生改变的位置提供标识。标牌颜色和字体的选择应增强易读性，亮度对比至少应为 30%。所有公共区域出入口标识应清楚地指明公共交通、场馆和主要目的地的方向。残奥会前应将有奥运会字样的标识替换成残奥会字样的标识，标志和路标系统应尽可能统一。

残奥会场馆技术手册对无障碍座席的要求占场馆座席总数的比例不应少于 1%。残奥会射箭等 15 个比赛项目的无障碍席位占场馆座席总数的比例不应少于 1.5%。各种价位的座席都应该提供无障碍席位。在无障碍席位旁边或与邻近的座席应提供陪护席位，陪护座席数与无障碍座席数的比例为 1∶1，并且应与无障碍座席相邻。工作人员区内应为工作人员提供无障碍座位。应为移动能力损伤但不使用轮椅的人提供较大的座席空间，称为礼仪位，方便行动有障碍或感官有障碍的人群使用（如使用拐杖、导盲犬或助听系统 / 装置的人群）。礼仪位应该均匀分布于观众座席的两端，靠近走道的位置以方便出入。通向礼仪位的台阶数越少越好。礼仪位最好与通道位于同一水平面。应为每一位使用轮椅的观众预留 1 平方米的站立区（为一般观众预留 0.5 平方米的站立区）。应向所有的轮椅席位提供同等视线。座席区应保证观众有适宜的视线。为确保座席区达到此要求，无障碍座席应比其前排高 25 厘米。

场馆的每一个区域都应提供无障碍紧急出口或消防疏散区。所有轮椅人士使用的（即使是可能使用的）区域，都必须在不借助机械力的情况下直接通往安全待避场所。并应标明安全区域和最长的安全停留时间，以使有移动能力损伤的残疾人可以在此等待，直到获得救助。在观众区和竞赛场馆必须为移动能力损伤者提供可视应急出口标识。

国际残奥委会场馆建设无障碍标准的定量指标明确而且具体，使北京奥运场馆的无障碍建设与改造有了遵循的依据。残奥会场馆技术手册的另一个特点是对各场馆的比赛区（FOP）无障碍建设标准提出了明确的规定。这是各国际体育单项组织首次在国际残奥委会场馆技术手册集中提出比赛项目无障碍要求。以前各个比赛项目要求由各国际单项体育组织分别提出。残奥会场馆技术手册首次加以汇总。

　　2013年国际奥委会提出了新的无障碍指南作为场馆和城市的无障碍建设标准。这也是为2020年东京奥运会、2022年北京冬奥会提出的标准。今后奥运主办城市和奥运场馆无障碍建设必须遵守《无障碍指南》。国际残奥委会要求奥运会残奥会主办城市的奥组委据此编写并提交无障碍建设计划。目前国际残奥委会网站上的无障碍指南更新为2015版。但新无障碍指南中没有包括残奥会比赛项目的要求。国际残奥委会也没有提出新的冬季项目的场馆技术手册。

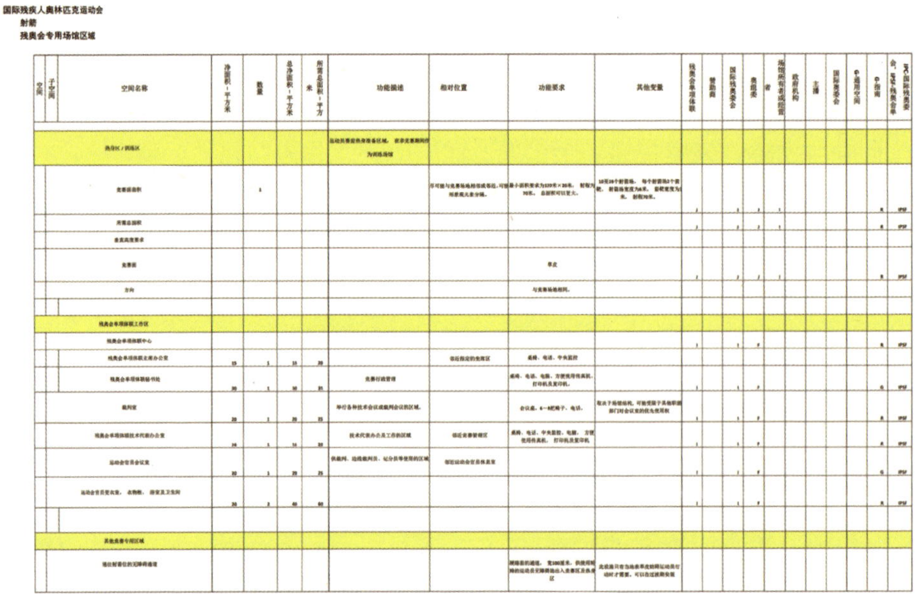

图1-3-6　国际残奥委会场馆技术手册无障碍需求表示例（2005）

　　作为比赛场馆为确保残奥会的顺利进行，严格执行残奥会场馆技术手册无可厚非。但在2008年时北京无障碍建设中全面采用国际残奥委会标准则较为超前也不够全面。因为2005年国际残奥委会场馆技术手册中的某些标准大大高于我国平时无障碍建设标准，是满足残奥会瞬时极大值无障碍需求的标准。城市无障碍建设水平的提高绝非一日之功。近年来国际残奥委会在确定奥运会残奥会举办城市与无障碍建设标准时越来越注意选择发展中国家的城市，采用的无障碍建设标准也越来越符合发展中国家的实际。

第二章

北京奥运无障碍建设

第一节　北京无障碍建设现状与奥运承诺

2000 年我国申办成功北京奥运会残奥会时，无论国家无障碍立法与执行保障措施，还是标准规范指标的完善性，以及城市的无障碍建设都处于起步阶段。我国对无障碍理念的认识较为缺乏。1998 年我国才有了第一部城市无障碍建设规范。当时可依据的场馆与城市的无障碍标准只有《城市道路和建筑物无障碍设计规范》和《体育建筑设计规范》。城市道路和建筑物无障碍设计规范中缺乏体育建筑方面的内容，规定不够具体。而体育建筑设计规范基本上没有无障碍方面的内容。我国在体育场馆无障碍设计方面，特别是在运动员、观众等的无障碍需求研究方面处于空白状态，也没有大型国际比赛场馆的无障碍设计标准。

我国绝大多数场馆没有无障碍设施或无障碍设施不完善。既有体育场馆全部需要无障碍改造。由于现有场馆无法保证奥运会残奥会体育比赛项目的无障碍需求，还要新建一批符合奥运会残奥会比赛要求的场馆设施。北京市公共建筑的无障碍设施也急待建设、改造和完善。全市数百座公共卫生间没有无障碍设施。几万户重度残疾人家庭亟待无障碍改造。公共交通无障碍基本是空白，残疾人出行困难。北京在无障碍标准方面有为数不多的地方性无障碍建设管理规定。这就是我国在奥运申办成功时北京无障碍建设面临的情况。

城市无障碍建设离不开经济的发展。只有国家经济发展到一定水平，才有大规模城市无障碍建设的可能。从我国与发达国家 GDP 总量和人均 GDP 指标对比结果看，在筹办北京奥运会之初的 2000 年，我国无障碍建设缺乏经济的强力支撑与保障。尽管当时我国经济总量已经达到了一定的规模，进入了世界的前列，但是作为发展中国家，我国人口多底子薄，人均 GDP 排在世界100 多个国家以后。我国面临着十几亿人口的温饱问题和住房问题的巨大压力。很多地区还处于极端贫困落后的状况。对于中国这样一个幅员辽阔的大国，城市无障碍建设发展受到人均 GDP 水平的影响是必然的。见下表，2000 年世界各国 GDP 总值排序（按当时汇率），我国已经进入了前六名。

表 2-1-1　2000 年世界排名前 6 名的国家（地区）GDP 总值排序

排序	国家	GDP 总值（亿美元）
1	美国	9,8247
2	日本	4,7661
3	德国	1,8752
4	英国	1,4409
5	法国	1,3133
6	中国	1,0808

而我国人均 GDP 在世界上的排序为第 116 位。所有发达国家人均 GDP 排序都在前几十位。著者考察发现，这些人均 GDP 排序在前几十位的国家，其城市无障碍建设都比较好，具备承办残奥会的能力。

表 2-1-2　2000 年我国与世界人均 GDP 排序表

人均 GDP 排名	国家名称	人均 GDP 单位美元	人均 GDP 人民币元
排名第 1	卢森堡	$49442.19 美元	￥309013.6875 元
排名第 2	挪威	$38067.18 美元	￥237919.875 元
排名第 3	瑞士	$37948.2 美元	￥237176.25 元
排名第 4	日本	$37302.14 美元	￥233138.375 元
排名第 5	美国	$36432.51 美元	￥227703.1875 元
……	……	……	……
排名第 17	加拿大	$24128.68 美元	￥150804.25 元
排名第 18	新加坡	$23793.28 美元	￥148708 元
……	……	……	……
排名第 116	中国	$950.95 美元	￥5943.4375 元

通过相关资料分析，人均 GDP 在 1.5 万美元以上的国家物质文明与社会无障碍意识较为发达，城市无障碍建设较为完善。

对比无障碍建设水平与人均 GDP 数据间的关系，著者预计我国人均 GDP 达到 1.5 万美元以上时，城市无障碍建设将实现基本完善。认为这是为什么我国城市与乡村、中心城市与小城镇无障碍建设间有着较大差别的原因。著者认为沿着这个思路可以继续探索无障碍政策措施如何推进无障碍建设。

举办国际大型赛事活动可以发挥国家体制优势、集中力量办大事、加大投资与政策支持力度，可以大大加快主办城市的无障碍建设的进程，特别是推进社会理念的更新。

国际奥委会为筹办奥运会残奥会，与主办城市建立了严格的经济合同——《主办城市合同》。把契约原则引入了现代奥运会残奥会的筹办工作。主办城市合同规定了承办奥运会必须兑现承诺，以及承诺实现的具体目标。这也是国际奥委会确定主办城市的条件。从北京奥运会开始，无障碍建设成为承办奥运会残奥会不可或缺的重要内容。为争取获得奥运会残奥会举办权，申办城市往往根据上届奥运主办城市的建设情况，在申办报告中提出与上届主办城市相同甚至更高的条件作为承诺。申办报告作为主办城市合同的组成部分，一旦签订了主办城市合同，即是确认了对国际社会的庄严承诺，确认了违反这些承诺需要承担的法律与经济责任。

由于 2004 年雅典残奥会场馆建设的严重拖期，国际奥委会在无障碍建设进度与质量方面对北京提出了严格明确的原则与定量化要求，规定了无障碍建设方面的具体指标。国际奥委会要求主办城市负责提供无障碍服务方案，为观众、运动员、技术官员、媒体和残奥会大家庭等游客提供优良的无障碍服务。这些都要求主办城市北京以申办报告和合同的形式对国际奥委会和国际社会加以明确承诺。

《北京奥运会申办报告》中涉及到无障碍方面的承诺包括："一旦北京被选为奥运会主办城市，将遵守《主办城市合同》第一章的要求。"承诺"场馆条件完全符合残奥会的要求。将严格按照国家残奥委会的有关规定和要求保证残奥会的特殊需要"。承诺"（1）2008 年残奥会在比赛区和非比赛区都设有无障碍设施。（2）北京残奥组委会将严格按照国际奥委会执委会批准的《残奥会指南》举办 2008 年残奥会，并严格履行国际残奥委会规定的义务。（3）为残奥会运动员和随队官员提供的设备和服务质量和项奥运会运动员和随队官员提供的相同。组委会将与国际残奥委会紧密合作，并在国际残奥委会的指导下努力确保 2008 年残奥会取得圆满成功"。

《北京奥运会申办报告》承诺"北京已经建立了有关环境规划和建筑设计的地方法规，要求公共建筑和城市主要的公共空间都要有无障碍设施。在此基础上，将使奥运村里所有的环境和设施无障碍化，使奥运村完全能用于残运村"。奥运村在残奥会时将成为残奥村。为满足残疾人运动员使用，奥运村内所有建筑和外部环境都有无障碍设施；所有轮椅需要到达的地方，如广场、草坪、道路、站台、门、厅、过道、电梯、卫生间、交通工具等，其设计都将符合国际通行的无障碍设计规范。

《北京奥运会申办报告》承诺"交通设施和服务项目照顾残疾人士的特殊需要"。"残奥会沿用奥运会的交通管理基本原则和体系，同时对轮椅选手的特殊需求给以特别的关照。观众主要依靠北京公共交通系统（公共汽车、电车、轻轨和地铁），对公交车站站台、地铁出入口进行改造，以保证轮椅乘客的乘降。""在指定的公交站和地铁站，为残疾人设置无障碍设施，并配备相应的公交车辆。""在残奥会期间，组委会将提供完善的无障碍条件以及无障碍的公交车和运输工具为残奥会服务，志愿者将会在主要的停靠点帮助轮椅使用者。"

这些对国际奥委会和国际社会关于无障碍设施建设与无障碍服务方面的承诺，必须在 2008 年北京奥运会残奥会期间兑现。这些承诺涵盖了 2008 年北京奥运会残奥会无障碍建设的全部要素，对筹办 2022 年北京冬奥会依然具有重要的参考意义。著者从 2001 年起亲身参与和见证了北京奥组委组织的奥运场馆设施的规划建设。

第二节　北京奥运场馆无障碍需求与标准

为了履行承诺，针对国际残奥委会的要求，北京奥组委工程部对奥运会残奥会场馆和城市无障碍需求做了研究分析，以确定城市与场馆平时与赛时的无障碍需求，即区分永久与临时无障碍设施需求与建设工程量。通过分析认为，尽管平时与赛时都需要场馆无障碍设施，但奥运会残奥会期间由于参会运动员和观众的瞬时极大值无障碍需求，奥组委提供的各种无障碍设施如停车与外部服务设施（坡道）、出入口与应急疏散（含准备应急预案）、内部水平与垂直交通（通道宽度与电梯、坡道）、建筑主要功能（如比赛场地、观众座席等）、辅助服务设施（如卫生间等）、标识与信息系统（位置、清晰度及应急预案）等，采用永久设施还是临时设施的建设形式有着造价的巨大区别，并且对赛后利用产生较大影响。

这种奥运会残奥会期间瞬时极大值的无障碍需求体现在场馆各种硬件和软件设施上，也体现在城市接待奥运会残奥会的基础设施上。对于奥运会残奥会场馆设施，除了奥运会28个大项300多个小项的比赛项目场馆与训练场馆外，还有运动员村、媒体村、主新闻中心等一批相关设施，以及机场、火车站、医院、接待宾馆和城市食宿行游购娱等基础设施。由于奥运会残奥会无障碍需求巨大，所以建设形式对工程量与造价的影响也较大。

根据往届夏季奥运会的规模，田径场馆总观众席位数为4万人，按照国际残奥委会无障碍座席数1.5%的要求计算，田径场馆观众无障碍席位数为600人。我国田径比赛场馆采用新建的国家体育场，由于同时承担残奥会的开闭幕式，观众席位数达到了9.1万个。即使按照我国行业标准《体育建筑设计规》范JGJ31-2003中规定的残疾观众（轮椅）席位数按观众席位总数只有0.2%计算，无障碍座席也已经达到182个。对于9.1万座席的国家体育场来说，完成无障碍座席位置与空间的设计相当不容易。牵涉到座席区布置、视线设计、卫生间数量、通道宽度、结构形式等一系列问题。根据北京奥组委对国家体育场无障碍座席数量的沟通，国际残奥委会调整了田径场馆的无障碍席位比例为1.2%，而且给出了国家体育场无障碍座席要求的具体上下限数量，即无障碍座席数应达到750~1200个。这种席位数量带来的压力非常大，意味着如果考虑赛后利用，无障碍座席不可能全部修建为永久设施，需要赛时预留大量临时无障碍座席位置。永久与临时无障碍座席的比例、座席位置的安排、临时座席赛后的拆除与场馆的赛后利用等，都给此类体育比赛场馆的设计与改造增加了难度。残奥会开幕式与闭幕式由于全部4000名残疾运动员都需要参加，观众看台上的无障碍座席无论如何是不够的。只有通过安排到体育场馆的内场解决，此时也需要搭建一定数量的无障碍临时设施。

在场馆设施临时性的无障碍需求中，客户群主要包括运动员、贵宾与奥运大家庭人员、媒体人员、观众、工作人员及技术官员等的无障碍需求。观众与运动员的无障碍需求将达到瞬时极大值。除主要客户群的无障碍需求外，其他无障碍需求主要包括赛时的交通无障碍保障，各类无障碍交通工具如无障碍大巴车的数量。无障碍临时设施如临时坡道、临时座椅、临时卫生间，以及赛时无障碍信息和标识系统等，增加了巨大的临时设施工作量。

承办奥运会残奥会之初，北京奥组委工程部在没有得到国际残奥委会比赛场馆无障碍建设标准，对无障碍需求无法准确预测的情况下，按部就班进行场馆与城市的无障碍建设与改造的同时，随时与国际残奥委会保持沟通，认真分析对方提出的赛时无障碍方面的问题。并且着手组织编写我国自己的场馆设计标准－场馆设计大纲。

北京奥组委工程部组织完成了全部比赛场馆的设计大纲。这些设计大纲即每个场馆的设计标准，是每一类具有奥运会残奥会比赛和使用功能的体育建筑设计标准与规范的雏形。完成全部奥运场馆的设计大纲时，国际残奥委会还没有编制完成场馆技术手册与无障碍设计标准。因此北京奥组委只能根据当时的认识，对在场馆设计大纲中涉及到的无障碍设施做一般性的规定。这些非常简单的规定对于后续无障碍建设中执行设计大纲增加了较大的难度与不确定性，很多场馆的设计单位没有重视无障碍设计，产生了漏项，使得重要的残奥会比赛场馆设施不得不在建设后期进行调整与改造。接到国际残奥委会的场馆技术手册后，立即根据手册要求和客户群特点，落实手册中的标准。分析客户群的无障碍需求，对客户群无障碍需求重要性排序为运动员、观众、贵宾、媒体人员、工作人员与技术官员等。对每类客户群的无障碍流线和设施加以分析和研究。此时由于北京奥运会残奥会比赛场馆绝大多数已经完成设计，进入了施工阶段，只能本着能够修改的边修改设计边施工，不能修改的通过场馆运行设计设法解决。

例如国家曲棍球场的奥运工程设计大纲，除了对项目建设目标、建设标准、建设规模、景观环境、奥运理念、奥运会残奥会赛时场馆运行要求等的描述外，将无障碍需求列在了"残奥会特殊要求"中。其具体表述为"奥运会后，国家曲棍球场还将进行残奥会足球比赛，届时会有很多残疾人和行动有障碍的运动员、观众、官员前来参加比赛、观看比赛。因此国家曲棍球场的设施应全部符合国际通行的无障碍设计标准，并考虑到残奥会的特殊要求"。只有上述短短的一句话要求全部符合国际通行的无障碍设计标准，并考虑到残奥会的特殊要求，十分笼统，没有具体的技术指标。大纲编制人员把无障碍设施当作了残奥会的特殊要求，没有认识到奥运会比赛场馆需要无障碍设施，平时使用的比赛场馆也需要无障碍设施。

北京奥运会37座比赛场馆的设计大纲根据场馆设计与建设工作的急需，作为工程建设和竣工验收的依据。设计大纲附录列入了依据的国家无障碍设计规范。当时《北京市无障碍建设和管理条例》已经出台，作为执行层面的地方法规，明确了政府、有关部门和单位在无障碍建设和管理工作中的责任和义务，对无障碍建设的设计、施工、监理、验收等提出了要求。但当时很多场馆设计人员不熟悉也不了解我国的这些无障碍规范和地方条例，在场馆设计时无障碍需求基本未加以考虑。大多数场馆按计划施工时不符合奥运无障碍建设要求。国际残奥委会场馆技术手册下发后，很多场馆不得不进行无障碍改造。不可避免地出现了新建场馆未完工即进行无障碍改造，出现了在建场馆边设计、边施工、边改造的情况。不得不需要北京奥组委无障碍专家组对场馆设施逐个进行无障碍设施审核整改。

比赛场馆依据国际残奥委会场馆技术手册进行无障碍建设和改造主要包括无障碍座席、无障碍卫生间、无障碍通道以及各种安全设施和无障碍标识等。落实奥运会要求的同时，通过增加无障碍永久与临时设施满足残奥会的要求。比赛场馆重点在运动员使用区域及流线上进行了大量改造以满足残奥会比赛要求。为尽可能满足各客户群和残奥会大家庭的使用需求并尽可能方便残障人士的使用，场馆及重要设施在满足国家无障碍标准的基础上，依据场馆技术手册做了设计修改。

在进行场馆与城市无障碍建设与改造时，国家标准没有规定或没有明确规定的，往届残奥会又明确设置的，一般通过永久无障碍建设和改造或修建临时设施加以解决。比如主席台的无障碍席位，我国建筑标准和体育建筑标准都没有明确规定，但是残奥会时必然有乘坐轮椅的贵宾观赛或颁奖。因此不仅既有场馆的主席台需要改造，正在建设和已经完工的新建场馆主席台也需要增加无障碍设施。

　　为确保奥运会残奥会的成功举办，北京奥组委赛前专门制定了场馆建筑与服务的无障碍运行保障措施，并按照需求权重系数分配无障碍保障资源。北京奥组委对轮椅客户群活动空间无障碍优化和运行保障的基本原则与具体措施包括，在编制计划时考虑轮椅使用者的需求。例如上下车点的设置，客户群流线，紧急疏散等工作。遵循原则包括：（1）轮椅客户从上下车点进入场馆，尽量安排不要走太长的距离。如奥林匹克公园公共区设置无障碍轮椅摆渡车等。（2）优化安检验证程序。例如，设置专门的安检门，手持安检等。（3）轮椅客户群的活动空间和服务设备尽可能不要离太远。如临时无障碍卫生间的设置地点不要离观众席太远。（4）只要场馆空间条件允许，应尽量避免轮椅使用者上下楼的不便。（5）在做紧急疏散计划时，要考虑轮椅客户群的安全。例如，保证轮椅席附近有安全出口和负责疏散的引导和帮助人员。优化措施包括尽量避免远距离对轮椅使用者产生的困难。设置卫生间的指示标识时，应在标识上区别哪些无障碍卫生间是无性别的，哪些是男女卫生间内的无障碍厕位，以方便有陪护人员的轮椅使用者选择无性别无障碍卫生间。

　　北京奥组委制定了视力残疾客户群活动空间无障碍优化保障措施。内容包括视力残疾者在行进或者活动过程中，对于环境的

图 2-2-1
北京理工大学
场馆无性别无
障碍卫生间与
自发光标识

感知和方向的判定是至关重要的。视力残疾者主要依靠触觉、听觉、嗅觉和较强的色彩对比来帮助其行动，而视力残疾者在这些方面的超强能力，使他们能够在一定程度上弥补视觉上的信息障碍。因此，针对视力残疾者的活动空间，应选用不同质感的材料，将所需传递的信息加以表达，确保视力残疾者活动的无障碍。

北京奥运会场馆建设结合国际残奥委会要求，提出针对临时设施的无障碍优化措施原则包括：（1）主要针对有盲人项目的竞赛场馆，其中以运动员活动区域为优化重点，其他客户群活动空间仅在集散部位、有重要服务设施的场所有针对性地实行无障碍优化。（2）重点优化空间内要确保设施导向功能的连贯性。（3）导盲设施的设置不能形成对轮椅等其他无障碍活动的障碍。在针对满足各类残疾客户群需求的保障工作中，北京奥组委以保障移动障碍人群及肢体残疾人的需求为优化措施的突破口，因为无障碍通道、无障碍卫生间、无障碍交通、无障碍标识系统等满足肢体残疾人需求的无障碍设施，也同时基本满足了视力、听力、智力等残疾人的无障碍需求。

北京奥组委根据场馆技术手册的标准与我国现行无障碍标准，确定了残奥会比赛场馆的无障碍配备标准、临时设施标准和运行保障手段。补充规定了座席、卫生间、运动员更衣室、无障碍通道及门宽等以下几方面的无障碍设施内容，作为奥运会残奥会比赛场馆建设与改造的依据。

1. 残奥会无障碍座席配备标准

残奥会每个竞赛场馆无障碍座席具体比例按照残奥会场馆技术手册的要求。场馆技术手册中对座席比例规定了上下限，如果有的场馆无障碍席位布置特别困难，就取其下限值。残奥会竞赛场馆各类注册人员无障碍座席数参照技术手册中各单项竞赛项目规定执行。残奥会竞赛场馆观众无障碍座席数为该场馆无障碍总座席数减去注册人员无障碍座席数。陪护座席数与无障碍座席配备比例为1∶1，陪护座席为普通座席，紧邻无障碍座席周边的普通座席可以作为陪护座席。无障碍席位尽可能均匀分布在场馆各个区域，无障碍席位应设置在方便出入、视线无阻挡的位置。

2. 残奥会无障碍卫生间配备标准

残奥会竞赛场馆卫生间无障碍厕位的配备标准为该场馆无障碍席位数的10%。注册人员活动区域应提供无障碍卫生间。运动员无障碍卫生间配置要求按照《技术手册》各单项竞赛项目的具体规定。其他注册人员活动区域内至少提供一个无性别无障碍卫生间（没有条件设置无性别无障碍卫生间的，应在男女卫生间内分设无障碍厕位），并确保通往无障碍卫生间和无障碍厕位的通道满足无障碍要求。观众无障碍卫生间应尽可能考虑观众人流均匀分布。无障碍卫生间技术标准参照《残奥会场馆技术手册》有关规定执行。原则上每个残奥会比赛场馆五大客户群的活动区域都设置了独立的无障碍卫生间。

3. 残奥会比赛场馆运动员无障碍淋浴设施配备标准

残奥会竞赛场馆无障碍淋浴设施配备标准参照场馆技术手册中各单项竞赛项目的具体规定执行。设置无障碍淋浴设施的应考虑轮椅使用者的无障碍使用要求和私密性要求，应安装浴帘隔断，方便轮椅人员使用时调整开闭宽度。应安装手执式喷淋器。淋浴设备选型及技术标准参照国家有关规定执行。

4. 残奥会无障碍通道及门宽标准的调整规定

按照场馆技术手册以及我国无障碍设计规范的要求，普通轮椅活动区域内的无障碍通道净宽至少为 0.8 米。轮椅篮球、轮椅网球、轮椅橄榄球等比赛轮椅活动区域内的门净宽至少为 0.9 米。临时场馆无障碍通道的门净宽至少为 0.9 米等。场馆技术手册第一稿要求所有门净宽至少为 0.9 米，考虑到我国标准与场馆建设的实际情况以及无障碍改造的巨大工程量，经与国际残奥委会反复磋商，终于达成比赛运动员轮椅活动区域内的门净宽至少为 0.9 米，其他生活轮椅使用的门净宽不小于 0.8 米。

北京奥运场馆设施不仅包括比赛场馆、训练场馆、奥运村等重要设施，还包括像长城和故宫这样世界著名历史文化遗产，以及北京市的地铁、公共汽车、出租车、机场、火车站等公共交通工具与设施。这些都需要新建或改造无障碍设施。在缺乏无障碍设计标准的情况下，北京奥组委和北京市政府根据国际残奥委会的要求和往届奥运会残奥会的实践，对已有设施进行了无障碍改造，并且新建了一批无障碍设施，满足了奥运会残奥会的无障碍需求。

国际残奥委会为保证场馆技术手册与场馆无障碍建设标准的实施，对北京奥组委提出了三个无障碍方面的具体要求。一是北京奥组委应在工程部设立专门的机构负责场馆设施的无障碍建设与改造工作。二是要由技术人员负责无障碍工作。三是要成立北京奥组委无障碍专家组，要有国际残奥委会指定国际无障碍专家加入无障碍专家组。外籍专家将定期来北京检查场馆设施无障碍建设。场馆设施应经过无障碍专家组的验收。根据这些要求，北京奥组委于 2005 年在奥组委工程部专门设立了无障碍设施处，调任著者担任了该处处长，并担任专门成立的北京奥组委无障碍专家组组长。根据国际残奥委会的要求，北京奥组委专门聘请澳大利亚籍前残奥会轮椅篮球比赛冠军尼克莫里斯先生为无障碍专家组的外籍专家。尼克莫里斯先后五次来北京检查无障碍建设情况，进行了认真的现场考察、监督和参加评审会议。尼克莫里斯先生多次给国际残奥委会写详细的评审报告，提出改进建议并专门抄送北京奥组委以进行整改工作。

图 2-2-2
八达岭长城设置的临时无性别
无障碍卫生间

著者在尼克莫里斯来北京检查场馆设施期间全程陪同并担任他的翻译。著者不仅让尼克莫里斯考察各个场馆的无障碍建设与改造工作以及故宫和八达岭长城等重要设施的无障碍情况，了解第一手资料，而且同他认真分析中外无障碍标准的内容与差距，分析无障碍问题产生的原因和处理方法。尼克莫里斯刚到北京时，也曾对中国有些偏见，不相信北京能够按期按标准完成比赛场馆和城市的无障碍建设与改造任务。通过多次来北京和长时间的工作，尼克莫里斯亲自了解了北京奥组委面临的无障碍建设巨大工程量、工作难度与坚强决心，感受到了中国人民共同努力、确保完成奥运会残奥会场馆与城市无障碍建设的国家意志。他对北京奥组委和北京市提出的无障碍改进措施表示了理解与认同。他的态度从怀疑转为合作、信任和钦佩，写出的评审报告也越来越实事求是。

例如他在第一次给国际残奥委会的检查评审报告中，明确提出北京场馆设施无障碍建设方面以下缺陷和不足:"场馆没有无障碍座席;缺乏电梯以及电梯不符合无障碍要求;所有主要出入口门都不是自动门;场馆缺乏无障碍卫生间和更衣室,没有应急疏散准备等。"通过他亲自见证相关场馆团队针对其检查评审报告提出问题的迅速整改,尼克莫里斯对北京奥组委执行力的印象极为深刻,在其后续的报告中评价:"北京奥组委、北京市政府及交通管理部门在无障碍设施建设与改造工作方面做了大量的规划设计,正在有计划、按步骤地加以实施。对问题进行了有效的整改。"他报告说:在北京奥组委残奥会部的领导下,在奥组委工程部无障碍设施处的配合下,将保证无障碍系统审核延续到赛时,以确保无障碍设计和实施的一致。尼克莫里斯最后看到了北京奥运会残奥会无障碍建设与保障工作的圆满成功,对取得的成果赞赏有加。

第三节 北京奥运无障碍建设经验

一、北京奥运无障碍建设成就

在北京奥组委和北京市政府的精心组织下,经过 8 年坚持不懈的工作,在各奥运场馆团队和北京市无障碍联席会议全体单位的共同努力下,圆满完成了北京奥运会残奥会无障碍建设与改造和无障碍服务保障任务。实现了北京奥运会残奥会期间无障碍设施使用零投诉;无障碍设施安全运行零事故;无障碍设施应急保障零事件。

北京奥运场馆的无障碍设计充分体现了人性化和通用化。在设计中贯彻人文奥运和无障碍理念。许多场馆按照国际残奥委会手册和国家标准的要求,注重对残疾人和无障碍需求者的人文关怀。例如北京科技大学体育馆将无障碍座席设置在残疾观众方便使用无障碍卫生间的位置。国家体育场设置了完善的无障碍标识。按国家标准进行无障碍建设,既修建了符合要求的无性别无障碍卫生间，也在公共卫生间中设置了无障碍厕位。出入口、座席、停车位、饮水机、电话亭等均设置了永久无障碍设施，体现了对残疾人和老年人的关怀，展示了北京新建大型公共建筑的无障碍建设水平。

根据北京奥组委工程部无障碍设施处编制的竞赛场馆无障碍设施设备统计清单可以看出，奥运筹备期间，北京奥组委要求各场馆统计的无障碍设施设备已经包括无障碍座席、永久无障碍厕位、永久与临时无性别无障碍卫生间、无障碍电梯及升降平台、低位电话、低位柜台、助听设备、备用轮椅、无障碍电瓶车、盲道、下车平台、坡道、无障碍停车位和无障碍标识等。几乎涵盖了全部无障碍要素。

图 2-3-1
北京残奥会开幕式残疾运动员
临时座椅与卫生间

图 2-3-2
北京残奥会开幕式残疾运动员临时下车坡道

北京奥运会和残奥会场馆设施的客户群流线都设置了无障碍通道。轮椅使用者可以方便使用无障碍停车站和下车点。北京市配备了低底盘无障碍大客车、无障碍中巴车、无障碍轿车、无障碍电瓶摆渡车等无障碍服务车辆。场馆配备了 200 多台无障碍电梯与自动扶梯。工人体育馆、丰台垒球场、首都体育馆、奥体中心体育馆、北航体育馆等 5 个比赛场馆主席台还新安装了无障碍轮椅升降平台，实现了主席台无障碍。场馆设施各类客户群均设有无障碍厕位。设置了完善的无障碍标识系统。清楚指明了公共交通、场馆和主要目的地的方向。北京残奥会场馆还提供了备用轮椅、低位电话、无障碍下车平台、无障碍售票亭、无障碍商亭等无障碍设施设备。

北京 100 多家奥运会签约酒店和 4 条奥运会残奥会宾客接待项目路线，包括中日友好医院、协和医院和安贞医院等 3 家残奥会定点医院在内的 22 家奥运会定点医院，都实现了无障碍化。提供了无障碍停车位、低位服务台、无障碍卫生间、电梯等多种无障碍设施。北京大中型商场和酒家有无障碍坡道、无障碍厕所、无障碍电梯和无障碍标识的达到 200 多家。奥运场馆周边和重点商业街区内的商场基本实现了无障碍要求。北京各大公园实现了无障碍游览和服务。无障碍设施涵盖了北京重点旅游景区，以及餐厅、影院、博物馆、银行、电信、邮局等服务场所。北京交通无障碍设施如地铁 1 号线、2 号线，八通线、13 号线的无障碍设施对奥运保障发挥了巨大作用，70 多座地铁车站实现了无障碍通行。并结合残疾人和无障碍需求者出行的特殊要求，加强了服务人员培训，提供了预约服务和接力措施，使残障乘客在线路内实现全程服务。地铁、交通专线周边的 19 处旅游景区、购物餐饮接待单位也都进行了全面的无障碍改造。

残奥会比赛场馆提供了低位电话、无障碍售票亭、无障碍售卖点、备用轮椅等无障碍设施设备。残奥村在运动员住宿生活的居住区内，包括综合诊所、餐厅、分级协调中心、假肢轮椅维修中心以及导盲犬活动区等实现了无障碍，满足了运动员的无障碍需求。残奥村运动员公寓内布置人性化，桌椅方便轮椅人士使用并保证使用者安全。采用 U 形把手方便肢体残疾人的使用。设置了低位挂衣架，供轮椅人士方便使用。卫生间地面防滑铺设了专用材料，并安装了应急呼叫按钮应对紧急情况。无障碍服务设施设置较为完善。

国家体育场在观看比赛较好位置的下层看台设置了无障碍席位，座椅高度比普通座椅高几十厘米，使轮椅使用者不遮挡视线。国家游泳中心在主要通道安装了专为听力障碍人士设计的触摸屏，可以提供赛事情况和其他信息。各场馆安保封闭线外均设置无障碍停车场和停车位，方便持票残疾观众自驾车辆停靠。各场馆和奥林匹克公园公共区划出专门的残疾人摩托车停车区域，最大限度地方便残疾人观众使用。所有残奥会签约饭店楼道设有安全抓杆扶手，方便残疾人和无障碍需求者。洗手池下设置容膝空间方便轮椅使用者。无障碍客房门设置了上下两个门镜。个别为高位截瘫残疾人士提供的客房床上方及卫生间内还特别安装了电动提升设备，残疾人可以通过电动提升设备从卧室方便进出无障碍卫生间。北京奥组委和北京市政府编制了奥运会残奥会无障碍指南等出版物，并为参赛残疾运动员等提供无线助听器和视频手语翻译软件等信息无障碍服务。

北京奥运无障碍建设举世瞩目的三大亮点项目是故宫、长城和首都机场的无障碍建设与改造。故宫与长城是联合国列入世界文化遗产目录的古代建筑瑰宝。这两座世界闻名的历史文物古迹能否实现无障碍早就引起了国际残奥委会和国际社会的高度关注。按照北京奥运会残奥会申办报告，北京残奥会期间，4000 名各国残疾运动员（其中包括 2000 名轮椅运动员）将无障碍地登上长城、参观故宫。国际残奥委会认为故宫和长城有电梯和无障碍坡道才符合残疾运动员自主参观的无障碍要求。2004 年北京市市长王岐山指出要对故宫和八达岭长城进行无障碍改造。

故宫太和殿等三大殿核心建筑修建在 8 米高的汉白玉雕石的三层基座上，是世界建筑独特的无价之宝。参观故宫最主要最精华的部分就是太和殿。轮椅使用者进太和殿要由人抬上去或使用爬楼机。如果修建无障碍坡道要 96 米长，故宫院内根本不允许修建这样长的坡道。故宫午门多年前曾修建了永久性的斜挂式轮椅升降平台，在午门的土质侧墙和地面设置了钢筋混凝土桩固定钢架。当时遭到了古建筑专家的强烈反对。因为这种施工做法对古建筑的侧墙和基础不可避免地产生影响。著者认为不能再用这样的方法修建无障碍电梯。有关单位多次到现场协调，但在故宫三大殿修建任何电梯或坡道的方案都被古建筑专家否定。古建筑专家唯一同意的采用轮椅爬楼机的方案无法满足残奥会短短几天时间内上千名轮椅运动员的无障碍参观需求。故宫三大殿的无障碍改造工作由此停滞了下来。故宫其他部位的无障碍建设与改造一直在持续地进行。故宫博物院已经建成了环绕内城的无障碍游览通道。

故宫、长城修建无障碍电梯是一项必须按期完成的艰巨任务，作为北京奥组委无障碍专家组组长，著者也曾多次去现场调研。为保护世界文化遗产，绝不能破坏故宫、长城的原真性和完整性。2000 年时著者曾考察过美国国会建筑，尽管美国国会建筑只有 200 年的历史，也被确定为历史建筑。国会建筑内部修建任何设施都要经过严格审批。为了方便轮椅人士的通行，美国国会的台阶都设置了木质的临时坡道。可以根据要求随时移除。但这个临时坡道从来不移动，一直放在那里方便轮椅使用者，它就成了一种永久性的无障碍设施。联想这一点，著者认为只要有一种电梯升降设备不固定安装在古建筑上，可以随时移走，不破坏不影响古建筑环境，就能够实现故宫三大殿的无障碍，并且能够得到故宫古建筑专家的同意。

著者了解到德国的一种无基坑电梯，重量只有 300 千克，方便移动。可以直接放置在地面上，对任何基础包括三大殿的汉白玉基座也不会产生任何影响。它的提升高度可以达到 3 米。通过沿故宫红墙分段安装两部无基坑电梯，采用两级提升使轮椅到达保和殿平台。保和殿与太和殿等故宫三大殿在同一水平面上，可以设置无障碍通道连接。并且在其外侧加装了与故宫红色城墙颜色相同的挡板，这样就最大限度地保护古建筑，也融合进周围的景观。经过分析研究，著者向故宫博物院提出了故宫三大殿无障碍设施建设与改造工作的三条原则。第一是古建筑上不做永久性的土建工程，不在故宫古建筑墙面和地面上打桩固定，不与古建筑侧墙和基础发生任何联系。第二是无障碍电梯不破坏故宫三大殿的景观，新的无障碍设施要融入古建筑的环境，绝不有碍古迹观瞻。第三是无障碍电梯作为临时设施，可以根据需要随时移走。这三条原则作为北京奥组委无障碍专家组的意见提出后，故宫博物院和古文物专家经过研究，同意按照这三条原则进行故宫无障碍改造加建电梯的方案。后来被称为古建筑无障碍改造与保护三原则。

故宫三大殿无障碍电梯安装是残奥会无障碍需求、残奥会标准与现有施工技术、古文物保护原则等多种因素综合协调的最佳结果。北京奥组委与故

图 2-3-3
北京故宫三大殿无障碍电梯

宫博物院先后批准了无障碍电梯的建设。加装无障碍电梯丝毫没有影响故宫环境景观和古建筑的安全。2008 年 5 月故宫三大殿两部新电梯安装调试完成，实现了北京残奥会期间几千名轮椅运动员自主参观故宫三大殿的要求。中外有关领导也愉快地乘坐了故宫无障碍电梯。电梯一次运行仅需 2 分钟，大大节省了时间，满足了短时间内大量轮椅使用者的无障碍参观需求。

长城建设新无障碍电梯同样根据遵守这三条古建筑无障碍改造与保护三原则来完成的任务。长城景区的无障碍建设与改造更为复杂艰巨。长城作为中华民族的骄傲，是依照山峦起伏的巅峰而建的绵延万里的宏伟工程。长城本身在历史上就是一种障碍，作为防御外敌入侵的军事工程障碍。要实现残疾运动员自主地登上长城，修建无障碍设施和安装无障碍电梯是必选之路，在山峦地形做无障碍工程的艰巨程度难以想象。

最初长城建设电梯的方案是在八达岭山脊上的北四楼，利用天险沟景区现有滑道，需要改造滑道、搬迁设施、设置很长的无障碍垂直交通和水平交通，实现将轮椅使用者送至长城城墙上。在长城加装无障碍电梯的方案同样遭到国家文物局及长城古文物专家的强烈反对。该方案由于工程量大，投资较多、工程周期较长，对长城基础和景观都有影响，因此也被北京奥组委无障碍专家组否定。经过著者多次现场勘察研究，最后选定的位置结合了八达岭长城地区的望京寺拆除违章建筑改造来修建无障碍电梯。望京寺位于八达岭景区观众主要出入口。有一段 1949 年新中国成立以后修建的连接城墙，北京奥组委无障碍专家组与八达岭景区管委会共同确定的新电梯修建方案选在这里，避开了古长城段。新建无障碍电梯对长城景观与长城基础没有丝毫影响，完全符合文物保护的原则。经过中国残疾人辅具中心的精心设计施工，望京寺修建了两部无障碍电梯与 180 米长的无障碍连接坡道，实现了在长城安装电梯。长城修建的电梯完全融合在长城灰色砖墙与绿树远山蓝天的背景中，对长城景观与长城本体没有任何影响。见图 2-3-4，2-3-5。

出席 2008 年北京残奥会的乘坐轮椅的运动员和游客从停车场下车后，沿着长城马道和连接坡道的无障碍通道，直至长城关城东平台和敌楼，登上长城平台观看长城巍峨壮观的景象，亲手触摸到长城城墙，许多残疾运动员与残疾观众发出了由衷的赞叹。八达岭长城景区并准备了轮椅摆渡车以方便大量的无障碍需求者。两部无障碍电梯的梯身为青砖色，与长城城墙色彩一致，在景观上与长城融为一体。

由于无障碍电梯的修建方案严格遵守了国家文物保护法规，国家文物局、故宫博物院与八达岭特区管委会给予了全力支持与配合，故宫、长城的无障碍电梯建设按期完成了任务。实践证明，发挥技术人员的经验与智慧完全可以通过无障碍建筑技术架起无障碍需求与无障碍保障的桥梁。2008 年北京残奥会期间，来自全世界的残疾运动员和残疾观众实现了他们到中国无障碍看长城，到北京无障碍参观故宫的愿望。故宫与长城修建无障碍电梯的实践，证明著名世界文化历史古迹进行无障碍改造，只要认真遵守古建筑无障碍改造与保护三原则，就能够通过古建筑与文物保护专家的严格审核。

图 2-3-4
八达岭长城无障碍电梯

北京奥运无障碍建设的另一大亮点是首都机场航站楼的无障碍建设。北京首都国际机场为筹办奥运会，改善航站楼残障旅客乘机环境，不断完善航站楼内的无障碍设备设施，为进出北京的国内外残疾旅客提供了优质的无障碍服务。首都机场制定了详细的无障碍设施改造计划，投资近 1000 万元对首都机场的无障碍设施进行改造。完成了 30 项约 1400 处无障碍设施的改造。

为了保障奥运会残奥会的进出港

图 2-3-5
八达岭长城无障碍坡道

旅客需求，T3 航站楼对道路缘石坡道、航站楼出入口、航站楼大厅及无障碍电梯门口、问讯柜台前等设置了提示盲道，保证残疾人使用的安全性和无障碍服务的连续性。T3 航站楼对原有 87 间无性别无障碍卫生间进行了加大门宽的改造，并对停车楼的卫生间进行了整体改造，总计完成 110 个无性别无障碍卫生间的改造。改造完成后所有无障碍设施完全符合国际通行的无障碍标准。同时 3 号航站楼对 43 个值机柜台进行方便轮椅使用者的无障碍改造。在航站楼内 48 处公用电话位置设有低位电话，以便于残障旅客使用。航站楼内新增 36 部一键通直拨问讯电话，所有一键通电话均为高低位配备，且电话按钮上设有盲文标识，为残障旅客的问讯提供了便捷的服务。根据残障旅客流量测算，在航站楼前厅、值机厅、候机厅、行李厅等处设置了无障碍座席。

T1 和 T2 航站楼内设置了 12 部无障碍电梯。电梯外加装盲文控制按钮。每部无障碍电梯门前铺设了警示盲道。无障碍电梯内，改造加装了语音提示系统、低位按钮、镜子、安全抓杆扶手等无障碍设施。提供的无障碍免费饮水机，配备有高低位出水口，并提供冷热饮用水服务，方便残障旅客的使用。通过改造在 T1 航站楼内二层新增了两个坡道，坡道依据国家无障碍设施标准建造，安装了扶手护栏等，便于无障碍需求者安全通行。为方便残障旅客停车，在停车楼增设了无障碍车位，安装了醒目清晰的无障碍标识。为盲人准备了盲文服务手册，方便了解航站楼的服务信息。设置了轮椅存放区，方便旅客使用。

首都机场 T3 航站楼竣工时，为确保北京残奥会的无障碍使用，专门成立了航站楼无障碍设施验收组，著者作为无障碍设施验收组的成员进行了认真细致的全面检查验收。首都机场航站楼无障碍设施经历北京残奥会期间各国残疾运动员包机与班机的集中抵离考验，圆满完成了数千轮椅运动员和轮椅观众短时间高强度的无障碍服务与保障工作，受到了国内外媒体的赞扬。

二、北京奥运无障碍建设经验

通过举办奥运会残奥会这样世界规模的赛事活动，北京进行了大规模的实践，积累了丰富的无障碍建设与改造的经验。发挥国家体制优势，统一领导，集中力量办大事是重要的经验。奥运实践证明了利用国家体制优势，紧紧依靠大型活动的推动，调动一切资源全力保证符合国际惯例与无障碍建设标准的经验。以下经验值得 2022 年北京冬奥会冬残奥会和其他大型赛事筹办工作借鉴。

第一，领导重视、科学决策是体制优势的重要前提。北京奥组委领导始终高度重视残奥会的无障碍工作。多次亲自听取无障碍情况汇报，全力支持奥组委工程部无障碍设施处的工作。北京市规划委的分管领导亲自主持北京市无障碍联席会议，请奥组委工程部无障碍设施处介绍奥运无障碍需求和建设标准，协调北京市相关委办局开展全市性的无障碍建设与改造工作。中国残疾人联合会领导亲自出席北京奥组委和北京市的无障碍工作会议，推动奥运场馆建设与城市无障碍改造。中残联和各专门协会领导亲自担任无障碍专家组的成员。在筹办工作的关键阶段，北京市政府抽调市政协赵文芝副主席担任无障碍协调领导小组组长，统一指挥奥组委与北京市的无障碍力量。高效能地组织了全市性、超强度、大规模的无障碍建设与奥运会残奥会以及赛前的测试赛等无障碍运行保障工作。

第二，机构健全是体制优势的基础。北京市在无障碍建设与管理方面，于 2001 年成立了北京市政府残疾人工作委员会无障碍工作领导小组。由北京市主管副市长担任组长。市政府主要局委办的负责人担任副组长。领导小组成员包括市政府 33 个有关单位的负责人。2005 年在创建全国无障碍设施建设示范城工作机制的基础上，建立了北京市无障碍建设联席会议制度。成员包括市规划委、市建委、市市政管委、市交通委、市残联、市民政局、市老龄委办等。联席会议办公室设在北京市规划委员会。从 2006 年开始，北京奥组委工程部、残奥会部、志愿者部以及市 "2008" 环境建设办参加，形成了政府主导、部门合力，残联、老龄和妇联监督、社会参与的无障碍建设工作局面，先后召开 30 多次联席会议和专项工作会议，研究制定工作计划，通报有关情况，共同研究解决无障碍设施建设和改造工作中存在的重点难点问题，形成长效工作机制。2005 年，北京市政府把无障碍设施建设作为落实《北京2008 奥运会与残奥会城市运行纲要》的重要内容，将其纳入《北京市政府奥运会前重点工作倒排工期折子工程》，列入各级政府督查考核事项。北京市的无障碍建设和改造工作得到了市、区、县各级政府高度重视，得到了社会单位的理解和大力支持。

北京奥组委工程部无障碍设施处的成立是奥运无障碍建设机构健全化的

特殊标志。根据国际残奥委会的要求，北京奥组委工程部无障碍设施处于2005年9月正式设立。成立之初无障碍设施处工作职责为六项：组织研究落实残奥会场馆设施无障碍标准和设计指导意见；配合奥组委体育部确定残奥会比赛场馆、训练场馆、残奥村和其他设施总体布局；协助奥组委残奥会部组织报送与确认残奥会场馆设计图；配合残奥会部确定残奥会训练场馆及相关设施的要求；参与监督残奥会场馆设施无障碍建设；组织研究残奥会场馆无障碍设施转换等。无障碍设施处成立后即投入了紧张的工作，仅2006年一季度的工作任务就包括组织研究场馆设施无障碍要求；落实国际残奥委残奥会场馆技术手册的翻译、审核、报批、下发及解释落实工作；落实研究无障碍标准研究项目成果审查鉴定工作；组织调查残奥会场馆无障碍设施提出工作建议；组织场馆设计方案的审核报送与确认工作；向国际残奥委会提交场馆设计方案工作；向市规划委员会、市2008工程指挥部办公室、京内外场馆业主单位下发残奥会场馆设施范围、设计标准、审批程序等文件的工作；按计划要求向国际残奥委会汇报工作等。

2005年11月国际奥委会协调委员会北京工作会议上，北京奥组委向国际奥委会正式报告：经北京奥组委领导批准，奥组委工程部组建了无障碍设施处（尽管这个业务处自始至终只有两个人）。为尽快开展残奥会场馆无障碍设计标准的研究工作，以便及时指导满足奥运场馆建设，奥组委工程部已同中国国家建设部标准定额研究所、中国残疾人联合会、北京市残疾人联合会等单位组建了残奥会场馆无障碍设计标准项目研究工作组，布置开展了残奥会场馆无障碍设计标准课题组研究工作。

北京市政府"2008"工程建设指挥部办公室与北京奥组委残奥会部、体育部，以及市规划委、市建委、市残联、市交通委、市市政管委等部门也成立了负责无障碍的专门机构，进一步加强对场馆无障碍建设的组织协调工作。明确责任分工与合作，根据属地划分明确工作范围，同时组织奥组委与北京市全面梳理场馆无障碍建设与改造中存在的问题。印发督查任务分解表，明确整改要求及责任单位。及时召开督查和推进会议，加大现场督查和调度力度，层层分解职责，落实责任制。对任务分解表所列项目逐条督办落实。认真落实在奥运会结束至残奥会开幕前，制定转换期工作指导意见并在转换期间进行巡查、督导，协调场馆及时解决国际残奥委会专家提出的无障碍问题。加强残奥会赛时无障碍值守工作，并根据运行指挥部调度中心的要求，进行无障碍设施巡查检查工作。

第三，分清职责明确任务是体制优势的重要依据。根据分清职责范围、突出重点、抓紧窗口建设、带动全面发展的原则，北京奥组委与北京市政府无障碍联席会议迅速推进布置完成无障碍建设与改造任务。北京奥组委明确提出了奥组委与北京市无障碍职责界定范围是场馆安保线 500 米范围或周边紧邻城市道路界线以外区域（含道路两侧的公共设施及连接场馆设施的重要交通线两侧及相邻的主要公共文化活动区域的无障碍设施）的城市无障碍设施运行保障需求。这些需求包括：无障碍公共卫生间或无障碍无性别卫生间出入口、厕位、地面、通道等满足无障碍需求；饭店出入口、水平和垂直交通、服务台、电话、客房、卫生间、餐厅、座椅、标识等硬件无障碍和服务组织等交流无障碍；交通站点设施地面标识、站牌、客车、人行道、路口信号指示系统等及组织与服务；通信设施配备残疾人专用电话，适合盲人、聋哑人使用。具有中英文操作系统并标示清晰；餐饮出入口、服务台、电梯、餐桌、餐椅、菜单、卫生间等硬件无障碍和服务组织；商场超市出入口、服务台、电梯、休息座椅、收银台（含交费通道）、卫生间无障碍及收银员具有英语沟通能力；邮政、银行出入口、服务台无障碍、自动提款机具有英文操作系统、服务人员具有英语沟通能力；旅游景点停车场、售票窗口、宣传材料、出入口、人行道、卫生间无障碍以及具有一定数量的休息座椅和服务组织；各类公共服务设施运行计划、应急（含防灾）预案和服务组织工作。突发事件运行保障；城市景观与无障碍标识，数量和位置要满足引导标识的需要；周边每种类型的公共服务设施中至少有一个要符合无障碍要求；重要交通线两侧每种类型公共服务设施每 2~3 公里至少有一个符合无障碍要求。

北京奥组委重点负责比赛场馆及奥运村等的无障碍建设与改造。北京市政府则全面负责城市基础设施及赛会观众服务保障的无障碍建设与改造。明确了各自负责的区域界线为残奥会场馆安保线或场馆周边第一圈市政道路为界。双方明确了无障碍设施建设既分工又合作的原则。比如场馆区域内如临时无障碍卫生间的配备、卫生清理和垃圾运送任务，就是由北京市政府统一负责。这种职责清晰任务明确的分工有力地保障了无障碍建设与改造任务的完成。

第四，建立专家无障碍审核与残疾群众监督的工作机制是体制优势的人才保障。北京奥运无障碍保障工作中，成立北京奥组委无障碍专家组是奥组委首先抓的大事。组建了专业领域齐全的专家团队，确保了专家的质量和数量以及专业的均匀分布。并且明确了专家工作的职责。直接保障了奥运工程建设无障碍质量。发挥了专家团队的智慧与作用。北京奥组委和北京市政府对专家组的工作给予了大力的配合与支持。北京奥组委22名专家组成员中，北京市各单位就有十余名无障碍专家随叫随到，全程参与了奥运场馆的无障碍检查验收工作。见图2-3-6无障碍专家组在场馆建设工地检查。无障碍专家组可以随时向北京奥组委领导报告无障碍工作问题，奥组委领导经常听取专家组的工作汇报，提出要求，及时决策部署力量完成无障碍建设与改造任务。

图 2-3-6
北京奥组委无障碍专家组研究场馆
验收检查情况

从2006年起，北京奥组委无障碍专家组先后对奥运场馆设施进行了两次较大规模的全面无障碍检查。场馆建设各阶段的例行检查与抽查更是随时进行。北京奥组委工程部结合每个场馆的不同设计和建设阶段，从2005年起组织专家组多次现场研究解决问题。专家组研究讨论并经领导批准后下发的整改要求推动了无障碍设施的完善。专家组检查的依据是国家标准与国际残奥委会关于每个场馆比赛项目的无障碍技术要求。奥组委工程部在检查开始前的各场馆自查中，要求场馆自查报告必须包括无障碍设计说明。建设过程设计总说明书中应当包括无障碍设施设计的内容，在场馆自查报告要求中进行了深化和具体补充。例如对主席台无障碍情况、场馆内补充无障碍卫生间等均提出了自查报告内容的要求。北京奥组委无障碍专家组的整改建议经领导批准后直接作为场馆整改的工作依据。一座场馆最多的无障碍整改建议曾达到40条，经过整改条条得到落实，有力保障了无障碍建设与改造的成果。

在奥运筹办过程中，著者根据场馆设施无障碍建设实践总结归纳出单体建筑和区域的无障碍建设检查程序及评分表，无障碍专家和无障碍监督员组成的检查组对场馆的无障碍建设情况进行检查与评分，然后总结反馈给有关单位进行整改。这种方法在奥运场馆的无障碍建设验收工作中起到了监督整改的作用。例如对单个场馆，检查与评估方法分析场馆是否满足各类客户群的主要无障碍需求以及场馆建筑的无障碍设施建设情况。采用层次分析法得出各部分的权重与评分值，然后通过现场检查，由验收组组织逐项打分验收。具体分值如：各类客户群无障碍需求与无障碍流线（40分）。建筑无障碍（60分），其中如主要功能区无障碍（30分）。服务区无障碍（15分）。标识与信息系统无障碍（15分）等。无障碍设施检查评分表中各部分权重系数的确定经过了反复的打分试验。通过汇总评估得分及无障碍设施建设情况，得到场馆无障碍建设情况的评价，然后向场馆反馈整改意见。场馆根据无障碍专家验收组的意见进行整改。实践证明可行而且有效。

北京奥组委无障碍专家组成立后，高度重视各类残疾人群体与代表参与场馆无障碍的设计和施工及竣工验收。专家组成员集中了建筑各专业专家，

图 2-3-7
北京理工大学体育馆无障碍座席与无障碍体验者

图 2-3-8
北京残奥会水上项目场馆无障碍临时设施与运行设施

并包括肢体、视力、听力等主要残疾类别的残疾人代表以及中国残疾人联合会和各专门协会的代表。在研究设计标准、现场监督检查、讨论场馆整改方案的无障碍建设全过程都重视听取残疾人代表与残疾人专家的意见，做到了讨论研究无障碍问题，必须有残疾人的参加。场馆验收与测试工作，全程有残疾人的无障碍监督员参与。残奥村、媒体村、首都机场、火车站等全部重要设施都有残疾人的监督检查与使用体验。

第五，具有一套适合中国国情的无障碍标准是建设依据和法律保障。无障碍标准规范体系包括为奥运会残奥会出台的各类临时性的无障碍管理措施。面对为举行奥运会残奥会这种国际级超大型活动的场馆设施的特殊用途、特殊要求、特殊工期，以及这种特大型建筑的无障碍要求和城市基础设施超大规模的无障碍改造，我国当时的无障碍标准规范根本无法覆盖，很多方面完全是空白。国际奥委会无障碍标准又下达较晚。当时北京新建奥运场馆不仅开工，有的已经接近完工。在这种情况下完成任务，需要特殊的努力。北京奥组委根据我国国情和无障碍标准，确定了场馆建设在无障碍标准方面遵守惯例的原则，即比赛区域严格按照国际单项体育组织提出的具体指标，其他区域结合国标和基础数据，实事求是逐一确定技术要求。形成完整的无障碍通道与无障碍流线，通过无障碍永久设施、临时设施和运行设施建设，整体上满足残奥会比赛的无障碍需求。

第六，遵守国际惯例与国际标准是奥运筹办工作的基本依据。奥运无障碍建设成果要获得国际上的广泛认可，所有奥运场馆都应按照国际残奥委会的要求，执行场馆技术手册的标准，满足五大客户群无障碍流线完整性和无障碍需求。满足残奥会的特殊无障碍要求，如不同项目比赛场地（FOP）及周边无障碍、颁奖台、混合区、兴奋剂检测室与应急疏散等的无障碍。遵守惯例与标准贯穿于场馆建设、改造与赛会使用的全过程。在场馆建设过程中，北京奥组委、北京市政府奥运场馆建设指挥部、各场馆业主、施工和监理单位和市政府有关部门对于无障碍标准及相关条例规定的执行始终给予了高度重视。保证无障碍建设高标准规划设计。在奥运场馆规划设计阶段，各场馆业主单位严格遵照我国相关规范标准及设计大纲要求，做好无障碍设施的设计工作。并根据国际残奥委会比赛场馆技术手册要求补充修改设计。北京市"2008"工程建设指挥部组织奥组委工程部、市规划委、市建委等部门，制定了《进一步加强无障碍建设，高水平落实残奥会技术标准工作方案》印发各场馆实施。在建设全过程中紧紧抓住掌握标准、设计审核、施工监督、竣工验收这几个关键环节。

奥运等大型赛事活动的筹办，大大加速了北京城市无障碍标准体系的完善。仅仅在筹办奥运会残奥会的前后数年间，在无障碍标准方面北京市就出台了几十个地方性法规、标准规范、导则等，用以指导城市无障碍基础设施的建设与改造。如北京市无障碍设施建设和改造规划导则及十几个相关实施细则等。科学管理是体制优势的重要法宝。制定执行科学系统的工作计划与管理程序，是高效办会、集中力量办大事的体制优势。从奥运筹办到保障工作结束，北京奥组委制定了一系列工作计划，主要包括：场馆建设计划；场馆建设项目管理计划；建设风险控制计划；奥运场馆遗产计划等。

国际奥委会为主办城市也规定了若干严格的报告制度，确定从 2006 年都灵冬季奥运会组委会和北京 2008 年奥组委开始定期报送奥运工程建设时间表。要求《场馆建设时间表》及时更新，每年将填好数据的《场馆建设时间表》提交国际奥委会，为定期在北京举行的国际奥委会协调委员会会议做准备。通过北京奥组委定期填报工程建设进展，国际奥委会了解北京场馆建设的情况并监督工程进展，提出建议。国际奥委会非常重视这项工作，经常召开电话会议询问表中的数据细节。

北京奥组委工程部的《场馆建设时间表》分成三张表格：一是比赛场馆建设时间表。二是非比赛场馆建设时间表。三是与奥运会残奥会相关的城市交通及基础设施建设进度时间表。报表的内容主要包括：项目的名称和用途；具体参数如业主单位、造价、容量、建设类型等。建设控制时间（里程碑）日期与进展情况。备注与其他方面的说明等。最主要的是建设进度和风险控制两大项。《场馆建设时间表》基本上涵盖了 2008 年北京奥运会场馆建设项目的各方面和全过程，著者一直负责填写和向国际奥委会报告这项工作。国际奥委会非常重视对北京奥运场馆建设进度及相关指标信息情况的掌握。国际奥委会要求 2002 年至 2004 年每年报告一次场馆建设时间表。2005 年起每季度报告一次场馆建设时间表。国际残奥委会以前对悉尼场馆审核检查进行了两次，对雅典场馆审核检查也进行了两次。审核内容主要是残奥会设计图纸和设计说明，并包括残奥会的运行设计。从北京筹办 2008 年奥运会残奥会开始，国际残奥委会对北京奥运场馆无障碍建设的检查审核非常频繁，达到了 10 次以上，相关电话会议与现场检查汇报则不计其数。

场馆审查依据主要根据国际残奥委的场馆设计手册和往届残奥会惯例，尽管 2005 年以前国际残奥委还没有给北京奥组委提供设计手册，但督促检查工作就已经开始了。各国际单项体育组织、国际奥委会和国际残奥委会、国际奥林匹克广播服务公司等都先后参与了检查工作。对场馆的审核由北京奥组委提供场馆设计图纸，由各单项体育组织审核比赛场地和相关设施，然后由国际奥林匹克广播服务公司审核电视转播要求。北京奥组委根据审核意见组织场馆业主修改调整。修改后的图纸报国际残奥委进行审核，审核内容包括奥林匹克大家庭和观众区域等。国际残奥委会审核签字后继续进行场馆的无障碍建设与改造工作。

北京奥运场馆无障碍建设与改造落实了全过程的严格管理。认真落实"安全、质量、工期、功能、成本"五统一目标，并作为奥运"三大理念"主要内容之一，随工程建设一起推进。2007 年各场馆测试赛结束后，北京市"2008"工程建设指挥部迅速组织开展了工程质量"回头看"活动，对存在的共性和个性问题进行了梳理汇总，下发了《关于落实测试赛后场馆硬件设施整改工作有关要求的通知》。从 2008 年 2 月 1 日至 4 月 30 日，各场馆业主单位抓住细节，针对问题逐项整改完善。各场馆业主单位开始重视加强无障碍建设。北京理工大学体育馆在无障碍卫生间专门安装了应急呼叫按钮和报警铃。国家体育馆为残疾观众设置了面积超过 300 平方米的轮椅看台。残奥村运动员餐厅降低了取餐台高度，方便轮椅运动员。残奥村公寓的电梯按钮配备了盲文等。按照高质量严要求推进无障碍建设与改造工作。

北京奥运场馆无障碍建设与改造中建立严密的预防风险应对措施是成功办会的关键措施。由于我国残疾与老年人口众多，到北京购票观看比赛与有组织发票观看比赛的观众超过史上历届奥运会残奥会。必须预防人员聚集有可能产生的风险。开创了对奥运会这样超大规模活动无障碍应急预案的编制工作。场馆设施无障碍应急预案是针对在有残疾人的场馆设施中可能发生的紧急重大事件、事故或灾害，为保证迅速、有序、有效地开展应急行动、尽可能地降低影响、损失和破坏。是在后果和应急能力分析的基础上，预先制定的有关计划或方案，包括应急准备、应急搭建及应急疏散行动和现场恢复等方面的具体安排。无障碍应急是奥运会残奥会独特的内容。场馆无障碍运行有效的保障就是无障碍应急预案。在北京奥组委和北京市政府的组织下，北京奥运会残奥会全部比赛场馆、训练场馆和重要设施都编制了无障碍应急预案。

北京奥组委与北京市政府建立了周密的应急值班制度，统一指挥。成立了专门的场馆无障碍设施应急抢修队。在整个残奥会期间值班，场馆无障碍设施应急抢修队与水电气热抢修队具有相同的最高权限证件和车证。确保场馆主席台等关键位置的无障碍电梯、应急疏散坡道等无障碍设施安全运转，不出故障。北京奥组委无障碍设施组参加了北京市政府的奥运应急值班。

北京城市公共交通、临时无障碍卫生间等应急保障方面也制定了详细的预案。奥运会残奥会大大促进我国城市无障碍设施标准定量指标与应急措施的制定、补充和完善。奥运会残奥会无障碍建设与改造工作总有不完善之处。来自世界各地的 4000 名残疾运动员对北京无障碍设施的使用，总能够发现不尽如人意的地方。此时无障碍应急措施与预案就是及时补充完善的重要手段。在北京奥组委与北京市政府无障碍联席会议强大的集中统一领导与资源调配下，各项整改措施迅速落实，各种无障碍难题迎刃而解。强力推进了全市性的无障碍建设与改造工作。

根据奥运会残奥会后北京进行的无障碍建设情况调查，经过历年全市范围的无障碍建设和改造工作，已累计建设和改造形成了 12 大类无障碍设施，营造了良好的无障碍环境。完成的无障碍设施建设包括无障碍出入口 21299 处，无障碍专用停车位 7714 个，路口坡化 33851 处，盲道 880 条 1541 公里（城八区范围），无障碍过街天桥 48 座，坡道 20248 处，无障碍公共卫生间及厕位 12240 间，无障碍售票窗口和服务台 4785 个，低位电话 1833 部，各种信息提示和引导标识 38856 处，人行过街语音提示系统 1406 套等。首都机场、西客站、公共交通、轨道交通、银行、邮政、大中型商场、城市公园等重要公共建筑和设施，基本实现了无障碍设施的连续性和系统性。

在中国政府、北京奥组委和北京市领导的重视下，北京奥运无障碍建设工作创造了国际奥运会残奥会筹办史上的许多第一。

第一次在全世界发展中国家的超大型城市——北京市成立市政府相关委办局参加的全市性的无障碍建设协调领导机构，由市政府无障碍联席会议统一指挥。第一次把场馆设施及周边的无障碍建设与改造工作列入北京市市长亲自督办的折子工程和倒排期工程，在奥运筹办中坚持年年检查、年年督办。第一次在世界城市建设史上由市政府组织各行业连续多年大规模推进全市的无障碍建设与改造。北京市的无障碍环境建设从此迈上一个崭新的高度，追上了发达国家城市无障碍建设几十年的发展步伐。第一次全面认真执行国际残奥委会为主办城市制定的场馆无障碍技术手册，并且据此进行检查验收；为以后奥运会残奥会的筹办工作确立了执行无障碍标准的标杆。第一次在世界上承办奥运会的组委会中建立专门的无障碍管理机构，设立北京奥组委工程部无障碍设施处。以前历届奥运会残奥会组委会从来没有设立过无障碍专门机构。第一次成立由国内外 22 名无障碍专家和残疾人代表组成的北京奥组委无障碍专家组，推动北京奥运会残奥会场馆设施的无障碍建设。这也是以前历届奥运会残奥会组委会从未有过的。第一次实现了奥运会残奥会永久无障碍设施的全部赛后利用，推动了全民体育运动的开展。获得了较好的社会效益、环境效益和经济效益。开创了奥运筹办史上赛后利用的最好成绩。

这些不仅成为北京奥运会残奥会无障碍建设的发展与突破，也成为国际奥运筹办历史的亮点与独特经验。我国对无障碍建设与改造工作的保障和促进，以及在短期内取得的巨大成就为全世界所公认，得到了国际残奥委会的高度评价。

国际残奥委会主席克雷文先生 2008 年 4 月给著者来信，对北京奥组委无障碍建设与改造工作进展表示祝贺。克雷文主席来信如下。

关于 2008 年 3 月 28 日至 4 月 5 日访问北京

吕先生：

非常高兴与你上周在北京奥运会和残奥会协调委员会最后一次会议期间的见面。我非常高兴地看到在北京奥组委领导下，竞赛和非竞赛场馆以及其他领域如首都机场、长城和故宫等无障碍设施方面的进展。我也非常高兴地试用了新型的轮椅无障碍电瓶车，了解到你们将用于一些场馆和首都机场。请转达我对你的全体同事的最美好祝愿，我期待着 5 月中旬再次见到你。

菲利普·克雷文 爵士
国际残疾人奥林匹克委员会主席
2008 年 4 月 8 日

International Paralympic Committee

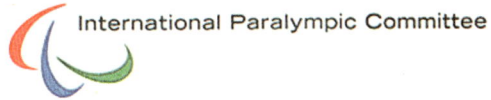

Mr Lu Xiaoquan PhD
Accessibility Division Chief
BOCOG
267 Beisihuanzhonglu
Haidian
Beijing 102008
China

08 April 2008
Ref: dmt-plc

Visit to Beijing 28 March – 5 April 2008

Mr. Lu,

What a pleasure it was to be with you during last week's final Co-ordination Commission for the Olympic and Paralympic Games.

I was very pleased to see the progress that has been made with regard to accessibility both within competition and non competition venues under BOCOG's control; and also in other areas such as the Capital Airport, the Great Wall (or as I know now the Long Wall in Chinese) and the Forbidden City.

It was also a great pleasure for me to try out the new wheelchair accessible cart that you told me would be used in certain venues and also at the airport in Beijing.

Please pass on my best regards to all your colleagues and I look forward to being back with you all in China in the middle of May.

Yours sincerely

Sir Philip Craven MBE

SIR PHILIP CRAVEN, MBE
President

Adenauerallee 212-214
53113, Bonn, Germany

Tel. +49-228-2097-200
Fax: +49-228-2097-209

philip.craven@paralympic.org
www.paralympic.org

图 2-3-9
国际残奥委会克雷文主席给著者的信

克雷文主席的来信是国际残奥委会对北京奥组委无障碍专家组努力工作和对北京全体无障碍建设与改造工作者辛勤劳动的充分肯定。比起前两届奥运会——悉尼和雅典奥运会和残奥会，北京无障碍建设与改造任务更加艰巨且量大面广。北京的奥运筹办和无障碍建设实践为以后的主办城市树立了典范。说明发展中国家的城市经过努力，也能够在无障碍建设方面取得惊人的成绩。无障碍建设成为了北京奥运的宝贵遗产和亮点。中国构建和谐社会、体现人文关怀理念和北京无障碍建设的实践，得到了国际社会和国外媒体的由衷赞扬。来过北京的国际友人和海外华侨无不惊叹北京和新中国在短时间内创造的无障碍建设的辉煌成就。

国际残奥委会传媒与传播总监克雷格·斯潘瑟2015年在国际残奥委会网站上撰文称："当一个城市或一个国家举办重大体育赛事时，最重要的话题之一就是体育赛事留下的遗产。残奥会是世界上第一个产生社会变革的体育盛会。许多人在奥运会残奥会后立即判断其遗产如收看电视转播的观众规模、媒体报道、观众出席人数和商业收入等因素，以确定赛会是否成功。另一些人则在较长时间的框架内审视遗产、衡量残奥会如何影响体育运动，而有些人则侧重于如何建设场馆。但我认为像其他大型赛事活动一样，残奥会留下了巨大的遗产。与众不同的是留下的社会遗产。中国有8500多万残疾人，直到2001年他们中的大部分被排除在社会之外。残疾人到处是障碍，无法就医等。残奥会改变了这一切。中国赢得奥运会残奥会举办权，是改善成千上万残疾人生活，保护他们作为社会平等成员权利的一个触发器。七年前的北京奥运会残奥会时，关于无障碍和包容性的新立法和标准获得通过。高达10亿元人民币相当于1.24亿欧元的投资持续20年用于建筑设施、道路、交通枢纽和公共建筑物的无障碍建设。超过6700万元用于中国旅游目的地长城和故宫的无障碍建设上。今天在中国，残疾人享有更高的社会地位、更多的关注与尊重；更好的社会保障和更高就业机会以及更好的教育等。还有很多、更多。如果北京不举办奥运会残奥会能发生如此巨大的变化吗？"克雷格·斯潘瑟先生的看法有的虽有失偏颇，但说明了国际社会高度重视中国通过举办奥运会残奥会在无障碍建设等方面取得的成就，带来的社会与环境的变化。

第四节　奥运无障碍建设研究

为保障北京奥运场馆建设与改造工作的顺利进行，北京奥组委适时组织了一系列专项无障碍研究，主要有：与发达国家无障碍建设标准对比研究、场馆建设项目管理研究；奥运场馆建设风险控制研究；奥运场馆遗产研究等。北京奥组委工程部也进行了区域无障碍建设标准的研究探索、移动式无性别无障碍卫生间、轮椅摆渡车等无障碍设备的研发等。著者参与了这些专项研究工作。这些研究与探索推动了无障碍建设与改造工作的进展，加深了对奥运场馆无障碍建设与改造规律的认识，夯实了无障碍建设取得成功的基础。

一、发达国家无障碍建设标准研究

北京奥运筹办初期 2000 年至 2005 年国际残奥委会没有场馆无障碍建设标准时，为解决这一问题，针对在奥运场馆建设过程中的无障碍设计标准和技术措施缺乏的问题，为满足 2008 年北京奥运会特别是残奥会场馆无障碍建设的需要，经北京奥组委批准，国家建设部标准定额司与北京奥组委工程部于 2005 年 8 月联合组成了奥运场馆无障碍设计标准研究项目课题组，着手开展奥运场馆无障碍设计标准的研究工作。具体工作由建设部标准定额研究所和北京奥组委工程部、残奥会部共同负责。通过对比分析我国与发达国家在无障碍建设标准间的差异，判定我国现行无障碍标准的水平。项目组根据 2005 年收到的国际残奥委会《残奥会场馆技术手册》初稿，分析北京奥运场馆设计情况，对比奥运场馆无障碍建设标准及要求，对如何满足国际残奥委会的无障碍要求提出建议。

2005 年 10 月国家建设部标准定额研究所和北京奥组委工程部确定研究成果将包括：发达国家现行标准及有关国际标准以及奥运会残奥会有关标准的

研究。我国现行标准与发达国家标准的初步对比分析。国内外无障碍设计的差距分析与研究报告。根据收集到的基础资料，课题组对比分析发现：在针对奥运场馆的无障碍要求方面，我国的标准和发达国家的标准都有待完善，都缺乏专门的奥运场馆无障碍设计标准。国际残奥委会对场馆设施的明确技术要求的提出大大落后于北京奥运工程建设的实际进度。北京奥运场馆中的14个新建场馆于2004年年底已陆续开工，但《残奥会场馆技术手册》2005年12月正式发给北京奥组委时，其中有关无障碍设计标准依然不够明确，有的与我国现行标准有明显出入。

课题组通过对我国现行标准与《残奥会技术手册》相比，认为我国现行标准存在以下不足：我国现行标准在某些无障碍设施的数量指标方面的要求低于《残奥会技术手册》的规定，没有给出明确的数量要求，如停车位、无障碍卫生间和无障碍座席的数量等没有规定或要求较低。我国现行标准体育场馆的无障碍标准还有遗漏。如场馆的医疗服务区和安全疏散等方面，现行标准没有涉及或没有提出明确的无障碍要求。这些不足主要是由于我国现行标准《城市道路和建筑物无障碍设计规范》JGJ50-2001是通用的无障碍设计标准，而非专门针对特定建筑如奥运场馆的。

课题组根据对北京奥运场馆设计图纸和文件的分析，奥运场馆无障碍设施建设普遍存在以下几个方面的问题：(1) 场馆设施内的交通组织（特别是垂直交通组织）和无障碍设施，不能满足残奥会期间运动员比赛和训练的需要。（2）残奥会场馆设施的应急疏散方案不完善，有的没有制订应急疏散方案。不能满足残疾运动员和残疾观众在紧急情况下疏散的需要。（3）一些无障碍设施（如无障碍席位和无障碍卫生间）在数量上达不到《残奥会场馆技术手册》的要求，不能满足举办残奥会的需要。（4）场馆设施的功能区设置不完善，如缺少轮椅维修区、轮椅存放区、医学分级用房和国际单项体育协会用房等；场馆设施内外无障碍标识和无障碍信息系统缺乏，不能给残疾人提供及时、准确的信息。

课题组通过研究分析国内外相关标准和资料完成了国内外无障碍标准及要求的对比分析报告。该对比分析报告内容涵盖了国内外无障碍标准及要求的宏观对比和技术指标对比，并在研究分析基础上得出结论：我国现行无障碍标准总体水平与发达国家的标准水平相当，我国无障碍设计规范应作为奥运场馆无障碍建设的基本依据之一。课题组同时提出了北京奥运场馆无障碍设计要求与残奥会场馆无障碍设计指导建议。其中奥运场馆无障碍设计要求包含三部分的内容：（1）奥运场馆无障碍设计指导原则和主要设计标准。（2）残奥会每个比赛项目对场馆无障碍的要求。内容重点针对残奥会比赛环节的专用竞赛区和辅助设施。（3）残奥会场馆无障碍现状分析与改进指导建议等。

二、奥运场馆无障碍建设验收研究

为保证残奥会场馆无障碍建设与改造符合要求，北京奥组委工程部、残奥会部与其他相关部门研究制定了场馆无障碍设施验收清单和检查验收程序。检查验收程序规定由北京奥组委和国际残奥委会组织对设计施工是否符合残奥会要求进行审查。经国际残奥委会审核确认后，由业主负责完善。北京奥组委残奥会部负责国际残奥委会意见反馈以及与国际残奥委会的工作协调。工程部负责残奥会场馆设施的设计及验收审查工作，以及向国际残奥委会反馈建设与改造工作进展。检查验收依据奥运场馆设计大纲、北京奥组委与国际残奥委会提出的技术要求以及对扩初或设计方案的核准意见。北京奥组委工程部对设计施工是否满足残奥会的使用功能和技术标准组织专家进行审查。场馆竣工阶段核查要求是否落实。审查图纸包括：残奥会赛时总平面图——图纸表明用地范围内总平面布置，包括各类人员的交通组织（包括人车流线、停车场、上下车站、场馆出入口位置）、赛时后院规划（广播电视综合区与后勤服务区）及无障碍流线。残奥会赛时场馆各层平面图——图纸表明功能分区及用房安排、比赛及热身场地布局（标注尺寸）、看台无障碍及轮椅座席的布置与分配（标注席位数）及无障碍设施情况（配合文字说明）。残奥会赛时场馆剖面图——图纸表明场馆各部分空间高度关系及各层标高，并提供看台设计视线分析图（包括视点选择、视距等）及无障碍垂直交通的布置。审查图纸需配有中英文标注，并标示各个功能区和人员流线及无障碍流线。现有建筑不满足无障碍标准的，要在图纸上提出改造完善方案和补充说明。

由于我国从未进行过无障碍建设专项验收，残奥会场馆建设与改造工作又是首次进行，著者根据对往届残奥会资料研究与我国建设实践，编制了场馆无障碍设施验收审查的内容要求，供北京奥组委无障碍专家组成员对各场馆进行无障碍验收时参考。通过几个场馆的审查验收，逐渐丰富完善形成场馆无障碍设施验收标准清单，见下表。

表 2-4-1　场馆无障碍设施验收标准清单

类别	序号	场馆无障碍设施审核验收内容
一、交通和停车	1	场馆周边车站和下车地点应最大限度地缩短行进距离（宜小于 60 米）
	2	停车区域应为无障碍车辆预留出足够的停车位
	3	上下车区须设在非倾斜或低倾斜区域。若使用低地板式班车，须提供合适的人行道或临时坡道，实现上下车无障碍
	4	无障碍停车位尺寸是标准车位 1.5 倍（即 3 个标准停车位可作为两个无障碍停车位）
	5	观众停车场至少应有 3％车位供残疾人使用
	6	观众停车位应位于使用者最方便的位置上，应考虑临近以下地点：1）行人入口和出口；2）电梯和坡道；3）无障碍卫生间；4）电话
	7	提供在各种光线条件下均清晰易读的导向标识。标识须从停车场外开始，以提前告知用户。在路线方向发生改变的每一处都须提供标识
	8	地面应防滑。地面和车位前方竖直位置不低于 1.5 米处需提供无障碍国际通用符号，以便在车内可以看见
	9	停车场出口的无障碍标识与停车场入口的标识须相似并保持一致性
二、场馆出入口	1	售票处须满足伸展能力受限和灵敏度有限的人群的要求
	2	售票处柜台（或至少长为 1 米的柜台的一部分）的高度不能超过 0.85 米
	3	不能有台阶或其他障碍物妨碍轮椅使用者接近柜台
	4	每组售票处都应装有助听设备，以帮助耳聋或听力受限的人群等
	5	观众入口和出口须为无障碍
	6	在所有的观众入口处至少有一个宽度不少于 1 米且不安装安检装置的门。此门的安检通过便携式安检设备进行
	7	若并非全部入口和出口都是无障碍入口或出口，则无障碍入口和出口须清楚地标明国际无障碍符号，并从远处就能看见
	8	工作人员签到和签出区域的进出路线应是无障碍区域

类别	序号	场馆无障碍设施审核验收内容
三、通行区	1	所有主要的步行通道、通行区域和供大量人群经过的通道应至少 1.8 米宽，允许两辆轮椅同时通行。步行通道应当连续
	2	步行通道和通行区域的坡度宜不大于 5％（即 100 米的通道升高 5 米）
	3	步行通道和通行区域的任何障碍物，如垃圾筒和电话，其前缘距离地面应不超过 0.3 米，以便于使用长手杖的人能够探测到它们的存在。若无法实现，应安装危险指示装置做出提醒
	4	坡道的长度应不超过 60 米。必要时人行道可以更长
	5	坡道最大坡度为 5％。不能停靠休息则坡度为 5％（1:20）的坡道不应长于 10 米
	6	若不能提供坡道或电梯，可以提供坡度不超过 10％的台阶坡道板或路缘坡道板。短坡道（不长于 6 米）的最大坡度可以是 8％
	7	在提供坡道的地方，应在相邻的地方也提供楼梯供在坡道上步行有困难的人使用
	8	所有坡道和人行道宽度不应小于 1.8 米。以便于至少两辆轮椅同时通过
	9	台阶不应高于 0.18 米，最佳高度为 0.15 米
	10	当台阶数量为两级或更多时，楼梯两边应提供手扶栏杆
	11	楼梯每侧需提供一条手扶栏杆，高度应为 0.865 米至 0.9 米。第二条较低栏杆为可选项
	12	地面应平坦、防滑。尽量减少会导致视力损伤的人失去方向感的反光地面的使用。路面材料和坡度应避免地面变滑
	13	盲道应连续将主交通入口与每个场馆的至少一处公共入口相连接
四、门	1	竞赛场馆内生活轮椅活动区域内的无障碍通道门净宽至少为 0.9 米（参见《IPC 场馆技术手册》）
	2	轮椅篮球、轮椅网球、轮椅橄榄球场馆内比赛轮椅活动区域内的无障碍通道门净宽需大于 1 米（参见《IPC 场馆技术手册》）
	3	临时场馆无障碍通道门净宽应大于 0.9 米（参见《IPC 场馆技术手册》）
	4	运动员村内房间净门宽为 0.82 米（参见《IPC 技术手册》）
	5	门扇与门框或相邻墙壁的亮度对比应大于 30％。这包括玻璃墙中的玻璃门
	6	推门上应提供推门手柄
五、电梯	1	电梯最小面积应大于 0.9 米 ×1.2 米。最佳为大于 1.1 米 ×1.4 米
	2	电梯控制按钮应使轮椅使用者可触及，应带有盲文数字
	3	电梯控制按钮与地面的距离宜在 0.9 至 1.4 米的最小范围之内，最佳为 0.85 米至 1.2 米
	4	应使用自动门，提供声音提示以提示视力损伤的人电梯所停的楼层
	5	各层电梯应在适当高度设置无障碍标志

类别	序号	场馆无障碍设施审核验收内容
六、卫生间	1	竞赛场馆无障碍卫生间配备标准为该场馆无障碍总座席数的 10%
	2	运动员无障碍卫生间配置要求参照《IPC 场馆技术手册》
	3	其他注册人员活动区域内至少提供一个无性别无障碍卫生间（没有条件设置无性别无障碍卫生间的，应在男女厕所内分设无障碍厕位），并确保通往无障碍卫生间的通道满足无障碍要求
	4	观众无障碍卫生间应尽可能考虑观众流线均匀分布
	5	无障碍厕位应满足以下最低标准： 新建 1.4 米 ×1.8 米，改建为 1 米 ×2 米。尽量提供面积不小于 1.2 米 ×1.2 米（或直径为 1.2 米）的轮椅回转空间。无性别无障碍卫生间应提供面积不小于 1.5 米 ×1.5 米的轮椅回转空间
	6	马桶盖旁应提供 0.75 米的转移空间，最佳为 0.95 米或更宽；1.座位的高度至少应为 0.45 米，最佳为 0.5 米；2.必须配备马桶盖，并将其支撑在比直角大 10 度至 15 度的角度作为靠背
	7	所有的水龙头都应是杠杆手柄，使灵活度受限的人能够使用
	8	在能够监控警报并做出响应的条件下提供紧急呼叫按钮。若不能实现这一功能，提供紧急呼叫按钮将不起作用，则不推荐也不要求采用这一方案
	9	卫生间门应向外开启
七、淋浴设施	1	竞赛场馆无障碍淋浴设施配备标准参照《IPC 场馆技术手册》各单项竞赛项目具体规定执行
	2	运动员休息室无障碍卫生间内不必配备无障碍淋浴设施
	3	应尽可能考虑使用者的私密性要求，相邻淋浴位置间尽量不使用轻质隔断，应安装浴帘并便于轮椅人员使用时调整开闭宽度
	4	无障碍淋浴开关高度为 1 米
八、座席	1	轮椅无障碍席位占场馆座席总数的总体比例是否满足残奥会场馆技术手册的要求。除柔道、盲人门球、足球、自行车项目不应少于 1% 外，其他项目均不应小于 1.5%
	2	各类人群都应该提供无障碍席位，数量必须满足《IPC 场馆技术手册》的要求（观众无障碍座席数等于该场馆无障碍总座席数减去注册人员无障碍座席总数）
	3	陪护座席数和残疾人无障碍座席配备比例为 1:1，该座席为普通自然席，紧邻无障碍座席区周围的一排自然座席可以作为陪同座席
	4	为移动能力损伤但不使用轮椅的人提供更大的空间，在前方和一侧有额外的空间席位是否设置了礼仪位。除轮椅席位之外，还应提供一定量的礼仪位。礼仪位应该均匀分布于各排的两端，向上或向下的台阶数越少越好
	5	是否向所有的轮椅席位提供同等视线。同等视线是指，当前面的人起立时坐在轮椅上的人的视线与前面站立的人视线相同。但是在活动期间观众起立的可能性不大，而且对其余座席影响较大时，可以考虑免除这一要求。在这种情况下，无障碍座席的视线应该与前面的人坐下的时候的视线相同

续表

类别	序号	场馆无障碍设施审核验收内容
九、标识	1	应提供在各种光线条件下均清晰易读的到达、出口和导向标识。除文字之外应使用适当的国际标准符号和象形图。特别注意应急状况下的无障碍标识
	2	标识应从停车场开始，场馆无障碍设施和无障碍流线及方向发生改变的每一处都应提供方便残疾人使用的标识。无障碍标识应保持一致性。地面标识应防滑
	3	在地面上和车位前方竖直位置不低于1.5米处应该提供无障碍国际通用符号，以便用户在车内可以看到这些标识
	4	标牌的颜色和字体的选择应增强易读性，亮度对比至少应为30％
	5	公共区域出口标识应清楚指明公共交通、场馆和主要目的地方向
十、应急预案	1	场馆每一个区域都应有无障碍紧急出口或消防疏散区。消防疏散区应：位于安全出口内；或通向安全出口的通道相邻；或在建筑物的外部；或在建筑物的顶部的开放空间
	2	场馆工作人员应通过培训了解应急预案。应急预案及无障碍紧急出口等应详细策划并在残奥会前进行过测试
	3	主要区域应提供适当的视频系统，帮助耳聋/听力损伤的人对紧急情况做出反应。这些视频系统包括使用记分板或视频屏幕
	4	应制定应急服务预案。当硬件设施不能满足要求时，通过服务解决
十一、信息和通信	1	公共区域应提供扩音系统以使耳聋或听力损伤的人能够同样欣赏赛事及其展示并同等参与各种活动。扩音系统应该顾及各价位座席。显示公告的记分板或视频屏幕应对有线广播系统进行补充
	2	每组公用电话中都应有一部是轮椅无障碍电话。上面明确标明国际通用无障碍标准符号。为使轮椅能够停在无障碍电话侧面，无障碍电话与侧面障碍物间距离应不小于0.3米
	3	残疾人应该能够平等地获取向公众发布的信息。场馆信息台接到观众要求后应提供服务（例如盲文或音频）

该表可以供 2022 冬残奥会和其他大型国际赛事活动的场馆设施无障碍建设与改造工程验收以及改进工作使用。

三、区域无障碍建设标准研究

区域无障碍是我国筹办奥运会残奥会过程中，建设奥林匹克中心区及许多大型场馆群时发现的问题。区域无障碍标准以及建设工作是奥运无障碍建设的重要组成部分，我国以前在这方面是空白，世界各国也没有关于区域无障碍的定义与标准。往届奥运会残奥会也没有这方面的具体规定。通过北京奥运会残奥会无障碍保障工作的实践，著者认识到区域无障碍建设的重要作用。分析了大面积区域内无障碍建设的要素。首次明确一定区域内的无障碍流线、无障碍通道及门宽度、路面坡度、步行距离、休息座椅、遮雨遮阳设施、区域安全设施如抓杆扶手、提示盲道、警示标志等的设置、无障碍卫生间设置、区域无障碍导览图、无障碍标识与说明、信息检索与服务等无障碍建设要素。抓住这些要素就可以有效地解决大面积区域的无障碍建设与改造的保障问题。针对北京奥运建设中出现的奥林匹克公园区、奥运村、奥运场馆前的广场区域等大面积区域无障碍设施建设的需求，通过奥运工程无障碍建设的实践与探索，著者提出区域内无障碍设施服务半径指标和解决问题的办法，解决奥运会残奥会区域无障碍设施设置的问题。后来在广州亚残运会场馆区域检查中也得到应用，收到了较好的效果。

区域无障碍标准的具体指标如：区域外部公共交通和停车服务半径步行时间不超过 10 分钟，距离控制在 300 米以内。无障碍公共交通站点距场馆区域出入口的无障碍摆渡车站点控制为 200 米服务半径。卫生间设置原则上按照 300 米左右的服务半径，步行 3~5 分钟能到达。大型区域按 500 米左右服务半径设置，其他服务设施如信息检索服务、电话与救助、医疗点、休息区与座椅、零售商店等的服务半径宜为 500 米以内。可以根据实际情况调整，如在树荫面积较少的情况下适当减小服务半径为 200 米以内。标识设置宜按照周边非常开阔视线良好的区域，最远视线距离为 100 米以内等。

这些标准和要求是通过北京奥运无障碍建设与保障实践得到，是对无障碍建设规律的认识，对推动奥运工程无障碍建设与保障起到了较好的作用。在以后历次大型活动无障碍保障工作中应用也取得了好的效果。同样建议作为 2022 年冬残奥会和其他大型国际赛事活动的场馆设施无障碍建设与改造工程验收以及改进工作参考。为今后国内无障碍保障工作研究，著者翻译了美国残疾人临时活动场地无障碍建设指南和美国体育场馆无障碍建设要求，见附录。

四、残奥会场馆主席台无障碍改造研究

残奥会场馆与重大活动主席台的无障碍席位，我国建筑标准和体育建筑标准都没有明确规定，国际残奥委会技术手册与标准中也没有这方面的规定。设置主席台是我国体育场馆的惯例，在体育场馆中具有重要的使用功能。奥运筹办时面临着北京体育场馆主席台都需要设置无障碍席位的问题。个别场馆由于

原有主席台与通道的面积比较宽大，结构条件允许，可以通过改造设置无障碍席位。场馆主席台一般设在二层，一般都没有无障碍通道，需要通过台阶进入主席台。没有坡道通往室外安全区或应急待避区。一旦发生火灾等突发事件，坐轮椅贵宾无法应急疏散，存在较大的安全隐患。为此进行的疏散时间试验表明，每个轮椅贵宾至少要两名志愿者抬下楼梯，在与主席台其他人流混合应急疏散的情况下，无法保证按消防规定时间疏散完毕，容易对轮椅贵宾造成二次伤害。许多场馆的主席台轮椅贵宾流线与其他客户群流线交叉。有的轮椅贵宾需要经过观众主要出入口通道，穿越观众人流后到达贵宾区。有的场馆轮椅贵宾需要穿越四个不同的功能分区（包括媒体新闻发布厅）的较长路线后才能到主席台就座或返回贵宾休息室，还存在着安保问题。

由于残奥会必然有轮椅贵宾出席观赛或颁奖活动，残奥会开闭幕式场馆更是要求轮椅贵宾必须上主席台，如国际残奥委会主席克雷文先生是轮椅使用者，邓朴方主席是轮椅使用者。作为残奥会这种全世界瞩目的大型活动，克雷文主席与邓朴方主席应在主席台就座。

北京奥组委为此专门制定了主席台主要领导无障碍座席要求规定，主席台主要领导的无障碍座席应至少占有完整的一排，无障碍座席两端均应有无障碍出入口，满足消防和应急疏散的要求。无障碍座席区宽度应不小于2.6米（轮椅座席宽度1.2米，轮椅通道宽度1.4米）。座席区正中至少6个席位设置桌子或茶几，其他席位可以根据要求临时设置。每个轮椅席位的宽度按0.9米设置。设置桌子的下方净空高度（容膝空间）不小于0.7米。受到条件限制的个别场馆，主席台无障碍座席区的宽度可以不小于2.2米。每个轮椅席位的宽度可以按0.8米设置。无障碍座席区地面应平整坚固，宜铺设高密度硬质编织地毯，不宜铺设长毛软地毯。无障碍座席区前沿应设置高度为0.85米的扶手或挡板，结构应坚固。其他构造设计要求可参见北京奥组委工程部的相关要求。无障碍座席区应进行必要的视线分析，确保轮椅贵宾同等的视线要求。主席台主要领导的无障碍座席应进行必要的景观设计，通过平面布置和材料选用区别出贵宾区的主要领导。

北京奥组委专门发出通知补充要求，各竞赛场馆主席台一定要有一排无障碍座席，供国内外主要领导（贵宾）使用，数量应满足《国际残奥委会场馆技术手册》的相关要求，根据各场馆实际情况，此排座席可设置在主席台

图 2-4-1
北京工人体育馆无障碍主席台
与轮椅提升机

图 2-4-2
北京国家体育场测试赛搭建的临
时无障碍主席台

的适当位置，通过形象景观及设施配置等运行方式，使其凸显作为主席台主要领导的座席。连接主要领导无障碍座席位置的贵宾流线，包括出入贵宾休息室、颁奖、卫生间等必须实现全程无障碍，满足消防和应急疏散的要求。需要搭建平台、坡道等临时设施的，应尽量在奥运会赛前完成临建工程，如必须在转换期内搭建，应同时做好应急预案，做到材质、技术标准、施工工艺规范统一。北京奥组委工程部根据奥组委领导要求完成相关临时设施的单元设计。各场馆应同时考虑备用的无障碍座席方案，在主席台附近预留一定数量的机动无障碍座席，供贵宾超员时使用。由于出席残奥会活动的许多贵宾和来宾是轮椅使用者，主席台位置有限，相邻观众无障碍席位也无法安排。因此除无法实现的既有场馆把轮椅贵宾安排在比赛场地周边增设临时主席台外，北京奥运会新建的比赛场馆都通过调整设计，增加电梯、调整平面布置的方式进行主席台的无障碍改造；或者调整运行方案，从其他功能区的无障碍通道到达主席台，并在主席台搭建临时平台的方式，以安排主席台第一排为轮椅贵宾席位。

北京奥组委工程部无障碍设施处对主席台的无障碍情况进行了专项调查研究。发现需要搭建主席台无障碍席位工程量较大的场馆达到 10 个以上，包括：国家游泳中心；奥林匹克公园网球场；奥林匹克公园射箭场；国家体育馆；北京科技大学体育馆；奥林匹克公园曲棍球场；中国农业大学体育馆；首都体育馆；北京航空航天大学体育馆；丰台垒球场等。无障碍设施处针对每个场馆具体情况，现场研究确定了无障碍改造方案，得到了北京奥组委领导的批准。

北京残奥会 20 个比赛场馆中，搭建了临时主席台轮椅席位的场馆达到 14 座。由于视线设计的原因，主席台与比赛场馆的场地一般都有高差。2 米以下的高差可以通过搭建临时坡道解决。2 米以上的高差必须通过设置电梯解决。有些场馆由于结构梁板柱的原因，即使计划改造增设电梯也不具备条件。例如工人体育馆是 20 世纪 50 年代的建筑，原拟拆除重建，后为节俭办奥运而用作残奥会盲人柔道比赛场馆。其主席台没有电梯，由于原结构复杂也无法加设垂直电梯。只有沿台阶通道修建斜挂式轮椅爬升机。北京奥运场馆中有 5 座既有场馆的主席台改造增建了斜挂式电梯或无基坑电梯。

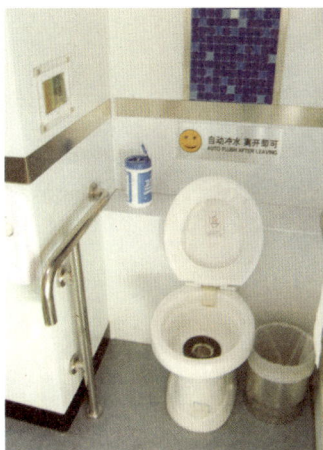

图 2-4-3
北京残奥会临时无性别无障碍
卫生间内部

图 2-4-4
奥林匹克公园设置临时无性别无障碍
卫生间外观

五、移动式无性别无障碍卫生间研制

北京奥运会残奥会赛会期间重要无障碍保障设备之一是移动式无性别无障碍卫生间，用来解决奥运会残奥会城市与场馆运行中瞬时无障碍的极大需求问题。奥运会残奥会期间公共卫生间是场馆与城市的共同需求。根据往届奥运会残奥会的经验，北京市较早启动了对临时可移动无障碍公共卫生间的研制工作。以典型的临时可移动无障碍公共卫生间为例，它自带储水罐完成冲水清洗，不依靠城市供水管线，是无臭无污染的智能生态环保型无障碍可移动临时卫生间。每座卫生间配备智能控制系统、坐便器、智能充电器、干式净手装置、不锈钢面镜、LED照明灯、指示灯、挂衣钩、除臭机、标识牌等。

北京奥运会期间采用招投标方式，每座移动式无性别无障碍卫生间造价仅5万元左右。其中仅北京一家科技公司就提供了129座奥运环保无障碍卫生间，国家体育场、首都体育馆、国家游泳中心、奥体公园等奥运核心场馆区都放置了这样的无障碍卫生间。其中奥林匹克公园公共区安放76座；国家体育场（鸟巢）安放13座；国家体育馆安放8座；国家游泳中心安放4座；奥体中心安放14座。故宫、长城等景区和机场、车站、广场等城市重要位置也放置了这样的无障碍卫生间。这种卫生间由于清洁保养方便，可以整体吊装，国家游泳中心在地下一层用吊车吊入安装了这种移动式无性别无障碍卫生间。这种解决大型临时活动巨大无障碍需求的设施被实践证明是极为有效的。

六、无障碍摆渡车研制

北京奥运会残奥会赛会期间以无障碍摆渡车为代表的无障碍交通工具，用来解决最后一公里无障碍交通系统的机动连接的问题，是一项新创举，对于解决轮椅使用者在较大区域内移动的瞬时极大值的需求非常有效。无障碍交通工具主要指无障碍大型车辆——公交大巴车或大型专车，中型无障碍车辆——中巴车或特种车辆如急救车等。小型无障碍车辆—出租车或无障碍小轿车专车，以及无障碍电瓶车——一定区域内的无障碍摆渡车等。北京为保障奥运会残奥会的无障碍运行，开发了大中小型系列无障碍车辆。但是缺乏短距离内运送轮椅使用者的微型无障碍运输工具。

无障碍摆渡车是指一定区域内完成无障碍转运接驳任务的小型或微型无

障碍运输车辆，可以承载 1 至 4 台轮椅和多名陪伴人员，具有低底盘的优点，轮椅上下便利。运行距离一般在 30 公里范围内。动力一般由直流蓄电池驱动或汽油柴油发动机驱动。由于环保要求，一般选用直流蓄电池驱动作为动力，其爬坡能力和续航能力受到一定限制。北京奥运会期间，北京奥组委工程部无障碍设施处为解决大型场馆群，或大型区域如奥林匹克中心区内的无障碍交通保障，委托中国残疾人辅具中心进行了无障碍摆渡车的研发。根据选定的具体参数指标要求，经过反复研发试制和乘坐试验，最后选定清洁环保的直流蓄电池驱动车型作为无障碍摆渡车。

无障碍摆渡车可以在大型场馆、景区、公共场所等运送使用轮椅的残疾人及其陪伴家人。它既是残疾人的代步工具，又是一种环保节能的短途交通工具。奥运会残奥会时提供的车型每台可以载乘 4 台轮椅和 4 名陪同人员。当时每台造价在 5 万元左右。以后广州亚残运会和杭州第八届全国残疾人运动会都采用了无障碍摆渡车作为大型区域的无障碍运输工具。目前该种类型的轮椅摆渡车已经有了新的改进型，爬坡能力得到了增强。

图 2-4-5
北京残奥会电动环保型无障碍摆渡车

国际残奥委会克雷文主席在北京残奥会前专门听取了著者关于无障碍摆渡车的性能以及大型场馆区域拟配合大型和中型无障碍车辆加以采用的汇报，克雷文主席由著者陪同试乘了轮椅无障碍电瓶车。他给予了很高的评价，认为轮椅无障碍电瓶车完善了场馆和大型区域的无障碍交通，解决了轮椅使用者最后一公里的无障碍交通接驳问题，保障了轮椅使用者的使用需求和尊严。

上述各项研究与探索工作对北京奥运场馆无障碍建设与改造、场馆运行与科学管理发挥了巨大的推动作用，为北京奥组委圆满地完成无障碍建设保障任务提供了坚实的基础，创造了发展中国家筹办国际大型赛事活动无障碍建设的宝贵经验。

第三章

奥运会推动无障碍实践

第一节　奥运会推动无障碍建设

一、广州、杭州等残运会无障碍建设

2008 年北京奥运会残奥会后，我国根据北京大型活动无障碍保障的成功经验，指导举办了几届大型残疾人运动会。如 2010 年广州亚残运会是亚洲残疾人体育组织重组后的首届亚洲残疾人运动会。2012 年杭州举办的第八届全国残疾人运动会。2014 年成都举办的第九届全国残疾人运动会。这些赛事活动都获得了圆满的成功。

这些大型残疾人赛事活动具有的鲜明特点是充分发挥了我国体制的优势，传承了北京奥运会残奥会的经验，对主办城市无障碍建设和改造工作是一次全面推动。对于无障碍理念和无障碍标准起到强有力的推广普及。在场馆与城市无障碍建设与改造工作方面进行了新的实践，取得了新的经验。著者有幸被聘请为这三届运动会的无障碍专家，参与了无障碍建设与改造工作。

在发挥体制优势方面，这三届残疾人运动会都受到了所在地政府的高度重视，广东、浙江、四川和广州、杭州、成都等相关省市负责人都担任了组委会的领导，政府有关部门各司其职，调动资源集中力量按期完成无障碍建设与改造任务，全力保障赛事工作的顺利运行。特别是对无障碍建设这个赛事筹备的核心工作给予了高度的重视。主办城市所在省市领导亲自协调解决无障碍建设遇到的重大问题。中残联领导和体育部等对于筹办工作给予了大力支持和指导。省市残疾人组织抽调人员全程认真参与，起到了监督推动作用。大型残疾人运动会不仅使主办城市无障碍建设得到跨越式的发展，而且对政府领导与当地群众是一次无障碍理念的全面普及，给城市留下了宝贵的无障碍遗产。

在建立机构与制度方面，相关省市政府成立强有力的无障碍建设筹办班子。省市建设和规划部门承担了残疾人运动会场馆和城市基础设施的无障碍建设与改造的规划、设计、招投标、施工、监理、验收、赛时使用、赛后利用、维护管理等方面全过程的政策标准制定、技术指标管理和技术指导工作。坚持按照国家政策法规公平公开公正地推进无障碍建设，无障碍专业的事由专业的无障碍队伍来办。在这方面相关省市政府以及有关协办城市的建设与规划部门起到了相关硬件设施准备的核心作用。

例如成都市九残会无障碍建设与改造工作责任由市建委牵头，市政府各职能部门分工负责，市建委负责做好保障比赛进行的场馆无障碍设施建设改造的协调、督促和技术指导工作。市残联负责做好场馆、场地无障碍设施建设改造项目的相关协调和督促工作。市体育局负责所属比赛场馆的无障碍设施建设改造，负责提供比赛场馆无障碍设施建设的比赛要求并参与改造验收。市城管局负责完善市区主要道路无障碍通道改造及有关无障碍标志建设并对相关区（市）县工作予以指导。市交管局负责市区主要道路和比赛场馆附近人行横道上的盲人过街音响信号系统安装工作，信息无障碍的有关工作，并对相关区（市）县工作予以指导。市林业和园林局负责市区比赛周边所属公园内的无障碍建设和改造，并对相关区（市）县工作予以指导。市旅游局负责酒店和比赛周边风景名胜区内无障碍建设和改造，并对相关区（市）县工作予以指导。市财政局负责无障碍建设改造资金安排、划拨和使用监管。市交委负责所管辖范围内交通及有关公共场所无障碍建设改造工作，并对相关区（市）县工作予以指导。相关区（市）县政府负责对本辖区的比赛场馆、住宿、交通及有关公共场所等进行无障碍排查、完善和改造。第九届全国残疾人运动会协办城市四川遂宁市认真组织场馆和城市的无障碍建设与改造，取得了突出的成绩。

在制定无障碍标准方面，广州亚残运会是继北京奥运会残奥会后最大规模的残疾人体育赛事。亚洲残奥委会首次仿照国际残奥委会，专门制定了亚残奥场馆无障碍技术手册，其中理念与标准都与残奥会场馆无障碍技术手册相差无几。广州亚残运会组委会严格遵照执行了该手册。杭州组委会在没有标准先例的情况下首创编制了全国残疾人运动会无障碍建设与改造标准。该标准参考了国际残奥委会和亚洲残奥委会的无障碍技术手册，主要参数指标根据我国无障碍标准 JGJ50-2001，第一次全面确定了全国残疾人运动会场馆设施的无障碍建设与改造技术要求。而且克服重重困难，研究制定了《省属比赛场馆改造要求》《杭州市属比赛场馆改造要求》《嘉兴市属比赛场馆改造要求》《绍兴市游泳健身中心游泳馆改造要求》，作为相关设计单位进行场馆改造设计的依据和最低改造标准。这在前几届残运会中是没有的，填补了我国体育场馆无障碍设计标准的空白，为以后的全国残运会场馆与城市无障碍建设与改造工作建立了标准。

北京奥运会残奥会和其后的重大赛事活动实践，使得我国在国际级、洲际级和国家级大型残疾人赛事活动的无障碍标准方面从无到有，建立起了完整的标准规范体系，一些无障碍技术指标和技术要求得到了反复的检验，积累了丰富的实践经验。

在组建无障碍专家团队方面，主办城市组委会分别成立了无障碍专家团队。聘请北京奥运会残奥会无障碍建设与改造、无障碍赛事组织和无障碍服务等方面的专家。抽调当地有经验的设计、施工、残疾人体育、残疾人管理等方面的专家，组成无障碍专家队伍，对主办城市和协办城市的无障碍建设与改造项目进行检查和验收。重视专家的意见，发挥专家的作用。中残联领导对著者咨询报告和情况反映多次及时给予批复，要求著者全过程参与这些大型赛事的无障碍咨询工作。在中残联领导关注和支持下北京奥运会残奥会的无障碍经验和研究成果得到了应用和进一步的发展。

在充分保证五大客户群的无障碍需求方面，这三届赛会的比赛场馆设施对于运动员、观众、贵宾、媒体和工作人员五大客户群的无障碍需求，要做到赛前完全掌握有相当的难度。采取的办法是分析预估五大客户群人员数量，重点是行动障碍（即主要是肢体残疾）的人员数量。其中涉及到的国外参赛运动员数量，严格按照技术手册指标的要求，同时配备一定数量的临时设施。国内参赛运动员队伍的无障碍需求，根据往届运动会规模留出发展的余量，同时配备一定数量的临时设施。同时注意对视听障碍需求以及运动员村和接待宾馆无障碍的保障。对观众和游客的无障碍需求保障重点在城市食宿行游购娱等窗口服务设施的无障碍建设与改造上下功夫。

在无障碍流线方面，通过这三届赛会进一步提高了对无障碍流线重要性的认识。社会文明的发展，使得无障碍需求者越来越无法接受人抬肩扛式的克服障碍。场馆五大客户群的无障碍流线成为改造工作的重点。受到既有场馆条件和改造资金的限制，一些场馆未能增设电梯，只能在运行设计中借助其他客户群的无障碍通道或者电梯，通过软隔离或者工作人员陪伴的方式来解决问题。

在无障碍设施科学运用方面，这三届赛会再一次面临无障碍设施的分类与科学运用问题。其中残疾人运动会比赛场馆中缺乏永久无障碍座席与无障碍卫生间是两大主要问题。这三届赛会坚持了永久无障碍设施必须建，在五大客户群流线上重点解决了有没有的问题。其中杭州场馆的永久设施无障碍改造新增无障碍座席近 1200 个、无障碍坡道 70 多个、无障碍厕位 140 个，新增设无障碍电梯 10 部。根据临时设施主要解决无障碍设施够不够的原则，一般大型残疾人运动会即使按照永久无障碍卫生间不少于无障碍席位总数的 10% 的标准设置，也仍然满足不了瞬时巨大的无障碍需求。因此三个组委会均安排了当地制造临时移动式无障碍卫生间。例如杭州自行研制生产了移动式无障碍卫生间，设置了低位声光报警器以及安全抓杆和扶手，认真考虑了坐便器凸起式冲水按钮、卫生间门向外开等细节，较好地满足了无障碍需求。

在开闭幕式无障碍保障方面，大型运动会的规律往往是开幕式成功，运动会就成功了一半。而残疾人运动会由于残疾人运动员和残疾观众的瞬时极大值的无障碍需求，必须参照北京奥运会残奥会的经验另辟蹊径解决。既有比赛场馆主席台以前按照国标设计，一般乘坐轮椅的贵宾都无法登上主席台。杭州黄龙体育馆由于临时主席台无法满足演出场地要求，经过多种方案的论证，最终采用对原有主席台进行无障碍席位改造，沿两侧搭建无障碍坡道的方案，满足了轮椅贵宾登上主席台的无障碍需求。广州亚残运会开闭幕式场馆按照国家规范设计的轮椅无障碍座席数量不能满足需要，但客观条件不可能在场馆座席区搭建包括残疾运动员的 2000 多个轮椅无障碍座席。经过研究将运动员无障碍座席设置在比赛场地周边，既方便了运动员出入，又大大降低了工程量，解决了无障碍需求问题。

对于各项无障碍设施是否达标的问题，著者根据对北京残奥会场馆无障碍验收检查表的内容和广州的具体情况，提出了广州亚残运会场馆无障碍设施自查抽查及完善要点。对五大客户群无障碍需求与无障碍流线检查、建筑无障碍设施建设与改造内容检查等方面进行了认真的研究分析，在实践中取得了较好的效果。

图 3-1-1
杭州八残会千
岛湖残疾运动
员训练用无障
碍码头

在无障碍安全与应急方面，大型残疾人运动会场馆内聚集了大量重度行动障碍观赛运动员和观众，使安全与应急问题提到了前所未有的高度。由于各地既有场馆设计和建设都没有考虑大型残疾人运动会的需求，对这个崭新的问题，必须通过无障碍改造和赛时运行的平面布置解决安全使用和安全疏散的问题。成都九残会时，因为大量轮椅运动员被安排在二层场馆内进行比赛，二层建筑只有楼梯与两部电梯，无法满足我国消防法规的应急疏散要求，轮椅乒乓球比赛项目的场馆无障碍建设与改造方案没有通过消防部门的批准。有关部门不得不考虑调整竞赛日程，甚至更换比赛场地的方案。通过无障碍专家组现场调研，著者提出了打通二层原封闭的大门，利用二层室外平台作为轮椅运动员应急疏散待避空间的方案，解决了上述问题。该方案通过了消防部门的审核，保证了赛事安全运行。

各地主办城市在无障碍建设与改造问题较多的情况下，根据北京奥运会残奥会经验，做好无障碍应急预案，随时检查、随时修缮，做到小的无障碍问题不酿成新闻事件，大的无障碍问题不造成人身伤害，圆满地完成了无障碍服务和保障工作。实践表明，残疾人运动会是对主办城市无障碍建设与改造工作的最全面、最强有力的推进。这三次大型残疾人赛事活动成为北京奥运会残奥会后的成功实践。

二、特殊教育机构无障碍建设

特殊教育机构的无障碍建设具有极大的挑战性。辽宁特殊教育学院在无障碍建设规划设计方面做了有益的探索。中残联领导十分关心这座全国第一所大型残疾人高等师范学院的建设，多次前往视察。要求著者协助从设计施工的全过程加强无障碍技术指导和咨询。

辽宁特殊教育学院在规划阶段就高度重视无障碍环境建设。在校园各个单栋建筑的无障碍规划设计中，教学实训区的交流中心的大门中间设自动门。舞台右侧设置了坡道，方便道具运输与可能的轮椅演员。右侧更衣化妆间后门设置坡道。贵宾室设置无性别无障碍卫生间。贵宾有单独的流线，同时设置了应急疏散通道。实训楼中全部走道宽度大于2米。沿墙设置了扶手。室内外不设台阶，全部采用坡化处理。房间门宽大于1米，均不采用弹簧门。采用双扇门时，每单扇门宽度不小于0.9米。无障碍标识醒目并配有盲文标识。独栋建筑二层以上设置轮椅疏散坡道。连廊设计为有雨棚且可开敞，作为无障碍应急疏散临时待避区。电梯采用无障碍电梯并与消防电梯结合。

学生宿舍与接待公寓，在校生与培训生宿舍门外方便位置都设置了临时无障碍泊车位置，培训生宿舍门外宜设各类无障碍停车位及水平和垂直标识。门宽大于1米。宿舍窗台高度与窗户按无障碍设计，方便轮椅使用者开关窗户。二层以上设置了轮椅疏散坡道，满足消防要求。重要位置各类标识清晰增加语音提示。室内家具、电器控制按钮等均按无障碍设计。宿舍出入口及房间内设置了带有盲文的应急疏散指示图。接待公寓中门外设置了各类无障碍停车位及水平和垂直标识。二层以上适当位置设置轮椅疏散坡道，满足消防要求。重要位置各类标识清晰，必要处增加语音提示。公寓房间门宽大于1米。窗台高度与窗户按无障碍设计，方便轮椅使用者开关窗户。卫生间门宽大于0.9米。卫生间按无障碍设计，采用软式浴帘隔断，设置应急呼叫按钮。

室内外文体活动区与场馆，体育馆大门为坡道无障碍连接。所有通向场馆外部的门都采用坡道并设置雨棚，认真处理防滑与照度变化。内墙与柱阳角全部采用圆角。比赛与训练场地内部的内墙与柱2米以下采用软包。疏散楼梯宽度2米，双面设扶手。踏步起始处设置提示盲道及自发光应急疏散标识。设置了低位饮水处和低位电话。

图 3-1-2   辽宁特殊教育师范高等专科学校无障碍运动疗法室

信息无障碍方面，校区内设置交互式智能呼叫应答及报警系统。通过中央控制台既实现中央远程控制，又能和每一个节点进行双向通信。方便对大量公寓与接待用房和关键部位进行消防与其他方面的应急监控。大门及各主要建筑门口建议设置多语言智能触摸导航系统，为有需要者提供快捷方便的引导服务。同时兼做信息发布及查询平台。可以与视障人士（盲人）阅读室、听障人士（聋人）阅读室联网使用。设计建筑出入口、人行通道方向与高差发生变化等位置的语音、色彩、触觉、灯光等提示。设置方便听障人士的发光二极管 LED 语音显示屏。设置智能电子盲道系统。报告厅与图书馆的信息无障碍系统集中体现了我国无障碍建设的先进水平。并预留了接口，以备未来信息无障碍技术的发展。

三、残疾人托养中心无障碍建设

近年来，全国各地新建了一大批残疾人托养服务中心，其中大连残疾人托养服务中心在全面完善的安全与应急系统设计与建设方面是较好的实例，对全国此类建筑的无障碍设计具有指导意义。由于安全是残疾人托养建筑的无障碍设计关键点，根据中残联领导及省残联领导的要求，著者多次前往配合设计施工单位解决问题。提出专门进行以下四项设计：道路交通组织设计（内外交通组织如消防通道环线贯通，建筑外部无障碍流线设计、建筑内部无障碍通道设计等）、环境信息设计（含大屏信息、互动信息、盲文信息、环境音响、低位电话亭等）、标识设计（导向与定位标识应清晰准确，说明信息牌如文字、语音、盲文、查询触摸屏等应详细设计）、安全与应急疏散设计（建筑安全、防火分区、应急待避空间等，同时附有待避场所与疏散路线图以便于审核）。

大连残疾人托养服务中心总平面设计考虑了人行与轮椅通道地面平整防滑，不采用柔软地面或草坪、与机动车道分离并在同一水平面，不做带路缘石的抬高的人行与轮椅通道。各项无障碍服务设施半径详细设计。每60米设置休息座椅、遮雨阳设施等。适当位置设置低位饮水处、低位电话。卫生间服务半径100米左右，凡设卫生间处应设置无性别无障碍卫生间。出入口与大门设计强调信息，便于定位。综合夜间与过渡照明和景观设计。有详细的无障碍设计说明。

大连残疾人托养服务中心在单体建筑设计方面，控制了单体建筑层数基本为二至三层建筑。每栋建筑都有明确醒目的名称与导向定位标识。所有单体建筑门外方便位置设置了临时无障碍泊车与停车位，门外设置了无障碍停车位及水平和垂直标识。外门不采用弹簧门。房间单扇门宽大于1米。窗台高度与窗户按无障碍设计，方便轮椅使用者开关窗户。各类把手与水龙头采用横执式或自动感应式，不采用旋钮式。二层以上适当位置设置轮椅疏散通道可以到达室外露台或防火防烟连廊。疏散楼梯双面设扶手，设计均符合消防疏散要求。踏步起始处设置提示盲道及应急疏散标识。必要位置（行进方向与地面高差发生变化）增加了地面及垂直警示标识等提示。出入口及房间内均设置了带有盲文的疏散指示图。采用无障碍电梯，开关门时间延长（含各类自动门）并设延时键。

其信息无障碍设置了中央监控室和交互式应急报警系统。通过中央控制台既实现中央远程控制，又能和每一个节点进行双向通信。方便对大量托养房间与接待用房和关键部位进行消防与其他的应急监控。

大连残疾人托养中心探索了无障碍辅助设备的应用，如洗浴中心的无障碍辅助入水设备等。在无障碍设计、施工、验收和运行过程中，对无障碍安全与应急系统设计与建设方面也做了有益的实践与探索。注重每一个设计细节与建筑大样设计，注重无障碍流线的整体系统性。通过认真研究以解决行动障碍人员的待避与安全疏散（结合消防地震等其他紧急情况）问题。多层建筑的重度残疾人员的安全疏散（火灾地震等其他紧急情况）进一步深化解决。由于本项目是残疾人高度聚集的场所，必须既要考虑在各种突发紧急情况下可以最大程度上保护残疾人的生命安全与避免受到二次伤害，又要考虑各类残疾人的特殊需要，提供全面周到的特殊应急服务。专门附有应急疏散路线以及提供残疾人特殊服务设施的详细设计说明便于审核。通过对建筑无障碍特别是残疾人使用的特殊建筑的无障碍理念加深认识。突出了按无障碍需求指导设计，对视力、听力、肢体残疾的特殊需求的详细分析和建筑设计响应。特别是重视了对各类重度残疾的需求分析、服务功能与对应设计。注意了无障碍设施、标识、色彩、导向与广播系统等方面的设计特点。同时做到了建筑设计与残疾人辅具应用的结合，为先进的辅具与设备预留了接口。

图 3-1-3
大连残疾人托养中心室外无障碍环境

图 3-1-4
大连残疾人托养中心无障碍应急防火卷帘位置

第二节　奥运推动无障碍研究

北京奥运会残奥会结束后，全国创建无障碍先进城市工作，我国筹办世界级、亚洲级和国家级大型残疾人赛事活动和北京、广州、杭州等一大批城市的无障碍建设，通过应用北京奥运会残奥会无障碍建设经验，推动了我国无障碍理念的发展。著者有幸参与了这些大型活动实践，参与了国家住建部无障碍专家委员会、中国残疾人联合会及相关协会、中国残疾人福利基金会、清华大学无障碍发展研究院等组织的无障碍建设与改造研究项目和指导项目，对无障碍技术的发展与制定无障碍标准规范做了调研、咨询及研究探索。以下为奥运会后无障碍研究项目中对推动我国无障碍建设发展具有参考价值的实例。

一、建筑无障碍安全与应急研究

随着我国经济的迅速发展，各地出现越来越多的多层甚至高层残疾人托养中心、残疾人综合服务中心、养老院建筑。几乎每个地级以上城市都在建设残疾人托养中心，很多省份残疾人托养中心为多层或高层建筑。与此同时，京津冀及南方沿海的许多城市也正在建设高层养老院。根据著者研究，已经建成的托养中心和养老院使用安排不合理，一层和二层多用于公共办公用房、治疗室、餐厅、娱乐室等。重度失能的老年人残疾人往往安置在四层以上或高层，尽管新建建筑设置有电梯，但无法满足火灾时的应急疏散要求。上述类型建筑物由于设计的原因，大多数建筑没有设置消防疏散坡道，没有设置无障碍火灾应急待避空间，造成大量失能的残疾人和老年人聚集的多层或高层建筑内火灾等隐患巨大。一旦出现大型火灾或地震情况，残疾人和老年人群死群伤的情况将无法避免。

很多由既有建筑改造的残疾人托养中心和养老院，建筑及电气设施老化、破损严重，内部装修和疏散走道大量使用易燃可燃材料等，火灾隐患较大。而且这些老建筑普遍存在总平面布置与建筑平面布置不合理，缺乏防火标准，建筑耐火等级低，一旦起火火势迅速蔓延，甚至形成火烧连营的局势。一些新建筑的平面布置与楼层设置没有标准依据，盲目向空中发展。安全疏散不符合规范要求。安全出口的数量缺乏。没有考虑残疾人老年人特别是重度失能者移动功能障碍，需要救援，需要疏散待避，没有考虑特殊情况的疏散措施与疏散时间。各地正在运行的新建和改扩建多层托养中心和养老院，缺乏有效的建筑安全与火灾应急措施，没有应急疏散预案等。

全国各地出现了越来越多的集中收养重度残疾人或老年人的新建多层甚至是高层的建筑。往往每层安置 10 至 20 名的重度残疾人或老年人。这些新建多层和高层建筑设计呈现以下特点：一是内廊式建筑居多；二是建筑物没有阳台或露天连廊；三是依靠电梯解决垂直交通，而且越来越向高层发展。上述建筑对于消防疏散与临时待避是不利的。我国在建筑无障碍安全与应急方面面临的形势越来越严峻，越来越复杂。如某新建残疾人托养中心建筑面积 3345 平方米，床位数为 130 张。三层内廊式建筑。没有应急疏散坡道、安全待避空间等消防安全措施。安置托养残疾人 27 名，其中智力残疾 15 名、精神残疾 9 名、多重残疾 3 名。预计近年内托养残疾人将达 100 余名。该建筑一旦发生火灾等紧急事件，很容易酿成安全事故，使残疾人受到二次伤害。

全国各地近年来陆续发生的火灾，给多层和高层建筑的重度失能者使用问题提出了严峻的课题。建筑无障碍安全与应急研究已经越来越紧迫地摆在面前。据不完全统计，仅 2011 年 5 月至 2015 年 5 月全国老年公寓和养老院等的火灾死亡人数见下表。

表 3-2-1　2011-2015 年全国老年公寓养老院火灾情况

时　间	地　点	死亡人数
2011 年 5 月	安徽省淮南市唐山镇老年公寓	2 名老人
2011 年 6 月	河南省信阳市灿烂夕阳养老院	3 名老人
2011 年 6 月	江西省新余市仙女湖养老院	3 名老人
2013 年 4 月	黑龙江省肇东市太平乡养老院	2 名老人
2013 年 5 月	安徽省铜陵市东湖养老院	2 名老人

续表

时　间	地　点	死亡人数
2013 年 7 月	黑龙江省海伦市联合敬老院	11 名老人
2014 年 11 月	安徽舒城县千汊河镇新街敬老院	2 名老人
2014 年 12 月	河北邯郸市复兴区王郎村南苑敬老院	1 名老人
2015 年 1 月	河南省南阳市南召县白土岗镇敬老院	2 名老人
2015 年 2 月	陕西榆林市子洲县马蹄沟区域养老院	2 名老人
2015 年 5 月	河南省鲁山县三里河村老年康复中心	38 名老人

老年人往往伴随着身体某种功能的缺失或弱化，儿童也往往身体功能发育还不够健全，老年人和儿童对无障碍的需求与残疾人是一致的。儿童与老年人在火灾等紧急事件中的伤亡令人触目惊心。2013 年 1 月 4 日河南兰考县一收养残疾儿童的私人场所发生了火灾，7 名残疾儿童不幸丧生。由于居住条件极为拥挤，没有无障碍疏散通道与消防措施，火灾发生时无法疏散造成重大伤亡。2015 年河南省鲁山县三里河村老年康复中心火灾死亡人数 38 人，重伤 2 人，更为触目惊心。三里河村老年康复中心是 2010 年 12 月份经政府批准成立的正规养老中心，住有 160 多名老人，有 10 多间房屋被烧毁。火灾由于线路老化引起燃烧。起火时有几十位重度失能老人被困在房间里。从着火到第一位老人被抬出约 35 分钟，即使在如此短的时间内也造成了重大的伤亡。这几起残疾人、老年人与重度失能者群死群伤的事件造成了极为恶劣的影响。我国现行规范标准缺乏无障碍规划设计与应急的相关规定。我国建筑法、消防法等标准规范，均缺乏对大量残疾人火灾等紧急情况下使用的应急安全要求和具体规定。

国际上这方面也很少有研究与探索实践。特别是在建筑设计方面的研究尤其少。美国、英国、加拿大等发达国家在建筑标准上几乎没有关于重度失能者使用的应急规定。有的建筑规范中关于残疾人应急待避空间等的规定，内容也不具体。由于发达国家残疾人老年人建筑层数一般在两层以下，没有像我国残疾人和老年人特别是重度失能者大量安置在多层和高层建筑的情况。根据查阅的国外研究资料，著者翻译了英国无障碍应急管理指南供研究参考，见附录二。

欧洲国家开展了对残疾人疏散设备（推行下楼梯轮椅、滑降设备等）、垂直疏散路线与建筑疏散待避空间等方面的研究。特别是英国对残疾人使用的建筑如何在发生紧急情况下疏散，制定了比较详细的应急管理指南。根据掌握的情况，目前国际上没有关于重度失能者和轮椅使用者的安全有效的多层应急疏散建筑设计、设备、技术、措施的研究成果。一些研究也多用于健全人和轻度失能者。国外一种应急疏散椅的研究面向轮椅使用者，但需要两名健壮的人员协助应急疏散。英国和日本建筑中都有配备。

目前这种蓄电池驱动或完全手动的座椅中国也有制造与销售。平时使用尚可，但在我国重度残疾人和失能老年人集中安置的情况下，应急疏散椅难以满足火灾应急疏散的要求。

在视觉障碍者应急照明措施方面，英国标准中关于应急疏散的非电气低安装安全的指路照明系统规定：低安装指路照明系统应确保应急疏散路线清晰标记出一条光带。应急疏散路线的走廊应该由两侧的光带标记。当应急疏散路线穿过开阔区时，应急疏散路线应该由两条平行的地面光带线加以标记。1999 年加拿大研究表明，照明电源全面故障的情况下，建筑物内地面

图 3-2-1
山东某残疾人托养中心
高层建筑

1米处以及踢脚板和楼梯踏步边缘的连续光致发光带有助于视觉没有障碍的人疏散。对视觉障碍者几乎没有作用。因此这一类功能障碍者的应急疏散问题需要加强研究。

通过对国内外建筑无障碍安全与应急案例的研究，我国建筑无障碍安全应注意以下研究方向：

建筑设计应研究有利于应急待避与应急疏散的平面和空间设计。例如多层建筑及高层建筑每层宜设置室外走廊，室外平台或居住建筑每户设置室外阳台。高层建筑应设置室外疏散待避空间等。重点应该在建设形式、建筑平面与空间布置上下功夫，可以取得事半功倍的效果。

建筑结构要有利于防火分区。结合结构安全研究防火防烟分区的设置等。建筑材料与建筑装修有利于阻燃、无毒、少烟、提高防火性能和耐火时间。

建筑设备研发应注重高层建筑特殊人群的应急安全疏散。如无障碍信息化应急安全疏散系统、高层无障碍速降系统、防火防烟无障碍电梯等。建筑标准应明确限定残疾人老年人使用的特殊建筑如托养中心、养老院等的低层化，提高应急安全水平。

既有建筑无障碍安全改造要着重研究改造提升建筑防火、防烟与应急

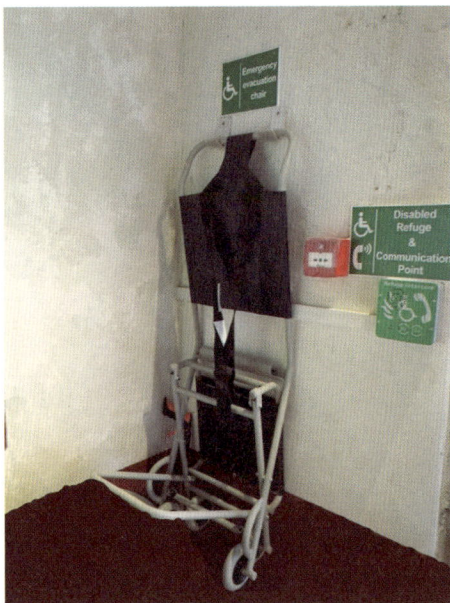

图 3-2-2
英国巴斯古建筑内配备的
应急疏散椅

图 3-2-3
北京某居住区配备的应急
疏散椅

待避的性能，例如设置防火防烟分区，加装防火门等。加强应急消防安全等管理措施。配备适用、可行的无障碍应急疏散设备。建筑改造标准有利于提高残疾人老年人建筑的应急安全。

应加大力度组织建筑无障碍安全研究工作。今后的研究应继续深化研究建筑设计带来的无障碍安全问题，如平面与空间布置、阳台与待避空间布置、层数与功能要求等。研究材料设备辅具各方面安全问题和建筑设备等损伤事例、中外实验方法差异、安全疏散与应急管理等。

二、多层工业建筑无障碍标准研究

近年来我国安排残疾人就业面临着工业建筑的无障碍问题。与发达国家残疾人分散就业有所不同，我国有的企业集中对残疾人进行安置，残疾人也愿意抱团取暖式集中就业。劳动密集型的多层工业建筑经常有 10 名以上的残疾人就业。广东、浙江、江苏、山东等地企业有的安置数百名甚至上千名残疾人就业。纺织、印刷、电子、轻工业、手工业等都有残疾人集中就业，这些企业原材料和产品很多是可燃物，有的是燃烧时产生有毒有害气体的可燃物。我国工业建筑一般为单层或多层建筑。全国各地许多车间厂房设置在二层以上时，残疾人使用不够方便，一旦发生火灾等紧急事件疏散困难，容易酿成重大安全事

图 3-2-4　山东嘉祥多层工业厂房宽敞明亮的无障碍车间

故，使残疾人受到二次伤害。这是我国无障碍建设中的新问题。

我国乃至世界关于无障碍多层工业建筑的技术要求与标准规范还是空白。我国2012年颁布实施的《无障碍设计规范》（GB50763-2012）及有的地方政府制定的残疾人福利企业相关规定中没有这方面的内容。有的地方省市残疾人联合会为残疾人福利企业的既有建筑临时出台了一些管理措施，无法从根本上解决无障碍安全使用和应急方面的问题。发达国家也没有现成的可以参照的实践与标准。针对无障碍多层工业建筑需求日趋强烈的形势，在山东济宁嘉祥手套厂进行新厂房设计和建设时，中国肢残人协会及时进行了技术指导，根据北京残奥会场馆内大量残疾人聚集，依靠坡道进行应急疏散的成功经验，对多层厂房的无障碍建设与标准以及火灾及其他紧急情况下应急疏散进行了认真的探索。

为此，中国肢残人协会提出了多层工业建筑无障碍标准的研究编制项目，这是一项开创性的工作。经与国家住建部标准所磋商，决定首先启动多层工业建筑无障碍指南作为团体标准的编写工作。著者作为主要编制研究人员，根据中国从南到北不同的地域特点与气候状况，与中国肢残人协

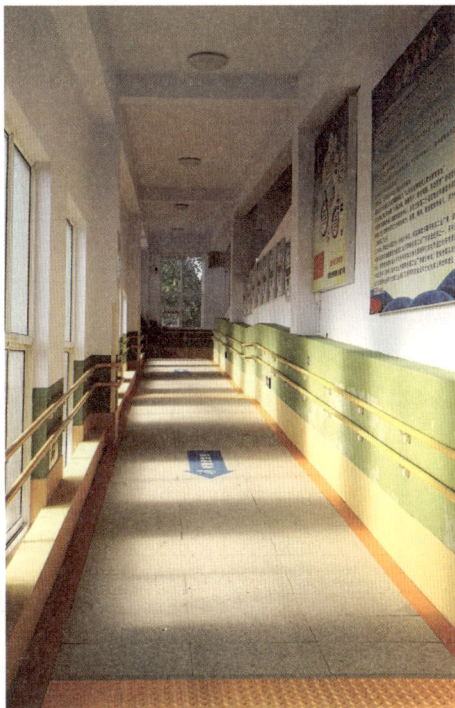

图 3-2-5
山东临沭多层工业厂房
无障碍应急疏散坡道

会共同选择了三个不同地理纬度的区域，指导山东、浙江、内蒙古三地探索多层工业厂房的无障碍建设。见图 3-2-5 山东济宁嘉祥多层工业厂房和山东临沂临沭厂房的无障碍应急疏散坡道。

该项研究结合多层工业厂房特点，强调多层工业厂房无障碍设计中注意的几个安全与疏散的重点问题：布置疏散坡道、待避平台等配套设施。无疏散坡道与临时待避平台的楼层，满足消防疏散要求。这条核心要求成为多层无障碍工业厂房的标志。增加满足残疾人特殊使用功能需求的空间与无障碍设施，如休息区等配套设施。综合考虑员工就餐、医务、阅览、培训、会议等无障碍使用功能。综合考虑厂区道路、残疾人停车等无障碍需求。结合货用电梯设置无障碍客货两用消防电梯并符合相关无障碍要求。有条件的工厂单独设置客梯。电梯开关门时间延长（含各类自动门）并设延时键。无障碍电梯与消防电梯结合。门扇应设横执把手，方便开关并符合其他无障碍要求。窗台高度与窗扇应按无障碍设计，方便使用者开关窗户。各类把手与水龙头采用横执式或自动感应式，不采用旋钮式。重要位置各类标识（含盲文标识）清晰，必要处（行进方向与地面高差发生变化）增加标识及语音、照度等提示。出入口及房间内设置带有盲文的疏散指示图。采用先进节能的自发光等声光警示与应急疏散标识系统。强调加强无障碍标识设计与无障碍应急设施设计的专项无障碍设计。通过结合信息与定位系统，使无障碍标识与应急设施成为完善环境无障碍的重要指标。使建筑色彩既保持整体协调统一，又有一定的颜色区分，便于识别定位与疏散。

上述无障碍安全设计与改进措施经过努力，特别是通过有关企业的大力支持而得到了落实。体现无障碍设计理念、有轮椅电梯与疏散坡道、各类无障碍设施较为齐全的三层无障碍工业厂房建筑，已经率先在山东嘉祥和临沭建成，各安置了几百名残疾人就业，带动辐射了周边大量不方便离开家门的残疾人就业。国家住建部标准所的相关专家到现场考察后建议应总结推广。

多层无障碍工业建筑可以成倍地解决残疾人就业问题，具有良好的经济效益与社会效益，同时安全水平也有了大大的提升。对我国此类建筑的设计实践具有示范和指导意义。多层无障碍工业建筑将成为残疾人就业聚集的场所，将在各种突发紧急情况下最大程度上保护残疾人的生命安全与避免受到二次伤害。根据大型赛事活动筹办中无障碍应急工作总结的经验，在多层无障碍厂房以各种措施保证残疾人的应急疏散。这些措施可以用在多层工业建筑，也可以推广到残疾人与老年人的多层托养建筑的建设和管理中。填补标准规范这方面的空白。目前著者起草的多层工业建筑无障碍指南已编制完成。针对大量特殊人群集中就业的情况，我国多层工业建筑无障碍建设应注意以下内容：

建筑选址与总平面布置应避开地震、水灾、泥石流、山体滑坡等场地。研究有利于安全疏散的建筑选址与总平面布置原则。如地形应有利于厂房布置、无障碍交通和场地排水。无障碍多层工业建筑厂区应进行无障碍道路交通设计、无障碍标识设计与无障碍应急疏散设计。无障碍多层工业建筑设计应实现厂区内无障碍环境的完整性等。

多层工业建筑厂区大门应为无障碍出入口。无障碍出入口应与厂区内部的闭合交通环路及无障碍通道相连接，以方便残疾员工出入、消防和应急疏散。应根据残疾员工数量与交通工具类型确定无障碍停车位。应至少设置中型车和小型车各一个无障碍停车位。应设置一定数量的机动轮椅车、手动三轮车的停车位；应设置移动辅助装置与配件存放空间。并应根据需求，设置电动轮椅等的充电装置。

无障碍多层工业建筑生产工艺设计，设备设施布置应有安全操作与无障碍通行的足够空间。单一生产流程有多名残疾员工同时作业时，生产工位宜根据残疾员工的无障碍需求进行专项设计。生产工艺应符合残疾员工的工作习惯，充分考虑各类残疾员工的无障碍需求特点，特别是听力障碍和低视力员工的需求特点。提倡生产工艺智能化、自动化，使残疾员工安全、方便、省力地使用生产设备，进行生产加工。

关于无障碍多层工业建筑的生产车间的布置原则，生产车间不宜联排设置。单个车间的尺度要求如建筑长度不宜超过100米，宽度不宜超过30米。宽度增加时应增加层高以满足自然采光通风要求。无障碍多层工业建筑的层高不宜大于6米等。特别是对地面要求如应平整、无沟坎。局部升高或降低的设备应方便残疾员工操作。地面面层材料应选择平整、耐磨、防滑和不反光的材料等等。

无障碍多层工业建筑的卫生间、更衣室、餐厅、会议室、宿舍、浴室、休息室、医务室、辅具存放室等服务设施应满足员工的无障碍需求。

无障碍多层工业建筑标识与信息系统应设置低位和地面无障碍标识，标识系统应醒目、清晰、连续和完善。应结合厂区内广播系统、屏幕显示系统、对讲系统和应急监控系统等，完善无障碍标识系统的提示与警示作用。应结合应急疏散需求，完善紧急情况下标识系统的引导功能。应加强无障碍信息建设，为行动、语言、听力、视力等有障碍的员工提供无障碍信息服务。厂区内应提供手机无障碍地图导航、手机应急提示系统等服务等等。

无障碍多层工业建筑的消防安全，防火防烟分区以及安全疏散设施设备的设置应充分考虑残疾员工特点，有利于残疾员工的无障碍疏散。出入口宽度和疏散距离应符合国家防火规范的要求。

建筑无障碍安全使用与应急是无障碍设施建设独特的内容，多层工业建筑在无障碍以及应急方面的探索，是我国无障碍建设与理论研究方面继北京奥运后的特殊实践。山东嘉祥与临沭多栋三层以上残疾人就业无障碍厂房的建设，通过无障碍应急坡道的设置解决了这一关系到众多残疾人使用多层建筑的安全问题。开创了残疾人聚集情况下安全问题的解决办法，引领出一批新的研究项目和研究课题。也为 2022 年北京冬残奥会多层场馆解决此类难题提供了借鉴。

三、旅游环境无障碍建设标准研究

随着我国物质文明和精神文明的提升，以及全域旅游的发展，越来越多的人走入旅游景区、公园和风景名胜区。旅游景区无障碍环境建设日益成为公众关心的问题。我国开展旅游无障碍环境建设工作具有特殊意义。中国与发达国家不同，残疾人和老年人的数量多。中国人旅游出行喜欢携家带口，全家出行。公园旅游无障碍环境建设呈现以下特点：我国无障碍需求不够全面，发达国家无障碍需求全面而且严格。我国由于对需求的认识与估计不足，无障碍设施建设远远落后于社会需求增加的速度。我国旅游景区无障碍建设标准基本是空白。相关标准需要大力加强和发展。

旅游景区应本着可达、便利和系统的原则确定无障碍游览路线，制定无障碍设施建设与改造计划。旅游景区无障碍设施应符合适用、安全、经济、美观等要求。应根据旅游景区特点确定无障碍建设与改造的范围和规模。山形水系等环境条件复杂、面积及规模较大的旅游景区，可以限定无障碍游览路线和无障碍游览区域。根据无障碍设施的完善程度划分出无障碍游览区域和乘坐交通工具游览区域等。旅游景区的无障碍建设与改造应进行无障碍设计，建立无障碍建设档案。无障碍建设档案应包括设计说明、设计图纸、设计概算和设施设备大样图等。

旅游景区的无障碍建设与改造应符合无障碍环境建设条例以及国家无障碍设计规范。涉及到文物保护、古建筑保护、动植物保护、自然环境保护等区域，应根据保护优先的原则，遵守国家相关法律和标准。旅游景区的无障碍建设和改造应征求残疾游客和无障碍专家等的意见，由专业单位实施。经过验收合格后方可投入使用。

有条件的旅游景区应通过设置无障碍缆车、无障碍游船、无障碍电梯等方式，以及通过加强无障碍服务来满足游客的无障碍旅游需求。旅游景区的无障碍游览区应满足游客步行、乘坐轮椅等代步工具或乘坐无障碍观光车等交通工具的无障碍游览需求。无障碍通道与无障碍交通工具应实现游客从城市公共交通线路落客点到旅游景区无障碍游览路线的全程无缝衔接。旅游景区的乘坐交通工具游览区应满足游客通过使用各类无障碍交通工具，沿无障碍游览路线和无障碍观景点的无障碍游览需求。见图 3-2-6。

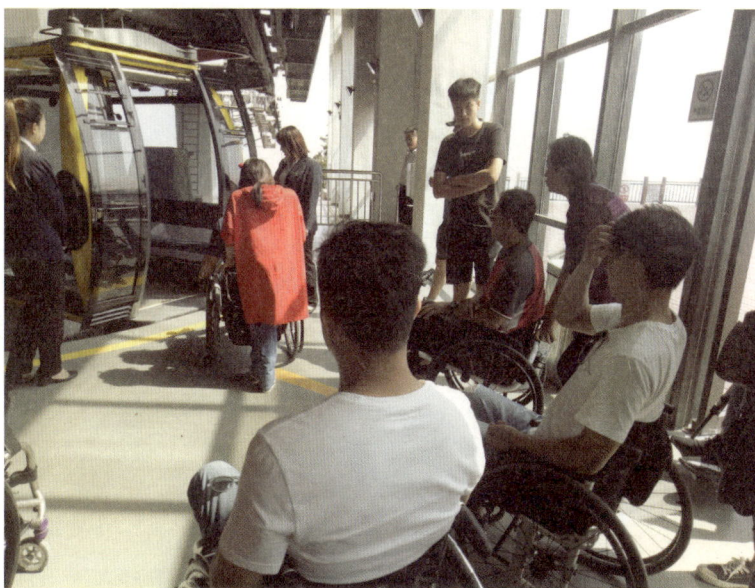

图 3-2-6　山东临沂蒙山景区直达千米山顶的无障碍缆车

旅游景区应根据环境条件建设无障碍设施。丛林湿地型旅游景区应设置无障碍通道、无障碍游览路线和无障碍观景点，满足游客游览和近距离体验的需求。山岳型旅游景区应设置无障碍游览路线和无障碍观景点，满足游客乘坐交通工具观赏的需求。旅游景区的名胜古迹、庙宇园林、博物馆、近现代重要史迹及纪念性建设、复建古建筑等，应根据保护优先的原则设置无障碍设施、无障碍通道和无障碍游览路线。应提供无障碍服务，满足游客的无障碍需求。

文物古迹和古建筑应设置无障碍出入口。不具备无障碍进入条件的，应为残疾游客和无障碍需求者提供展览室、图片和文字说明、视频或 VR 模拟介绍等。旅游景区的游乐设施应设置无障碍通道和无障碍游览路线，满足游客的无障碍需求。游乐设施附近应设置无障碍休息区，满足游客休闲的无障碍需求。无障碍游览路线上的综合服务厅及各类服务设施应做好无障碍设施建设与无障碍服务，有序引导客流，避免客户群流线交叉。

我国近年来在无障碍公园建设方面做了许多有益的探索。例如：江苏梅花洲无障碍公园、北京奥林匹克森林公园、北京园博园等的无障碍环境建设等。其中广州爱心公园是无障碍建设方面的样例。

广州爱心公园原名广州天河公园，其总用地面积约为 70 公顷，其中水体面积占 10 公顷。广州爱心公园的无障碍建设目的就是为残疾人士提供休闲活动场所和服务，为广州扶残助残主题活动提供主场地。所以公园的设计应该体现对残疾人士的尊重和关爱，充分考虑残疾人的身体和心理需求，营造出细心、有爱、尊重、实用的爱心公园。广州爱心公园不是单栋建筑的无障碍，而是区域的无障碍、环境整体的无障碍。不仅考虑了肢体残疾人的无障碍需求，而且也考虑了听力与视力残疾人的无障碍需求。广州爱心公园无障碍环境的改造成为制订我国区域无障碍标准的依据。

广州天河爱心公园无障碍建设强调科学组织山水林田路等环境元素及亭台楼阁等建筑元素的整体无障碍。尽量安排适合各类残疾人休闲、娱乐、游玩、健身与体验的项目。通过各种建筑与科技手段实现无障碍。既有利于残疾人的使用与康复，也方便所有人，体现融合平等的理念。

广州天河爱心公园结合残疾人的特点，认真做好区域内外交通与道路组织，各类交通工具抵达停泊疏散、人员换乘等设计。国家新无障碍设计规范也要求旅游景点、城市景观带的周边道路要符合无障碍设计要求。爱心公园园区内的道路无障碍规划受到高度重视。天河公园的地形较为复杂，作为健全人游览是很有特色的。但作为残疾人游览的爱心公园，具有非常大的挑战。可以说是无障碍规划中最难的环节。必须形成全园贯通的、符合规范的无障碍通道。改造的首期工程具备了无障碍通道把爱心体验馆、爱心广场、爱心长廊、爱心湖中亭、爱心服务点等无障碍设施连接成为有机的整体的条件。重点完善个别路段以及系统的无障碍标识，形成了完整的无障碍环境。

图 3-2-7
广州爱心公园无障碍坡道与标识

我国地域辽阔，旅游景区性质、规模等区别很大，目前完成统一的、适合各种环境的无障碍建设标准还有一定难度，分别完成各类旅游景区的无障碍建设标

图 3-2-8
广州爱心公园无障碍专项设计图

准也需要一定的时间。为迅速推动我国公园、旅游景区等的无障碍建设，公园无障碍环境建设研究应注意总平面，出入口，内部道路与交通，景点、建筑与服务设施，标识与信息系统，消防安全等方向。

公园旅游景区无障碍覆盖方方面面，非常复杂。而且南北地域、气候、地貌差别很大。旅游景区的特点是山形水系、桥涵溶洞、亭台楼阁等的无障碍改造难度很大。旅游景区的无障碍需求的一般设计原则与使用原则应认真研究解决肢体、视力、听力等残疾客户服务的规划设计与建设，以及不同客户群间的无障碍均衡服务等难题。应注重无障碍道路交通、无障碍游览路线、无障碍建筑与服务设施、无障碍标识与信息系统、无障碍应急疏散等的规划设计是旅游景区总平面布置的重要内容的研究。

无障碍旅游景区无障碍建设与改造的要求是适用、安全、经济、美观。应根据旅游景区特点确定无障碍建设与改造的范围和规模的要求。山形水系等环境条件复杂、面积及规模较大的旅游景区，可以限定无障碍游览路线和无障碍游览区域。环境条件复杂的旅游景区应避免不切实际的大规模建设无障碍设施。妥善设计与建设无障碍游览路线和无障碍游览区域。根据无障碍设施的完善程度划分无障碍游览区域和乘坐交通工具游览区域。

关于公园旅游景区内的无障碍信息系统与导览图研发，无障碍游览图（无障碍设施与游客的位置图）、无障碍设施说明、景区向导图、盲文地图、盲文说明或触摸式发声地图与无障碍标识、声光电广播通信应急安全等系统共同组成了旅游景区的信息系统。由于其特殊的定位、导向与提示警示作用，应作为考核公园旅游景区无障碍建设和改造的主要指标之一。发达国家城市无障碍地图可作为借鉴。

应注重公园旅游景区内部的道路与交通的无障碍建设与改造。充分考虑无障碍游览路线的可达性，主要景点、游客服务中心、重要服务设施和景区大门应由无障碍道路系统和无障碍游览路线连接。旅游景区内部的道路与交通必须满足国家标准。在保证安全的基础上进行无障碍的建设与改造。

关于公园旅游景区内无障碍代步工具和措施，公园旅游景区步行距离大于1000米的，以及地形坡度大于6%的，应设置轮椅摆渡车、轮椅观光车或轮椅代步车等辅助工具。人员步行距离超过200米时，宜在200米间距处设置休息座椅或休息区。休息座椅旁宜设置轮椅停留空间。这是根据我国迅速进入老龄化社会，以及满足大量无障碍需求者游览旅游景区所确定的。一台无障碍轮椅摆渡车成本约10万元。对于旅游景区来说，增加的成本很小，但取得的社会效益却非常大。

关于公园旅游景区无障碍种植物的选择，应根据越来越多的低视力者与儿童在公园旅游景区被坚硬植物划伤的情况，对公园旅游景区游览路线上的种植物进行无障碍规划与管理。

关于公园旅游景区的水上游览项目无障碍标准，我国公园旅游景区水域面积巨大，无障碍游览需求巨大。有的公园景区已经率先对水上游览的无障碍做了探索，如北京龙庆峡等。上海迪士尼游乐园水上无障碍游览比较成功，但全套设备是美国产品，执行的也是美国安全标准。为适应我国旅游景区无障碍水上游览项目的发展, 满足轮椅游客购票、检票、上下船及乘船游览的无障碍需求和安全防护, 应进行专项无障碍研究。特别是有危险性的游乐项目, 一定要同时提供无障碍人工服务与安全措施, 有经过手语、急救等培训的安全员协助。

关于公园旅游景区的手机信号与应急广播的无障碍全覆盖, 应通过手机无线应用 APP 实现公园旅游景区内无障碍导航、无障碍应急通知、无障碍应急呼叫等功能。推动公园旅游景区采取一切可行的无障碍管理措施和手段方便无障碍需求者参观旅游及休闲, 同时保证旅游活动的安全。

中国肢残人协会会同国家旅游景区、国家风景名胜区、国家公园等专业协会的无障碍专家与旅游、安全和标准方面的专家, 组成了旅游环境无障碍专家组和建设标准编制组。目前著者主持编制完成的旅游环境无障碍建设指南已通过评审并在国家标准网站公示。公园景区的无障碍建设团体标准的制定为冬残奥会等大型活动的城市准备奠定了坚实的基础。

四、滑雪场无障碍建设标准研究

为配合 2022 年冬残奥会和全国残疾人冬季运动会残疾运动员训练而进行无障碍设施的建设与改造, 北京石京龙滑雪场、吉林松花湖滑雪场、吉林五大湖滑雪场、新疆天山天池滑雪场等在无障碍建设与改造方面进行了探索。清华大学无障碍发展研究院承担了北京石京龙滑雪场无障碍改造工作的技术指导。著者编制起草了滑雪场建筑无障碍标准。

滑雪场的无障碍建设应注意出入口与交通、无障碍通道、服务设施与服务人员、雪道设施与设备、标识与信息系统、应急服务与预案等的设计原则与要素。如出入口与交通方面停车场应设置无障碍大巴车、轮椅摆渡车等的停车位。现有无障碍小客车停车位数量不变。无障碍大巴车、轮椅摆渡车平时各设置 2 个停车位, 并预留 1 个机动车位。停车位等无障碍标识不仅需要地面标识, 也需要垂直标识。标识应该醒目, 易于辨认。出入口适当位置及滑雪场主要设施处应该设置标注有无障碍设施与无障碍流线的平面图。平面图应配有盲文及大屏文字说明。

从落客点至售票大厅、雪具、卫生间等服务设施及提升设备、雪道设施和休息区应有不小于 1.8 米宽度的无障碍通道。无障碍通道应该水平、连续、防滑，由于滑雪者手持雪具，无障碍通道净空高度至少为 2.6 米。无障碍通道上不应有任何沟坎。坡道应符合国标的要求。由无障碍通道形成的无障碍流线应该形成闭合环路。无障碍通道应有清晰的导向和定位标识。道路转向、地面高差、楼梯、电梯门口等位置应设置警示标识。见图 3-2-9 滑雪场雪具大厅无障碍柜台及标识。

图 3-2-9
北京石京龙滑雪场雪具大厅无障碍柜台及标识

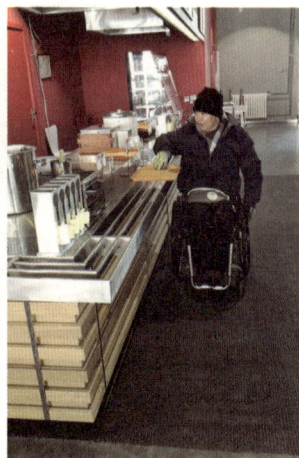

图 3-2-10
北京石京龙滑雪场餐厅无障碍取餐台

应在滑雪场客流集中的位置设置无障碍信息咨询服务台。餐饮、医疗、零售、公用电话等服务设施应有醒目的标识。无障碍通道及各项服务设施在 2 米以下高度应该消除尖锐阳角和尖锐突起物。客流密集部位的方形混凝土柱建议采用软包。滑雪场全部服务人员应该进行无障碍服务培训，包括必要的手语培训。

应改进雪道设施与提升设备，方便各类残疾人的使用。缆车中途下客站做好安全防护措施。重要部位应设置紧急呼叫装置。在可控范围内设置安全员，及时提供救助。

在标识与信息系统方面，安全抓杆、楼梯扶手等起始处应该同时设置盲文标识。无障碍卫生间应有外部可以紧急开启的装置。广播系统应结合应急呼叫系统，覆盖全部区域。必要位置应设置对讲系统。

滑雪场应设置必要的应急疏散通道与应急预案以及完善的无障碍应急服

务。应设置覆盖观察全部区域的安全监控室。为方便以后的大规模赛事活动升级改造，应规划预留空间，预留临时设施位置和设备接口，如大屏与电视转播设备接口等。平时使用可以通过临建与加强服务来完善。客流密集的以及举行大型活动的滑雪场，应设置无障碍摆渡车、无障碍临时卫生间、无障碍志愿者、无障碍应急预案等应急保障措施。

滑雪场建筑无障碍标准已经完成，将通过评审发布到全国团体标准互联网平台。对 2022 年北京冬奥会冬残奥会以及我国正在兴起的滑雪场无障碍建设具有较为重要的参考价值，见附录。

五、银行无障碍导则

我国银行无障碍建设近几年发展相当迅速。作为城市无障碍服务设施的重要窗口，江西银行南昌滨江支行进行了无障碍改造与无障碍建设导则编制的探索。根据南昌滨江支行的要求，中国肢残人协会组织无障碍专家进行了调研与标准编制工作。著者参与了现场调研工作。根据实际情况与北京奥运会无障碍保障经验，研究确定了进一步无障碍改造的工作方案，并编制了江西银行无障碍建设与改造的导则。

江西银行南昌滨江支行在总平面、出入口与无障碍通道建设方面进行了无障碍通道、无障碍标识与应急疏散整体设计。无障碍通道从银行网点外人行通道（有停车位的从无障碍停车位起）连接到内部各功能区，形成完整的无障碍流线。无障碍通道宽度不小于 1.2 米。净空高度为 2 米以上。无障碍通道上不应有任何沟坎及影响通行的凹凸物。无障碍通道一侧宜设置扶手。无障碍通道应有清晰的导向和定位标识。需要设置坡道时应符合国家标准《GB50763-2012》的要求。人员步行距离不宜超过 60 米。超过 60 米时，宜在 60 米间距处提供休息座椅或休息区。

新建及已建营业网点至少有一处无障碍出入口，且位于主要出入口。有停车位的网点至少设置一处无障碍停车位。应根据残疾人数量类别与交通工具类型确定无障碍停车位。位置应方便残疾人使用。应设置水平和垂直无障碍停车位标识。没有停车位的，应在适当位置设置无障碍车辆临时泊车下客位。设置相应的无障碍通道。有高差的出入口设置台阶的同时，应设置方便轮椅通行的坡道，在台阶和坡道两侧安装扶手栏杆，确保安全。主要出入口设置的行进盲道与提示盲道应连接城市道路的盲道系统。设置必要盲文标识与无障碍标识。出入口应设置雨棚。既有主要出入口因空间限制难以实施坡道改造，将无障碍出入口设于次要出入口的，必须在主要出入口、主要通路上设置无障碍设施指示标识和引导标识。只有一个出入口且不具备坡道改造的空间时（如入口与马路距离太近等）或只有一个出入口且由于某些外部客观原因不能进行坡道改造（如城市绿化等），宜采用替代设施如活动木质坡道，或设立呼叫按钮及建立相关服务制度指定专门人员提供陪伴服务，达到无障碍要求，满足残疾人、老年人等特殊人群的需求。提供上述替代服务的，同时应设置必要说明。出入口和其他醒目位置应设置无障碍设施位置图、无障碍通道向导图、盲文地图、盲文说明或触摸式发声地图。宜设置电子大屏等无障碍信息显示与广播系统介绍业务流程与提供的无障碍服务。

图 3-2-11
南昌银行盲文使用手册

综合服务厅及主要功能区客流密集部位 2 米以下的尖锐阳角和突起物、方形混凝土柱等宜采用软包。主要功能区墙壁 2 米以下部位不宜采用玻璃等坚硬材料装修。各项服务设施在 2 米以下高度应消除尖锐阳角和尖锐突起物。地面宜采用防滑材料。重要部位宜设置安全抓杆或扶手。透明的玻璃门、墙等应设置防撞警示标识与警示条。服务设施应符合无障碍要求。设置低位柜台。桌椅应可移动，方便轮椅使用者。无障碍通道应连接主要功能区。增加设置电梯的，应符合国家关于无障碍电梯的相关要求。设有服务台、业务台、查询台等服务窗口的，应有低位设计，方便客户的自主与自助使用。营业网点对外营业柜台，应至少有一处低位柜台方便轮椅使用者，并设置无障碍标识。设低位柜台有困难的，应有服务人员提供无障碍服务，或采取替代服务措施（如将大客户室、贵宾室、理财室等作为无障碍需求者的临时接待室），方便有无障碍需求人员办理银行业务。综合服务厅及主要设施应做好照度设计与过渡照明设计，方便低视力者和其他有需要的人。公共休息处应设置轮椅空间。宜设置阅览桌、低位电话以及自助查询设备。所有电器操作开关应根据通用设计的原则，设置在中心距地 1~1.1 米的高度。室内楼梯在条件允许的情况下，应设置双面双层扶手。扶手应坚固且易于抓握。楼梯踏步起终点应设置提示盲道。踏步边缘设置警示条。综合服务厅及主要设施应做好应急疏散设计。应设置醒目的紧急疏散指示标志，疏散通道组织合理，疏散路线短捷方便。疏散出口、内外部的通道均匀布置，符合无障碍通行的要求。疏散通道和出入口宽度设置应符合消防要求，并考虑各类残疾人的使用特点。各区域人员均应能清晰听到应急广播。内部工作人员区的无障碍改造也应符合国标要求。工作区、休息区、会议室、餐厅、卫生间应实现无障碍。每处男女卫生间应至少各有一个无障碍厕位。有条件的应设置无性别无障碍卫生间。餐厅应设置低位服务窗口，餐桌布置应方便轮椅使用者。

信息无障碍方面，无障碍标识的颜色和字体应清晰、明确、易于辨识。无障碍标识以象形图为主以文字为辅。应在显著位置或人流集中位置设置国际通用的无障碍标识，符合国标要求。文字标识宜使用中外多语文字和盲文。标识的选择应增强易读性，亮度对比至少为 30%，方便老人、儿童、低视力者、残疾人等在内的社会各类人群的识别和使用。宜采用自发光标识。无障碍标识应统一安装，及时更新补设破损遗失的标识。营业网点服务窗口（咨询台、业务台），应设置方便视障者的滚动字幕或提供手语人员服务或人员协助。在出入口或咨询台应备有免费的盲文操作说明或人员协助。见图 3-2-11 南昌银行盲文使用手册。应提供盲文签字模板与盲文键盘。密码键盘应有盲文及盲文操作说明。营业网点应配备具有基本外语沟通能力的服务人员，为特殊需求人群提供全流程、一站式、快捷便利的协助服务。应在必要自助设备上（如柜台密码按键盘、ATM 机、查询机等）设置方便盲人操作的识别键。主要区域应设置残疾人、老年人求助系统。无障碍标识与说明应指明营业网点提供的人工无障碍替代服务。在网点探索提供排队叫号信息短信发送的无障碍服务功能。按照国家网站设计无障碍技术标准要求，探索建立网上银行的大字网页与读屏系统。探索网上银行的无障碍自助服务功能。探索开发手机客户端支持读屏软件、语音导航等功能。探索电子渠道账户查询、转账、存取款、缴费、理财等基本金融服务的无障碍。

银行应加强无障碍的人员引导服务，为残疾人、视障者、老年人等特殊人群提供全程引导服务。完善定向定点服务与电话预约服务，满足特殊客户的金融服务需求。定期征求残联和各专门协会及无障碍监督员和广大残疾和老年客户群的意见，不断完善管理措施与服务。员工应经过无障碍知识、手语、急救、应急疏散等业务培训。无障碍服务柜台员工应经过基本的盲文培训。新员工应经过培训考评后上岗。持续提升全体员工无障碍应急服务能力。制定支行无障碍服务管理规定。制定客户身份识别等无障碍人性化措施，提供更加耐心周到且配合客户按键操作的服务。

六、博物馆无障碍流线与建设导则

展览类建筑无障碍建设的重要代表是博物馆建筑，目前越来越多的残疾人老年人走进博物馆享受休闲与学习的环境。2016 年东南大学培养了我国第一位以"博物馆建筑室内环境的无障碍流线研究"为论文题目的建筑学博士，指导教师为高祥生教授。著者作为副导师参与了对韩颖论文的选题与撰写指导。韩颖博士的论文从我国老龄化社会和残疾人平等享有文化、休闲活动权益入手，结合博物馆建筑具有无障碍设计研究的典型性，以此引出论文的研究核心——博物馆建筑室内环境的无障碍流线设计。通过对我国博物馆建筑环境现存问题的分析，指出我国无障碍设计存在的局限性，认为设计层面上无障碍环境建设的重点不能局限在老年人建筑和交通类公共建筑上，而是应扩大范围，特别是要关注量大、面广、复合型功能的文化、展示类公共建筑。这对提升公共建筑形象、扩大无障碍环境服务和保障社会公平公正具有积极意义。论文总结了国内外无障碍设计的研究概况，确定论文的研究内容和具体操作方法。论文着重研究了无障碍流线设计相关理论，讨论了无障碍设施、无障碍环境和无障碍流线的意义，指出无障碍流线狭义上可以理解为行动不便观众在博物馆中的参观路线，广义上更强调无障碍流线的连贯性和完整性，即无障碍通行的路线应和无障碍设施、无障碍信息和无障碍服务，形成一个整体的无障碍环境，从而满足人们在行、看、听等方面的活动需求。

关于多元化观众包括健康成年人、老年人、残疾人、儿童、外国人等各类人群在博物馆环境中的不同需求，论文对现有人体尺寸在无障碍设计应用中存在的适用性和局限性进行了分析，提出进行人体尺寸测量试验的必要性，从而获取国家 1988 年标准中人体尺寸数据合适的修正值，作为确定适于当前我国博物馆室内无障碍环境设计时空间尺度、设施尺寸数据的依据。分析了美国、加拿大、英国、德国、日本等发达国家无障碍设计法规与实践，比较了国内外建筑无障碍设计规范的区别，包括无障碍环境考虑对象、设施内容、无障碍信息化以及定量性指标方面的差别，指出我国无障碍标准和发达国家存在差距的原因，即价值观、社会环境和专业教育等方面的差异性，提出补充完善相应的规范、标准、图集内容，加大新技术、新设备的无障碍产品科研投入和建立无障碍环境建成的监控机制三点建议。

通过对国内外博物馆的实地调研，论文总结了我国博物馆的现状，分析了博物馆功能空间、参观路线、展示设计、服务设施、标识设计五个方面的调研结果，提出存在问题及相关无障碍设计的建议与环境障碍补偿的设计策略和无障碍设计原则。

通过对国内外通用设计及展览评价体系的评价分析，提出了制订适应中国博物馆实际需求的无障碍设计评价体系的重要性、必要性及迫切性。编制了我国《博物馆室内无障碍设计导则》。并对南京博物院提出了无障碍环境改造的建议，体现了研究成果的可操作性和对设计实践的指导价值。

七、城市新区无障碍规划原则

目前国内城市新区建设方兴未艾，在新建城市区域内结合无障碍建设，进行无障碍规划原则与标准方面的探索具有重要意义。根据党中央设立雄安新区的重大决策，中国残疾人联合会和清华大学无障碍发展研究院组织无障碍专家进行了雄安新区无障碍规划的专题研究。

著者结合无障碍发展理念提出了雄安新区无障碍规划的四项原则。提出靠自主融合的无障碍理念将雄安新区无障碍规划载入史册。是打造雄安规划高点定位的钥匙。所谓自主，就是雄安新区无论健全人、残疾人、青年人和老年人，作为主人要能够方便地参与社会工作与生活以及城市的规划与建设。所谓融合，就是人民无论肤色、性别、年龄、能力都能平等获得资源环境设施和服务，社会服务与各类人群深度融合的理念。

从无障碍角度放眼全球人工规划的四大首都：美国华盛顿、澳大利亚堪培拉、巴西巴西利亚和巴基斯坦伊斯兰堡的案例，著者认为四大人工规划首都具有的共同特点是功能分区明确、轴线清晰、花园城市、空白场地编规划，一张蓝图做到底等。四大人工规划首都成为世界城市规划史上的经典案例。但雄安新区规划要注意克服四大人工规划首都共同的缺点，即不符合无障碍自主融合的理念。这四座城市没有重点考虑人民作为城市使用者的无障碍需求，也没有体现新农村和现代村镇规划的无障碍理念。四大人工规划首都过分强调功能分区、轴线、网格化等规划形式，成为供外来游客欣赏，本地人无障碍使用不便的观赏性城市。比如著者曾考察华盛顿和伊斯兰堡，其工作区缺乏生活与服务设施。生活区几乎全是住宅，居住区贫富分化。伊斯兰堡有50万美元以下资产的家庭不允许居住于此的要求。每户住宅必须在网格化基地上单独设计报批。虽然花园洋房比比皆是，但缺少人居环境与生活无障碍融合的情趣。巴西利亚规划虽然彰显平等，但城市设计没有很好地考虑本地人的无障碍需求。把城市人为地分割为行政、文化、居住等区域，甚至细分为汽车修理区、酒吧区等，给当地居民生活造成不便。修汽车要把车运到很远的汽车修理区。无论是贫民还是高收入者都不愿意住在巴西利亚城里。巴西利亚靠大量国家资源促进了巴西内陆地区的发展，但它没有经受住人民无障碍使用的检验。四大人工规划首都新城以其独特的城市规划可供游览者观赏，却为当地居住者诟病。这四个城市单体建筑的无障碍建设尚可，但城市无障碍交通建设有短板，缺乏最后一公里的公共交通无障碍接驳，人员出行基本靠私有轿车。无障碍需求者使用不够方便。

新区规划应不仅在于新区的靓丽特色，而且要新区使用者满意。成功与特色在于人民满意，在于无障碍环境。新区不光要好看，而且要好用。著者认为新区建设应该有四条人民满意的无障碍标准：工作与出行便利、生活低成本、环境宜居、服务高水平。这样才是高点定位，这样才是以人民为中心。因此，无障碍的需求融合、无障碍的功能融合与无障碍的设施环境融合产生的雄安新区无障碍建设标准是雄安新发展理念高点定位的钥匙。

著者建议雄安等城市新区规划结合无障碍理念的四项无障碍原则为：世界眼光的无障碍需求融合是基础。雄安新区的规划需求实际是人民的需求。雄安人口大致为三部分：一是工作者及家庭，二是旅游者，三是当地人及回迁者。而雄安无论哪部分人都是以无障碍为根本需求。回迁者和工作者有无障碍需求，旅游者与访客更是如此。例如上海迪士尼是以年轻游客与儿童游客为主的乐园，开业后经游乐园管理方统计，百分之五十的入园游客需要无障碍设施。具有世界眼光的无障碍理念和需求应成为雄安总体规划和各分项规划的重要组成部分。如果将无障碍理念融入雄安规划，就会发现原规划还有巨大的无障碍需求缺口。不仅是物质环境的，而且是人文环境的。

国际无障碍标准的功能融合是根本。我国进入老龄化社会、联合国倡导融合发展理念、国际残奥委会强调自主和有尊严的无障碍环境、北京面临2022冬残奥会、我国城乡无障碍发展差距不小等。这些是雄安规划中无障碍功能融合的必然要求。规划服从功能，要实现习主席说的公共服务均等化，从根本上讲就是无障碍功能融合，就是社会化功能与服务的无障碍。因为公共服务均等化必然涉及基本民生性服务、公共事业性服务、公益基础性服务和公共安全性服务等，这些都离不开对各类人群与各项设施的无障碍功能融合。比如公共交通服务均等化，雄安新区就应避免世界四座首都新城的弊病，不能成为小轿车的世界。应成为无障碍公共轨道交通与多种公共交通形式的功能融合的典范。这是解决公共服务短板、实现均等化的根本。

高点定位的无障碍设施环境融合是关键。雄安规划中融合无障碍标准是关键。可以借鉴2008年北京奥运会残奥会举国体制集中力量办大事的无障碍建设成功经验。雄安新区各专项规划可以加强结合无障碍的研究，如公共建筑、道路与公共交通、湖泊水系、居住区和居住建筑、基础设施（食宿行游购娱）、公园景区、标识系统、智慧城市、旅游城市、特色小镇、绿色建筑、地下空间规划等方面。哪些高端无障碍标准适合就采用哪些，国家无障碍标准缺什么就补什么。著者认为应补上大区域内无障碍设施建设标准的短板，制定区域无障碍设施（如公共无障碍卫生间等）配置标准等，真正实现高点定位的无障碍设施环境的融合。

具有中国特色的世界无障碍典型示范城市是目标。北京奥运会时场馆与公共建筑无障碍改造费用很容易达到原造价的 5% 左右甚至以上，说明原始的规划设计往往在无障碍方面有缺陷。著者相信在雄安规划阶段融入无障碍需求和理念比建成后改造产生的费用效益比是无比巨大的。目前世界上没有一座新城规划是全面包含深度融合的无障碍理念的。雄安应该成为这方面的世界第一，应该成为体现习主席重大战略意图的具有中国特色的世界无障碍典型示范城市，应该产生国际一流的城市新区无障碍建设标准。由于雄安新区规划是不断完善，滚动发展的，无障碍必将成为其规划的重要内容。

第三节　无障碍建设计划与案例

一、国外城市无障碍发展计划

近年来，发达国家在城市无障碍建设已经高度发展的情况下，继续持续不断地通过制定无障碍年度发展计划、五年发展计划和远景规划，推动城市无障碍建设的发展与完善。例如某些北美城市的无障碍建设发展计划可以分为：战略计划和战略行动计划（即 10—40 年远景规划，每 5 年更新一次）；正式计划（每 5 年一次做计划，每年更新）；城市服务业务和预算计划（每 2 年一次做计划，每年更新）。发达国家城市的五年无障碍发展研究计划的内容一般包括政策、意识、培训、城市交通、信息无障碍等诸多方面的内容。

在制定五年以上的无障碍建设发展计划时，首先应确定城市无障碍发展愿景，例如加拿大米西索加市的五年无障碍建设发展愿景是："城市，一个生活、工作、旅行的美丽地方！"其辅助口号是："城市，一个人们选择的地方！"这种无障碍建设发展愿景是由该市无障碍咨询委员会根据全体市民的意愿归纳总结的。无障碍建设要紧紧围绕人民的需求。其中要包括具体实现的无障碍建设发展愿景，以构成城市发展战略计划的基础。

米西索加市的无障碍建设发展的五个愿景是：（1）移动感：发展一个无

障碍交通导向的城市。（2）归属感：确保青年人、老年人和新移民在该城市的无障碍成长。（3）连接感：完成城市社区间的无障碍连接。（4）繁荣感：发展无障碍创新型企业，确保城市持续繁荣。（5）绿色感：发展城市的绿色生活。这五个具体的战略性愿景，每个都与无障碍有关系，但是移动感、归属感和连接感与无障碍有更为直接的联系。

米西索加市的无障碍建设发展愿景实现的策略包括：力争成为一个领先的无障碍建设先进城市（通过无障碍立法）；全民流动性（除雪、过境、无障碍通道等）；全面的无障碍改造（老旧建筑物，包括公园和步道的无障碍性）；全民积极参与使无障碍建设成为设计优先事项；最先进的无障碍信息和工具（网站、设备、路径查找、公民投票等）；充分相互理解和受教育良好的社区（礼貌、更好的态度和理解）；得到各级政府对无障碍建设的大力支持（资金投入）；残疾人在社会各方面都有较好的代表性（例如，在各委员会中的代表）；改变对无障碍设施投资回报率低的看法；竞争和变化的优先事项（例如遗产与无障碍，竞争立法，绿色生活）；各项实施策略是为了克服障碍和实现愿景而制定的：让无障碍的声音无处不在；通过无障碍的实践和政策来做对无障碍建设发展正确的事情；与政府合作以提高实施无障碍的协同效率；为提高无障碍教育和认识寻求合作伙伴；鼓励私营部门对无障碍建设的贡献等。这些策略紧紧与市民的愿望和需求相结合。

米西索加市的五年无障碍发展研究计划项目包括：城市战略计划、部门计划和总体计划中纳入无障碍内容的研究；城市发展总体报告中"无障碍影响"内容的研究；将残疾人纳入城市各委员会的工作；对无障碍承诺的政策审查和研究；采购过程确保获得无障碍配件、服务及设施的研究；无障碍人权准则的培训；无障碍沟通策略的研究；无障碍奖项的研究；全民无障碍意识的研究；无障碍客户服务规则研究；无障碍选举研究；无障碍电视节目和通信工具研究；无障碍评价程序研究；无障碍应急程序和公共安全信息研究；无障碍网站和网页内容研究；无障碍图书馆服务研究；公园无障碍卫生间；住房无障碍策略与行动计划；员工无障碍宿舍：残疾员工招聘计划和甄选过程提供住宿，为雇员提供无障碍食宿等的研究；绩效管理、职业发展和职业变动中残疾员工的无障碍保障及无障碍住宿需求研究；工作场所提供无障碍应急信息的研究；无障碍交通计划的研究；无障碍交通信息的研究；公共汽车无障碍席位；公交车无障碍信息；无障碍服务中断的研究；出租车无障碍；无障碍设计手册指南实施研究；无障碍街道协调委员会；人行道无障碍路线研究等几十项内容。这些研究项目每年都有执行情况的报告，并且根据城市无障碍咨询委员会的意见和建议对发展计划加以调整等。发达国家城市无障碍发展计划的实践可以成为我国城市无障碍建设与改造工作的借鉴。

二、迪士尼乐园无障碍建设案例

城市游览园区大面积无障碍环境建设可以提到美国迪士尼乐园在上海建园的案例。美国迪士尼乐园根据游客的无障碍需求，制定了完善的无障碍标准与建设计划，包括硬件设施、标识信息与无障碍服务。迪士尼乐园的无障碍标准和建设计划根据美国的《反歧视法》和美国建筑和交通无障碍委员会的《无障碍设计指南》（ADAAG），以及美国国家无障碍标准（ANSI）A117.1 等制定。

美国无障碍通用设计理念提出的无障碍需求是根据美国 1995 年的统计数据，约有 3/4 的美国人需要无障碍。上海迪士尼乐园运营管理方根据运行一年后的统计分析发现，入园参观游览的游客多数需要无障碍设施。残疾人、老年人、推儿童车的青年夫妇等对无障碍有需求的持票入园人数达到了 50% 以上。上海迪士尼乐园运营管理方认为，良好的无障碍需求分析是无障碍建设与服务保障的前提。

由于迪士尼乐园建设执行的是美国无障碍标准，上海迪士尼乐园中全部无障碍材料和设备均来自美国。美国公共卫生间内全部为坐便器，上海迪士尼乐园的卫生间考虑到国人的使用习惯，设置了一定数量的蹲便器。上海迪士尼乐园的食宿行游购娱方面，如纪念品商店全部是开架售物，售货员与游客站在一起，消除了有障碍的隔离柜台。货架开放，便于老人、儿童、残疾人等游客无障碍选购。

上海迪士尼乐园的无障碍配件执行的是美国无障碍标准。比如外门开关用力不超过 30 牛顿，内门不超过 22 牛顿。室内门的闭门装置要求从门打开的 70 度状态关闭到距门框 7.5 厘米的状态应至少 3 秒等。

著者认为无障碍环境建设的目的在于改变只为残疾人服务的社会模式，建立新的所有人都能够参与和使用的无障碍社会模式。无障碍服务鼓励有无

图 3-3-1
上海迪士尼游乐园无障碍卫
间安全抓杆不符合要求

障碍需求的人接触世界。迪士尼理念是体验美妙的人生感受、欢乐等于财富、把优质高效与细致的服务融入迪士尼之旅的体验中。上海迪士尼乐园增加了手语、盲文等信息无障碍的内容，增加了残疾员工的导游服务，增加了游乐项目的无障碍体验。所有游乐项目残疾人都可以参与。迪士尼乐园为肢体障碍、视觉障碍、听力障碍与认知障碍等的游客及其家人提供了诸多便利，除了盲文指南外，还提供安装有迪士尼乐园有声指南的电子显示器。度假区园内各个特色餐厅和主题商店都有低位窗口，售票处还特别设计了可调节高低的柜台。园内道路没有台阶，可供坐轮椅的游客顺利通行。乐园内的演出为有需要的游客免费提供中文手语翻译。此外导盲犬也可以进入上海迪士尼度假区的大部分区域。

迪士尼乐园内所有的景点与游乐设施都有无障碍设施。"晶彩奇航"的部分游船上设置了轮椅上下装置。园内最惊险刺激的"创极速光轮"将最后一排的"摩托车式"座位，改为轮椅席位。使用轮椅的游客可从轮椅上体验风驰电掣的"飙车"感觉。园区对员工入园培训时设有专门的无障碍设施课程，学习如何为游客提供无障碍服务。上海迪士尼乐园通过推进无障碍环境建设标准与服务，使迪士尼乐园在中国创造了较好的效益。对我国无障碍建设具有一定的参考价值。

目前越来越多的我国城市引入了国外无障碍设计理念和设计标准、无障碍设备及配件。甚至有像上海迪士尼乐园这样全面地引入复制建设，连建筑设备材料都从国外进口。这些国外标准、设备配件等无障碍要素，应该注意理念和标准要结合我国的实际情况，同时应符合我国的标准，符合我国无障碍需求者的实际使用要求。设备和配件的选用应该有利于促进我国相关设备和配件的研发。外国设备与配件的维修、保险以及是否采用中国配件替代产品的问题也应予以重视。著者考察中发现上海迪士尼乐园多功能无障碍卫生间洗手盆未安装安全抓杆和镜子；洗手液容器安装位置过高；小便器安全抓杆的横杆过高，不符合我国人体数据与使用要求；缘石坡道边缘有1厘米的坎；以及缘石坡道没有三面放坡、没有设置地面警示标识等不符合我国无障碍标准的问题。著者考察后与上海迪士尼乐园管理方交流时也专门指出了应用国外无障碍建设的经验时应注意无障碍标准在中国落地的问题，应注意与我国无障碍标准与实践相结合的问题。无障碍建设基础在于人体测量学、人体工程学和人类行为学，这些都离不开中国实际。无障碍在于细节，细节决定成败，是任何地方都不可能回避的。

上述在全国范围开展的研究项目，是在北京奥运后持续进行的。这些无障碍研究与探索既丰富了场馆设施与城市无障碍建设与改造方面的实践，一定程度上更新了无障碍理念，促进了我国无障碍建设事业的推进。

第四章

2022 年北京冬奥会与无障碍

第一节   2022年北京冬奥会无障碍新特点

2022年北京冬奥会冬残奥会使北京成为世界上第一个同时主办过夏季奥运会与冬季奥运会的城市。冬残奥会虽然没有夏季残奥会的规模大，残疾运动员的人数只有几百人，但是冬残奥会的无障碍保障工作更加复杂，有着与夏季残奥会不同的特点：

一、冬奥比赛场馆场地区域大。冰上和雪上比赛项目速度高、冲击作用力强。雪上项目比赛场地面积与高差很大、地形起伏。运动员着装与比赛装备器具占用空间大。场馆临时设施种类多，转换期搭建时间短难度大，拆除工程量大。比赛训练热身场地、更衣、装备存储、休息、装备辅具维修、兴奋剂检测、信息成绩发布、医疗、卫生间等服务设施，以及上下车区、出发结束区、FOP缓冲区、混合区等与夏奥特点不同，无障碍保障措施复杂。

二、冰雪项目人数增加趋势明显，特别是大量有组织的有无障碍需求的持票观众及其他客户群人员进入场馆场地后的无障碍流线以及使用无障碍设施，增加了服务保障的工作量与难度。冬季着装使通信联络、信息服务、医

图 4-1-1
意大利都灵冬残奥村的临时防滑地面

图 4-1-2
意大利都灵冬残奥会残疾运动员与雪场临时设施

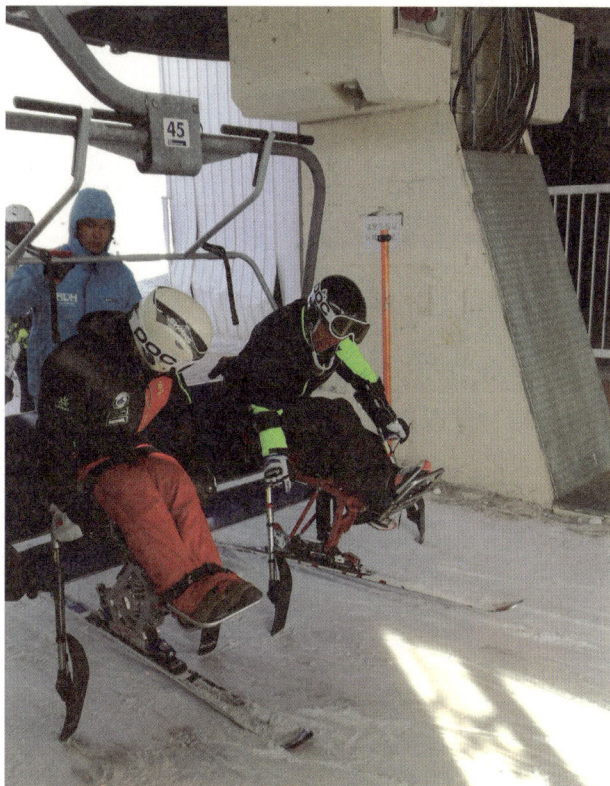

图 4-1-3
我国残疾运动员上下
座椅式缆车

疗救助、应急疏散等增加了难度。由于观测及信息传递的不及时，出现突发情况时容易产生二次伤害。

　　三、比赛场馆场地至残奥村或运动员临时驻地、多个比赛区、观赛区之间、比赛场馆场地至城市中心区之间、主办城市与协办城市之间的运行分区、无障碍流线以及交通方式呈现多样化，需要多种交通方式接驳。需要注意道路弯曲狭窄、冬季雪厚结冰、地面湿滑的特点。无障碍交通摆渡车、缆车（座椅式和厢式等）以及场馆场地周边必须充分考虑气象情况，充分考虑携带、穿戴比赛器材的残疾运动员乘坐问题，以及考虑按时公平参赛的特点与安全防护。

　　为保障成功举办冬季奥运会残奥会，应根据残疾运动员和其他有无障碍需求的客户群情况，认真分析各客户群的无障碍需求与采用的无障碍标准，设计、建设与改造场馆设施，营造符合要求的无障碍环境。

第二节　冬奥会无障碍建设要素

　　根据冬奥无障碍保障工作特点，场馆与城市无障碍建设可归纳为八个要素：无障碍需求、无障碍标准、无障碍流线、无障碍设施、无障碍设备、无障碍信息、无障碍标识和无障碍安全等。应研究分析八个要素在冬奥筹办中的特殊重要性以及其作用、意义与相互关系。根据北京奥运会实践与后续研究，提出这八个关键要素的具体要求和量化指标，推进 2022 年北京冬奥会无障碍建设与改造工作与我国冰雪运动的发展。

一、无障碍需求

　　无障碍需求是确定 2022 年北京冬奥场馆设施无障碍建设的最关键因素。无障碍需求反映了对场馆建筑、环境以及服务的无障碍需要量。无障碍需求与残疾人运动员和残疾观众等五大客户群的需求密切相关，是从冬残奥会对建筑、环境和服务的使用要求引出的。

　　根据往届冬季残奥会的无障碍实践，圆满保障无障碍使用的场馆设施来源于良好的无障碍建筑设计与赛时运行设计。良好的无障碍设计来源于科学合理的需求分析，以及采用恰当的人体工程学数据与合理的无障碍建设与改造标准。因此，无障碍需求决定设计，无障碍需求决定标准，需求是场馆与城市基础设施无障碍建设与改造的基石。

　　冬残奥会的无障碍需求指标可以通过场馆设施中五大客户群的残疾人数、残疾类型、残疾程度加以反映。由于比赛是核心，冬残奥会筹办中比赛场馆场地的无障碍建设是重中之重。首先应认真分析确定比赛场馆各客户群的无障碍需求。

　　冬奥工程建设涉及无障碍需求的五大客户群，包括运动员（又分为比赛运动员和观赛运动员）；观众；广播电视等媒体记者（又分为摄影媒体记者与文字媒体记者）；贵宾（包括主办国领导人、相关比赛国家的领导人、奥运会残奥会及国际体育组织和组委会大家庭的官员等，他们中间有的人还要担任颁奖嘉宾）；工作人员（裁判员、计时计分员、志愿者、安保人员等）。

运动员是五大客户群中最重要的一类。没有运动员就没有冬奥会。残疾运动员在肢体、视力等方面存在障碍，行动受到一定限制，而且他们要在规定的时间内公平地参加和完成比赛项目，因此残疾运动员的无障碍需求应着重予以考虑。上届平昌冬残奥会的残疾运动员人数为570人。

观众是观看体育比赛的。观众与贵宾客户群的参与是冬残奥会成功的基础。大量观众观看的比赛，运动员容易迸发激情拼出好成绩。出席平昌冬残奥会的有无障碍需求的观众人数缺少统计数字，根据平昌售出的约32万张门票和国际残奥委会网站公布的观众人数34.3万人以及按韩国残疾人约5%等的相关比例估计，平昌冬残奥会有无障碍需求的观众人数至少为5万人。平昌冬残奥会开闭幕式场馆的规模为3万人，相比夏奥会无障碍席位数少多了，残疾运动员和有无障碍需求的观众如老年人、儿童等更容易均匀地安排在场馆不同的席位区。我国有无障碍需求的观众数量将大大超过平昌冬残奥会，至少应按10万人以上的规模做准备。

媒体记者是现代奥运会的无冕之王，通过文字与摄影摄像媒体，使全世界不能到现场观看夏奥会冬奥会的人观赏比赛成为可能，使得夏奥会冬奥会成为全世界最重大的活动，根据国际残奥委会公布的平昌冬残奥会注册媒体记者人数为629人。媒体记者中已确定有无障碍需求者。2022年北京冬残奥会媒体记者数量将超过此数字。

贵宾客户群中更是有众多无障碍需求者。主办国国家领导人以及国际残奥组委会等贵宾中有残疾人，有轮椅使用者。

历届冬残奥会组委会工作人员、志愿者、裁判员和教练中都有残疾人和无障碍需求者。

这些客户群根据国际残奥委会规定，都需要单独的无障碍流线和必要的无障碍服务保障设施。五大客户群的无障碍需求分析，决定了无障碍停车位、无障碍出入口、无障碍席位、无障碍卫生间、无障碍通道、无障碍设备等的数量与位置。

需要提供无障碍设施与服务的各客户群人数与需求赛前预测越准确，无障碍服务提供就越精准、越合理高效。北京 2008 年残奥会涉及 150 个国家与地区，4000 名残疾运动员，其中 2000 名轮椅运动员，3000 名记者，2500 名国际残奥委会、国际单项体育组织官员及裁判员教练员，3 万名志愿者和 344 万名持票观众。这是赛后的统计数字，对下一届奥运会残奥会无障碍需求的赛前预测以及无障碍建设与保障的赛前组织具有重要参考价值。其中参赛运动员有准确的统计数字，便于分析需求预测。如北京残奥会残疾运动员数据见表 4-2-1。

表 4-2-1　北京残奥会残疾运动员统计数据（节选）

比赛项目	残疾类别	参赛运动员			肢体残疾预测人数		视力残疾预测人数	
		总数	男	女	可不依靠轮椅	使用轮椅	全盲	其他
田径	肢残／视残	1035	710	325	156	370	125	118
轮椅篮球	肢体残疾	264	144	120	0	264	0	0
游泳	肢残／视残	560	330	230	175	193	60	79
硬地滚球	肢残（脑瘫）	88	68	20	0	88	0	0
5 人制足球	视力残疾	48	48	0	0	0	36	12
轮椅网球	肢体残疾	112	76	36	0	112	0	0
自行车	肢残／视残	188	140	48	52	43	22	25
柔道	视力残疾	132	84	48	0	0	132	
合计		3998	2614	1384	876	1828	763	

　　北京 2022 冬奥会也离不开类似的详细统计与需求分类预测。由于经济和技术的原因，既有场馆无障碍设施不可能完全满足各种类型的无障碍需求。

　　国际残奥委会无障碍指南以及各国场馆无障碍标准也是基于保障最主要的无障碍需求。如美国体育场馆与多数建筑无障碍标准基于移动障碍、视觉障碍、听觉障碍和认知障碍来定义无障碍需求。

　　移动障碍者的主要组成是肢体障碍者，也包括那些使用拐杖、手杖、助行器、背带、假肢帮助行走的人。在其所处环境中移动会遇到明显的问题，例如在狭窄的空间和不平的路面上移动、利用卫生间和洗浴设施、取用高处物品以及上下楼梯等。

　　视觉障碍者包括部分视力丧失或视力完全丧失的人。有些视觉障碍者可以区分光暗、对比鲜明的颜色或大字体，但可能看不清小字也不能忍受强光。许多失明的人通常依赖其感官来感知环境并与他人交流。有的人会用手杖或引导动物来走动。

　　听觉障碍者使用各种方法来弥补听不见声音的问题。听力不好的人可依赖助听器或唇读。有些完全失聪的人也会使用语音朗读，但必须能清楚地看到对方的面部表情。有些人使用手语交流。一些患有听力障碍的人可以使用服务动物。听力障碍者难于同时与多人交流，需要使用专门的听觉辅助设备，如增音电话和火灾报警器。

　　认知障碍和其他隐性残疾外表往往不明显，这涉及认知和学习能力障碍并可能影响理解、交流或行为。患有这种残疾的人可能会在使用建筑设施方面遇到困难，特别是在标识系统不清晰的情况下。隐性残疾也包括身体发育障碍如身材矮小及智力障碍等。因为这些人不仅参与体育活动而且参加残奥会，所以需要研究保障其无障碍需求。

　　根据国际残奥委会统计，世界人口约有 0.6% 的人长期或经常使用轮椅。以此计算，全球 4000 万人以上需要用轮椅代步。可以参考这个比例安排冬残奥会场馆永久无障碍座席数。全世界约有 5 亿以上的残疾人，占全世界总人口的 10% 以上。在任何给定的时间内，需要无障碍设施和服务的实际人口比例超过全世界人口的 20%。按联合国统计的世界人口 75 亿计算无障碍需求者总数达 15 亿人。美国 1995 年统计约有四分之三的美国人需要无障碍设施。

　　据统计，英国有 830 万 ~1170 万人有残疾或移动障碍，其中 400 万人有移动障碍。25% 的英国家庭有一个残疾成员。2% 的英国家庭有一个轮椅使用者。每年英国售出轿车总量的 5% 为残疾人所使用。根据欧洲有关机构的统计，2006 年英国有占总人口 24% 的行动障碍者，包括残疾人和老年人（老年人约占英国总人口数的 17%），需要各类无障碍设施。其中约 14% 为肢体障碍，10% 为智力或其他障碍。

　　澳大利亚有相当比例的残疾人。1998 年澳大利亚有 360 万残疾人，占全部人口的 19%。根据澳大利亚统计局 2008 年统计，约占澳大利亚总人口 20% 的人有无障碍需求，且统计认为这个百分比与其他很多国家是相同的。

　　根据我国第六次全国人口普查及第二次全国残疾人抽样调查，2010 年年末全国残疾人总数为 8502 万人，占当年全国总人口 134091 万人的 6.3%。截至 2016 年年底全国 60 岁以上老年人口已经达到 2.3 亿，占总人口的 16.7%。根据这些数据计算，我国残疾人和老年人总数已经约占全国总人口的 23%。

根据国家统计局 2007 年 5 月公布的数据，北京市残疾人总数为 99 万人。根据北京市老龄办 2009 年公布的数据，北京市 2008 年 60 岁以上老年人的数量为 218 万，占总人口的 17.7%。

除残疾人外，大量幼年人和老年人与青壮年人罹患疾病或搬运重物时对无障碍的需求与残疾人是相同的。其他患病等无障碍需求者更多得难以统计。按照国际残奥委会的估计，在任何给定的时段无障碍需求者占人口总数的 20%。这些统计数据对于无障碍需求分析具有参考价值。

无障碍需求中肢体障碍、视觉障碍、听力障碍是主要障碍类型，约占总需求人数 80%。重点解决其对应的无障碍问题，就重点解决了场馆场地的主要无障碍需求。

无障碍需求根据社会发展水平和人类面临的特定环境——比如大型体育赛事活动而发展变化。无障碍需求测算一般用需求人数和障碍类型加以确定。如国际残奥委会对 2008 年北京残奥会明确规定轮椅橄榄球比赛场地的残疾观众席位数量为 150 个，这个数量指轮椅席位数量。明确这个数量，就基本确定了无障碍设计标准与无障碍建设工程量。观众无障碍卫生间等可以参照这个数量设计。观众区域与观众流线上无障碍通道宽度、无障碍座席与无障碍服务设施设备等的数量可由此确定。

场馆内每种客户群都对应明确的功能分区、单独的无障碍流线与无障碍设施保障。无障碍需求的定量化使无障碍建设工程量有了明确的依据。

无障碍需求的特点是为了满足使用需求，延伸人体自身的功能。人的无障碍需求在现代社会第一次受到了普遍的尊重。人类对无障碍的需求虽然排位于生存需求、安全需求等之后，但在现代社会同样应得到满足，这是社会文明进步的体现。

我国无障碍环境建设水平不高，根本在于对无障碍需求的认识。如果认识到人类终生离不开无障碍，就会发现城市和环境无障碍的巨大需求。如设置在公共建筑与环境的电梯或坡道，健全人也可以根据自愿毫无理由地使用而不去走楼梯或台阶。

奥运加强和放大了对无障碍需求的注意。当北京奥运筹办需要认真落实国际残奥委会场馆无障碍标准时，不得不反过来研究无障碍需求与无障碍标准间的关系，补上在无障碍需求认识方面的短板，补上在无障碍建设方面的短板。奥运筹办工作推动了对无障碍需求的认识。

无障碍需求是无障碍建设中决定一切的基础。场馆与城市建设不仅应考虑残疾人的无障碍需求，也应考虑老年人、孕妇、儿童、伤病人员、功能受限的健全人和一切无障碍需求者的需求，以及这些无障碍需求的量化指标与合理实现。

二、无障碍标准

2022 北京冬奥会主办城市与协办城市的无障碍建设与改造以及相关大型群众活动筹办中，执行无障碍标准非常重要。北京奥运无障碍保障实践说明，遵守惯例、标准统一、严格执行适合国情的标准是成功的依据。标准决定公平和尊严，标准决定适用与安全，标准决定无障碍建设成败与工程量的大小。

世界级的奥运会残奥会有国际残奥委会规定的国际通行的无障碍指南、竞赛项目手册、场馆技术手册等。洲级的亚运会亚残运会也有了亚奥委会规定的场馆技术手册等标准。国家级的全国残疾人运动会也有了第八届全国残疾人运动员组委会编制的场馆及城市无障碍建设与改造标准。在各种规模运动会的筹办方面，我国已经形成无障碍标准与实施细则体系。

2008 年夏奥会时，根据残疾运动员与观众瞬时最大无障碍需求量，国际残奥委会在场馆技术手册（2005）中提出了场馆建设标准。这些标准超出了发展中国家城市无障碍建设标准，如关于场馆设施内门宽的无障碍设计规定，场馆技术手册中要求门净宽一律为 0.9 米。我国无障碍标准的门宽度是 0.8 米。我国既有建筑与新建建筑的内门宽度，特别是卫生间门宽度也是 0.8 米。这些尺寸是根据我国 20 世纪人体工程学实测统计数据确定的，几十年没有变动过。我国无障碍建设标准在某些指标上低于发达国家的标准，甚至达不到亚洲邻国日本等的标准。2008 年奥运筹办时，著者曾经多次与国际残奥委会的代表和专家进行研究，认为我国 0.8 米的内门宽度标准是有些低，但是我国当时全部民用建筑甚至公共建筑卫生间门宽都是按照这个标准修建的，如果按照国际残奥委会的 0.9 米的门净宽标准全面进行改造难度非常大，不仅需要在建筑物新建时门洞宽度达到 0.95 米以上，而且全部既有建筑将面临砸门改造。保证 0.8 米的内门净宽度是可以实现生活轮椅通行的。因此当时著者向国际残奥委会建议，对北京残奥会建筑无障碍标准加以区别，凡是残奥会比赛场馆的门宽度，例如竞赛轮椅与器材通行的门宽度严格按照场馆技术手册要求进行改造加宽。如国家体育场已经施工完成的内门砸掉了若干樘，进行加宽到 1.1 米门净宽的改造，以满足田径比赛竞速轮椅的通行需求。其他非比赛设施，只要满足普通生活轮椅的无障碍通行，就可以视情进行改造，实事求是地区别对待。经过国际残奥委会派专家实地考察，国际残奥委会认可了北京奥组委确定的无障碍标准调整原则。

2022 年北京冬残奥会区域无障碍设施的检查内容与配置标准可参考 2008 年北京奥运经验，著者总结区域无障碍设施检查内容如下。

表 4-2-2　区域无障碍设施检查表

	序号	区域无障碍检查内容
区域外部	1	公共交通无障碍（服务半径与停车距离），无障碍公交线路设置，停车站台，公共无障碍车辆停车场（大中小型车辆，残疾人摩托车、残疾人三轮车等位置、数量及专用标志）
	2	安保围栏外的无性别无障碍卫生间（永久与临时）
	3	无障碍流线（流线完整性与通达性、通道及门宽度、通道坡度、步行距离、休息区与座椅、遮雨遮阳设施、安全抓杆扶手设置、提示盲道、警示标志、无障碍标识系统与说明、信息检索与应急服务、声光电视听系统等）
	4	出入口与安检设施、检票口宽度、坡度、步行距离、安检形式、标识与说明、信息与应急服务
区域内部	5	交通（服务半径），摆渡车设置（停车位与运行路线），人员步行距离等、引导图、信息与应急服务等
	6	场馆群区域内无障碍流线（流线完整性与通达性、通道及门宽度、坡度、步行距离、休息区与座椅、遮雨遮阳设施、安全抓杆扶手设置、提示盲道、警示标志、无障碍标识与说明、信息检索与应急服务、声光电视听系统等），道路与坡道、电梯、轮椅升降平台等设置、应急安全等
	7	无障碍卫生间（服务半径、数量、使用质量）、位置图、标识
	8	其他无障碍服务设施（服务半径、服务类型）：信息检索与低位视频音频服务，信息亭、广播及屏幕显示系统、音响耳机（设置时）等硬件设施位置，电话与救助，医疗点，休息区与座椅，零售商店
	9	标识与信息系统无障碍（服务半径、服务类型、服务质量）：永久与临时，水平与垂直，色彩与发光，平时与应急，弱视与盲文，大字屏幕，声光电视听系统等

步行距离大于 500 米的场地（包括场馆与服务设施间距大于 500 米），应该设置大中小型无障碍摆渡车或无障碍交通工具及无障碍上下车与停车设

施。数量应根据 50~100 人 / 台以及往返时间考虑。应设置残疾人摩托车和其他残疾人交通工具的停放区域。步行距离大于 500 米的场地，每 500 米间距应设置休息区，休息区应设置无障碍座椅与 1~2 个轮椅停留休息位置与饮用水等无障碍服务设施。步行距离大于 500 米的场地，每 1000 米间距的休息区应设置无障碍卫生间。无障碍卫生间可以采用临时设施。无障碍卫生间尺寸不应小于 2 米 × 2 米。可以结合家庭卫生间和母婴室设置。

根据 2008 年北京奥运无障碍建设实践，国际残奥委会在为 2022 冬奥制定的无障碍指南（2015 年版）中对门净宽一律为 0.9 米的规定做了调整，改为 0.85 米。这样更符合亚洲国家主办 2018 年平昌冬奥会、2020 年东京夏奥会和 2022 年北京冬奥会的实际情况，也更有利于无障碍指南的执行。较高的标准将使其他发展中国家难以承办奥运会。

随着我国综合国力的提升与生活水平的提高，我国人民的身高体型发生了变化，采用的电动与智能化轮椅与其他辅具的宽度也有了较大的变化。若依然将无障碍卫生间门净宽确定为 0.8 米，将与我国实际情况和未来发展不相符合。考虑到轮椅辅具的发展、使用者较厚着装与冰雪比赛器具辅具的特点，无障碍卫生间门净宽 0.8 米，稍不注意就容易挤伤手。采用国际残奥委会 2015 年版无障碍指南中的无障碍卫生间门净宽为 0.85 米的标准是第一步，未来无障碍卫生间门宽 0.9 米应该是标配。

图 4-2-1
日本长野 1998 年冬奥会无障碍
卫生间门宽 1 米

图 4-2-2
日本长野 1998 年冬奥会无障碍
卫生间内部

在选定与执行标准的过程中应抓住设计审核、施工监督、竣工验收这几个关键环节。问题发现得越早，改造改动工作量也越小。无障碍建设多数问题在于设计，在于标准不具体、不清晰，采用标准不合理造成的。应采用国际先进的无障碍标准与我国较为超前的团体标准，目前国家无障碍标准规范体系的制订已经大大提速，为日后执行标准创造了更为有利的条件。

无障碍建设实践证明，无障碍标准是规则也是话语权。谁参与制定了标准，谁就掌握了该领域规则的主导权，谁就占领了制高点。科学的标准使无障碍建设与改造容易取得事半功倍的效果。

图 4-2-3
多层工业建筑无障碍标准在全国
团体标准平台发布

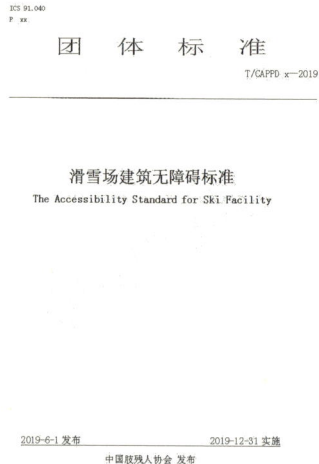

图 4-2-4
我国团体标准——滑雪场建筑
无障碍标准

三、无障碍流线

场馆设施与城市无障碍建设中极为关键的要素是无障碍流线（与无障碍通道和无障碍路线所指的内容相同），它决定了无障碍建设的成功与否。无障碍流线由无障碍通道与交通构成。无论对于单个建筑物或建筑群还是对于城市环境，无障碍流线都至关重要。无障碍流线走不通，场馆设施就无法正常使用。

无障碍流线是供使用者通行的、有特殊技术要求的无障碍通道（或交通线路）。在场馆建筑内部，无障碍通道连接建筑所有出入口、功能区和服务区。在场馆建筑外部，无障碍流线是与城市建筑和城市道路相连接的水平和垂直的无障碍道路以及交通线路。受到经济与技术条件的限制，发达国家也不是无障碍流线能够处处贯通的，见图4-2-6英国伦敦塔游客无障碍流线（红色）的实例，伦敦塔古迹区域内仅部分区域有无障碍通道。

图4-2-5
英国巴斯大学校园无障碍地图局部

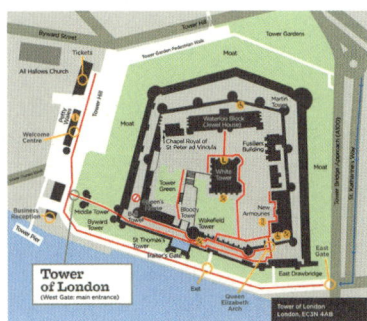

图4-2-6
英国伦敦塔游客无障碍流线图

无障碍流线可以由实体的无障碍通道组成，也可以由无障碍交通工具如无障碍摆渡车、出租车或小型客车、中型客车、大型客车，以及地铁、轨道交通、民航客机等公共交通工具组成的具有无障碍服务保障的无障碍路线。由无障碍交通工具组成的无障碍流线，包括上下无障碍交通工具的无障碍，以及获得信息、票务、休息等的全流程无障碍服务。

无障碍流线具有高度、宽度、坡度与空间要求，是人员通行的路线。可以将无障碍流线理解为场馆和城市环境中一个连续的空间管道，在这里对轮椅使用者和其他功能障碍者没有障碍，可以自由移动。大型单体建筑如机场航站楼内，无障碍摆渡车与无障碍通道组成无障碍流线，各种有无障碍需求的旅客在航站楼内可以自由移动。无障碍流线不能断开或存在短板，如首都国际机场T3航站楼没有无障碍公交车接驳。旅客出了航站楼不能乘坐无障碍

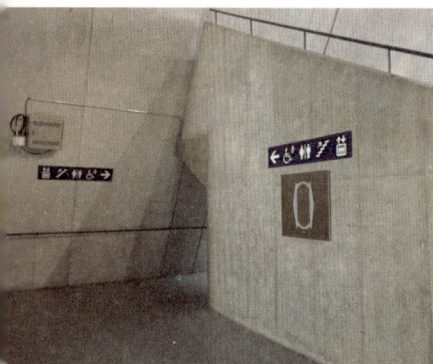

图 4-2-7
日本长野 1998 年冬残奥会体育
馆无障碍流线标识

图 4-2-8
英国巨石阵古迹残疾游客临时
无障碍通道

公交车自主行动，就谈不上无障碍使用。无障碍流线在于完整性与通达性。必须强调无障碍流线的特殊重要性。无障碍流线应是健全人常用的路线，而不是单独为无障碍需求者安排的路线。如果是为无障碍需求者重新安排的通道，则必须在通道起终点设置说明并清晰图示。无障碍流线应保证安全与公平，与健全人使用的路线具有同等长度。

无障碍流线与通道应有完善的标识、适宜的照度与通风，应可同时作为应急疏散通道。兼作为应急疏散通道时，应有应急照明、应急标识、应急广播、应急监控和防火防烟等设备设施。其宽度应符合消防疏散要求。建筑内无障碍通道一般每 50 米间距宜设置无障碍休息区，可以结合休息室和连廊空间等设置。室外无障碍通道一般每 300 米间距宜设置无障碍休息区。休息区座椅等的设置根据实际情况确定，以不影响无障碍通行为宜。较大面积区域的无障碍通道要求自然地形坡度不宜大于 5‰，丘陵坡地坡度不宜大于 30‰。大于上述坡度的区域，宜采用无障碍摆渡车或无障碍交通工具。

以前我国城市无障碍建设注意了单体建筑无障碍设施建设，对无障碍流线没有重视。我国建设了大量无障碍标准较高的建筑物，但是无障碍需求者仍然不能方便地使用，这主要由于缺乏无障碍流线而无法通达。这些无障碍建筑像一颗颗断线的珍珠而形不成项链，没有发挥使用价值。出现了城市人行道与过街通道没有缘石坡道，无法安全使用；无障碍卫生间由于有台阶或门太窄而无法使用；很多公共建筑由于高台阶、高门槛等使老年人、残疾人等无障碍需求者难以进入；无障碍公园没有无障碍公共交通可以抵达等。这些都是无障碍流线的缺陷造成的。

奥运场馆建设凸显了无障碍流线和无障碍通道的作用。2008 年北京奥运场馆与城市无障碍检查中，不再仅仅看单体无障碍设施的建设质量，而是重点检查每个客户群无障碍流线是否联通完善，无障碍流线是否能够顺畅通达场馆设施内外各个功能区，无障碍设施和设备是否可以无障碍使用，场馆以及城市基础设施是否整体发挥了无障碍保障作用等。

根据五大客户群的无障碍需求，有针对性地满足客户群使用要求，沿着比赛场馆场地无障碍流线完善无障碍设施，是冬奥会成功的保证，是无障碍建设、服务与保障应达到的目标。参见下表场馆五大客户群无障碍流线与功能区。

表 4-2-3　五大客户群无障碍流线

五大客户群无障碍流线与比赛场馆场地功能区	
运动员（参赛）	交通落客区－安检区－器材区－检录区－更衣区－热身场地－比赛场地－采访区（混合区）－更衣区－观赛区－交通上客区
运动员（观赛）	交通落客区－安检区－休息区－观赛区－休息区－交通上客区（持证观赛运动员部分需要通过混合区）
观　众	交通落客区－安检区－休息区－观赛区－休息区－交通上客区
贵　宾	交通落客区－安检区－休息区－观赛区－颁奖区－休息区－交通上客区
媒体记者	交通落客区－安检区－休息区－媒体工作区－采访区（混合区）－新闻发布区－休息区－交通上客区
工作人员	交通落客区－安检区－工作区－休息区－交通上客区

无障碍流线和无障碍通道具有把珍珠穿成项链的巨大价值。场馆发挥无障碍流线的作用，可以将无障碍提高到崭新的水平。因此无障碍流线是无障碍建设的生命线。

1. 单体建筑无障碍流线

单体建筑可以是办公楼、商场、博物馆或体育场馆，它的无障碍通道与建筑物使用功能紧密相关，也与整个单体建筑的无障碍水平紧密相关。无障碍通道要素包括：单体建筑的外部接近路、停车场和停车位、单体建筑所有出入口门和应急出口门、门与外部的连接通道、门厅与接待、内部水平与垂直通道、主要功能、辅助功能房间和其他服务设施、标识与信息系统、应急

图 4-2-9
英国古迹伦敦塔周边无障碍
通道导向标识

图 4-2-10
英国巴斯大学建筑物内无障碍
通道导向标识

疏散通道与待避空间等。无障碍通道（或无障碍流线）将这些要素串联起来，形成了完善的单体建筑无障碍使用功能。

国外对于无障碍通道的规定较为全面。例如澳大利亚的 2000 年悉尼奥运会无障碍通行大纲中对单体建筑的规定：在建筑物内应至少有一条连续的无障碍通道。考虑到不能行走的人或有行走障碍的人（可以行走但是受到损伤需要使用辅助设备帮助行走的人），无障碍通道不应该有台阶、楼梯、十字转门、旋转门、自动扶梯或者其他可能影响这些人安全独立通行的障碍物。连续的无障碍通道是人们使用最多的最便捷的道路。如果由于某种原因无法提供，则应提供另外一条路线，并且设有明显的标识指明这条路线。应尽量保证这条另设的路线能够提供最便捷的无障碍通行条件。

连续的无障碍通道应该通往建筑内的各服务设施和各楼层，除非是与其他规范或标准相抵触或者有"不合情理的困难"。"不合情理的困难"取决于不同的情况，主要考虑以下方面：是否对相关人员有益；对功能障碍者和残疾人士的影响程度；建设成本。还要考虑以下情况：实现的技术限制；地形限制；安全、设计和施工问题。因此无障碍通道并非处处通达。

主要区域的无障碍通道应保持平整，最好使用坡道或走道而不得使用楼梯。在较大的人员活动区域，如果地面高度无法保持一致，主要无障碍通道上应使用坡道或走道。在较小的人员活动区域，在地面高度有变化的地方可以使用电梯。应该考虑将电梯作为无障碍通道的必要辅助设施。在地面高度有变化的地方无法设置坡道和走道时，必须安装电梯。

单体建筑无障碍通道实例可以举美国伊利诺伊州芝加哥市 Access Living 办公建筑。该办公建筑根据美国伊利诺伊州和芝加哥市无障碍法规以及美国无障碍指南进行设计，2007 年建成。该建筑为矩形四层钢筋混凝土框架玻璃建筑，充分考虑了残疾人的无障碍需求和通用设计的理念。荣获美国 AIA 芝加哥可持续建筑设计奖。其建筑内部无障碍流线设计考虑了使用者与访客的无障碍需求。

图 4-2-11　美国芝加哥 Access Living 建筑无障碍工作空间

该建筑员工的无障碍停车场位于地下。访客车辆上下车空间设置在楼正面及背后。来该办公建筑的访客可以搭乘芝加哥市无障碍公共汽车线路直达，也可以使用任何交通工具抵达。建筑临街面出入口设置了轮椅坡道及感应自动门。门厅前台设置了低位柜台，方便无障碍咨询及获取信息。设置各种无障碍检索设备，方便视力与听力障碍者。门厅充分考虑了无障碍休息与等候的需求，首层设置了 2 个无性别无障碍卫生间，卫生间内部方便无障碍需求者及轮椅人士的使用。电梯设计充分考虑了无障碍需求。无障碍电梯内部可以容纳担架，并可对面开门方便人员和担架出入。电梯考虑了消防疏散的安全要求。楼内办公空间为开敞式无障碍空间，可灵活分割成小型办公空间。

楼内无障碍通道宽 2 米，净高 2.5 米以上，可以满足 2 台轮椅通行的需要。主要功能用房设计采用了通用设计的理念，设有无障碍办公室、会议室等。各类家具考虑了无障碍需求和通用设计的要求。办公家具和设备考虑了无障碍标准化设计。无障碍停车空间考虑了轮椅人士的上下车需求。各类无障碍标识和信息系统齐全。该建筑设置了无障碍的绿色可上人屋面与遮阳棚，较好地满足了轮椅人士接触自然呼吸新鲜空气的需求。

图 4-2-12　美国芝加哥 Access Living 办公建筑无障碍屋面

2. 区域无障碍流线

　　建筑外部由无障碍通道和无障碍交通组成的无障碍流线也可称为区域无障碍流线。国外较为重视区域无障碍流线的建设。国外研究指出，一定面积内的区域无障碍建设离开了无障碍流线的设置，单个建筑物无论其无障碍建设水平多么高，采用的无障碍设备如何先进，由于轮椅使用者等有功能障碍的人群难以通达，都无法被有效利用，不能称之为无障碍环境。

　　发达国家不仅在标准规范中有区域无障碍通道的规定，而且采用检查无障碍流线的方式确定区域无障碍建设水平。2000 年悉尼奥运会残奥会时，奥林匹克公园无障碍检查中对无障碍通道方面设置的问题非常具体细致。从独特细致的角度审视区域无障碍流线，以下是部分问题。

　　残奥会时人们以何种方式到达奥林匹克公园场馆区域？公共交通是否无障碍？区域较大时，是否有区域内部交通服务，如有无无障碍摆渡车？是否有效衔接建筑物内无障碍交通服务？如何从交通停靠点通往建筑物？建筑物是否有无障碍通道，是否符合澳大利亚标准 1428 的规定？人流高峰时是否会产生"堵点"？如果有人流高峰时的"堵点"，是否有应急方案？是否所有通道和走道能同时通过两部轮椅（1.8 米）？如果不是，是否每隔一段距离就会有一个至少 0.8 米宽的通过点？对于宽度仅能通过一部轮椅的通道，有什么管理方案？无障碍通道是否有足够的座椅、是否连接卫生间、餐饮区和公共区？无障碍通道是否有潜在的危险或在运行中出现问题，如道路有十字路口、栅栏、机动车运行等？是否有不符合澳大利亚标准规定的无障碍坡度的通道？是否步行道和通道区的所有障碍物，如垃圾桶和电话，在其前沿的 0.3 米内的地方有明显的地面标志，让使用手杖的人能够察觉？如果不是，是否设置了危险警告可触指示牌？坡道在 1:14 坡度的坡道上是否在每 9 米处有一个水平的休息区（最好是每 6 米）？在 1:20 坡度的走道上是否在每 14 米处有一个水平的休息区（最好是每 9 米）？是否所有的坡道都有合适的坡度？（最大坡度为 1:14，最好是 1:20）坡道是否不超过 60 米长？在有坡道的地方，是否在附近为不方便上下坡道的人提供了楼梯？是否所有的坡道和走道的宽度都不小于 1.8 米，在人流量高的区域允许两部轮椅同时通过？其他人流量较低的区域的无障碍坡道宽度是否不小于 1.2 米？在没有无障碍通道的区域，使用轮椅的人和有行动障碍的人如何找到通向本区域的无障碍通道？在哪些区域需要设置指示牌，等等。

从上述悉尼残奥会区域无障碍检查提出的部分问题可以看出，无障碍流线的完善以及区域无障碍建设的水平由技术标准体现。这些方面达不到要求，其无障碍环境就不完善。这些具体细致的要求决定了无障碍通道——这条无障碍需求者生命线的畅通。对大量无障碍需求者聚集的大型活动人员生命安全和应急疏散，具有至关重要的意义。

城市区域无障碍流线的实例可以参见美国圣安东尼奥市圣安东尼奥河滨河步行街无障碍改造项目。圣安东尼奥河滨河步行街无障碍改造项目是美国得克萨斯州无障碍改造项目中的样例。圣安东尼奥市位于美国得克萨斯州中南部。圣安东尼奥是美国著名的旅游城市，人口 120 万，每年游客高达 2000 万。圣安东尼奥河流经市区。目前建成的市中心无障碍滨河步道已经成为圣安东尼奥市的名片，3 英里长的城市中心区无障碍滨河步道每年吸引了几百万游客。

图 4-2-13
美国圣安东尼奥市
无障碍街景

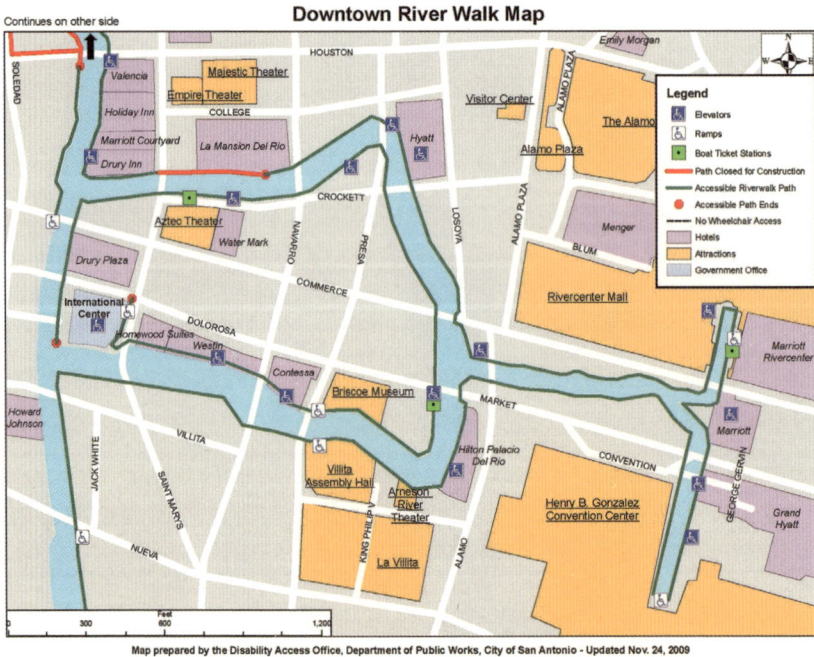

图 4-2-14　美国圣安东尼奥市滨河无障碍观光通道平面图

　　自 1980 年以来根据市议会通过的法案（圣安东尼奥市建筑法无障碍修正案 2009），圣安东尼奥市市政府历时 20 多年持续进行滨河步行街无障碍通道的改造项目，城市中心区河滨两边50多处建筑和桥梁得到了无障碍改造。无障碍通道上整修了坡道，硬化了路面，加装了电梯及扶手，新建了无障碍桥梁，改善了既有桥面的无障碍，等等。在市政府中心城运行部、公共工程部、公园部及无障碍管理办公室和无障碍咨询部门的配合下，滨河各项公共建筑底层都圆满地实现了该市规定的无障碍建设标准的要求（圣安东尼奥市无障碍设计手册2001）。也使无障碍通道最大地发挥了作用。

根据圣安东尼奥市议会批准的圣安东尼奥河总体规划，沿河流域进行了整体开发。其中城市中心区滨河无障碍步行街改造项目从1980年以来每年被列入市政府预算，20年投入费用总额达3.845亿美元。其中2000年一年市政府用于滨河步行街项目的路面无障碍建设改造和维护费用就为132万美元，步行街两边重要历史建筑和街道的无障碍改造还可以另行立项申请经费。至今每年圣安东尼奥市市政府预算仍在继续列项拨款完成后续的改造项目。市政府计划圣安东尼奥滨河步行街今后将继续加以延长。

图 4-2-15
美国圣安东尼奥市滨河
无障碍步道

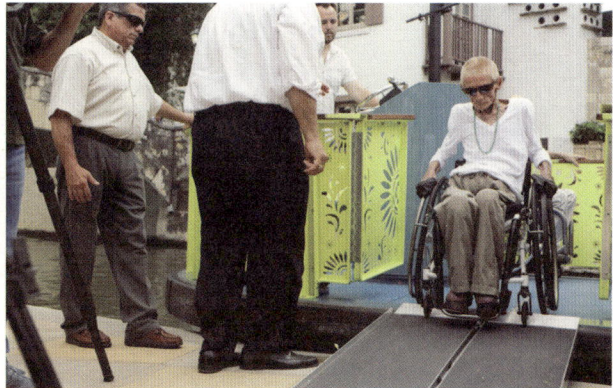

图 4-2-16
美国圣安东尼奥河
无障碍游船

2007年圣安东尼奥市市政府成立了由10人组成的圣安东尼奥河顾问委员会，强化了无障碍建设与改造项目的管理。圣安东尼奥河滨河步行街无障碍改造项目的无障碍通道设计与建设，把圣安东尼奥市沿河区域及各类建筑设施有效地连接了起来。城市食宿行游购娱的无障碍设施最大程度地发挥了作用。

　　无障碍建设实践说明，无障碍通道与无障碍流线的完整性是无障碍建设的核心要素。为了保证各客户群无障碍流线完整性，2008 年北京奥组委工程部对场馆运行设计中无障碍流线提出了图纸与文字说明的要求。

　　对于无障碍流线的图纸要求包括：总平面要分析残疾运动员等各客户群人员数量、各类车辆下车位、下车站台、停车位、安检口；道路平面坡度、超过 60 米步行距离的休息区、摆渡车（停车位、流线），及无障碍厕所位置等。平面图要分析各类人员无障碍座席（含比赛场馆 FOP 内场轮椅布置、数量）、主席台布置；无障碍流线、因不同证件人员使用不同分区时的特殊流线；无障碍卫生间、信息亭、电话及其他辅助设施；标识；媒体、运动员无障碍座席区的调整、剖面图（有多层无障碍席位楼层时）要分析坡道、电梯；各类残疾客户无障碍视线分析（如果有时）等。无障碍临时设施位置及统计表（厕所、坡道、平台、电梯、围挡）等。其中对无障碍流线分析文字说明要求：详细分析无障碍标识的形式、位置、尺寸规格等；特殊流线的无障碍保障措施；转换期无障碍设施搭建要求与说明；需要补充的无障碍设备设施；无障碍应急预案与应急保障措施（硬件设施不能满足无障碍需求和紧急情况时）等。无障碍流线定量性的建筑技术指标和要求，是确保建筑与环境无障碍连续、畅通和使用的前提。

四、无障碍设施

　　无障碍建设是通过各种无障碍设施体现的。无障碍设施保障了无障碍需求者的使用。奥运会残奥会等大型活动的无障碍保障工作加深了对各类无障碍设施的认识。

1. 无障碍设施的分类及作用

　　奥运无障碍设施从建设形式上可以分为永久、临时和运行设施。在奥运无障碍保障工作中，解析永久无障碍设施、临时无障碍设施与运行无障碍设施的区别与作用，根据需求提供不同类型建筑设施，可以高效节俭地保证无障碍建设任务按期完成，提升城市无障碍环境建设水平，有效避免无障碍设施的赛后大量闲置。

　　1996 年亚特兰大奥运会，首次较深刻地认识了无障碍临时设施与运行设施。认为奥运会残奥会无障碍设施不需要全部采用永久设施。作为大型国际赛事，奥运举办城市涌入的旅游和观看赛事活动的无障碍需求者可能是城市平时无障碍需求的几倍到几十倍。一旦赛事活动结束将回归平时需求。因此场馆的无障碍设施应尽量依靠临时设施与运行设施加以补充。训练、热身甚至比赛场馆都可以由临时帐篷或大型多功能空间解决。不能按照残奥会瞬时极大值的无障碍需求作为城市永久无障碍建设的标准和依据。例如城市无障碍公共卫生间的数量就不能按照残奥会瞬时极大值的需求作为建设永久设施的依据，可以采用大量移动式临时无性别无障碍卫生间解决，从而避免赛后的闲置。

图 4-2-17
意大利都灵冬残奥会搭建带木地板的临时设施

图 4-2-18
意大利都灵冬残奥会搭建无障碍办公临时设施

美国自 1999 年以来不断地针对各类建筑无障碍建设规则与标准组织研究，专门制订了《无障碍临时活动指南》。其中的很多原则成为以后大型活动临时无障碍设施建设的指导。在美国司法部民权局的指导下，更名为《美国残疾人临时活动场地无障碍建设指南》出版。由于该指南的重要借鉴作用，著者已全文翻译并重点节录作为本书附录供使用参考，见本书附录三。在举行冬奥会这样的大型临时活动时，更应尽可能采用临时设施替代永久无障碍设施，可以有效节约造价，赛后拆除也可以有效保护环境。《临时活动场地无障碍建设指南》解释了大型活动的无障碍临时设施的构成。这些无障碍临时设施包括：坡道、临时围栏、临时停车位、临时上下车平台、无障碍车辆、临时帐篷、临时轮椅提升机、临时广播设备、便携式助听设备、临时屏幕、备用轮椅及辅具、标识等。总之，非平时的无障碍需求均可以由临时无障碍设施提供保障。

图 4-2-19
美国残疾人临时活动无障碍
设施布置示意图

　　图中对无障碍通道、无障碍下车位、无障碍缘石坡道、临时围挡等都加以示意。

　　美国残疾人临时活动场地无障碍建设指南中无障碍临时设施设置的一般原则包括：无障碍需求者应优先获得无障碍信息和指南。无障碍需求者应以与其他人相同的方式和路径抵达现场（如私人轿车、出租车、公共交通、摆渡车等）。容易找到和使用停车场、停车场至出入口的无障碍通道。获得补充的无障碍信息和指南。按照需求在场馆无障碍活动。无障碍观看表演、出席活动、参观展览等。即使视听交流障碍者也可体验享受和参与活动。可在临时特许店选择与购买东西。无障碍需求者可使用临时公共卫生间、公用电话、饮水器、遮阳棚、医疗室和其他临时公共设施等。

　　场馆永久、临时与运行无障碍设施的定义、分类及作用见下表。

表 4-2-4　场馆无障碍设施分类

分类	定义
永久无障碍设施	永久无障碍设施与建筑物同时设计，同步施工，同期完成。其使用寿命与建筑物使用寿命相同，达到50~70年以上，如比赛场馆中的无障碍座席、无障碍卫生间等。永久无障碍设施是无障碍环境建设水平的重要标志，应满足平时的无障碍需求。
临时无障碍设施	为保障奥运会残奥会等大型活动临时搭设的、活动结束后即行拆除的建筑与构筑物，如板房和大篷、座席、卫生间、移动升降机等，是奥运会等大型活动无障碍保障的重要手段。一般应满足大型临时活动瞬时极大值的无障碍需求。
运行无障碍设施	根据无障碍需求临时增加的设备与措施，如隔离缆索、临时无障碍标识和警示标识、移动式无障碍辅具、各类挡板挡墙等，也包括各种临时管理与隔离措施。可以快速设置与撤除。运行无障碍设施可以迅速有效地建立无障碍通道与无障碍分区，大型活动中更加合理有序地使用各类无障碍设施。

永久无障碍设施是按照无障碍标准，通过新建或改造实现的一座城市、一个地区或一栋建筑物中永久性的无障碍设施。这类建筑物通常包括公共建筑、交通设施、居住建筑等。永久无障碍设施是各类公共建筑设施的组成部分，如大型公共建筑中的出入口坡道、无障碍电梯和无障碍卫生间等。按照建筑设计标准进行投资建设。永久无障碍设施所占的比例越大，城市无障碍建设越完善，大型活动筹办需要改造的工程量也越小。城市与场馆新建与改造的永久无障碍设施必须遵守国家标准，保证平时使用需求。

图 4-2-20
北京奥运会北京大学体育馆
永久无障碍坡道

图 4-2-21
日本长野冬残奥会滑冰馆永久坡道与
无障碍观众席

临时无障碍设施是奥运会残奥会比赛时为保障赛事活动需求而临时搭建的用房、看台、座席、卫生间、坡道、电梯等建筑物或设备设施。受临时建设手段的限制，如临时帐篷、可移动的无基坑电梯、可移动无障碍卫生间、场馆无障碍临时座席等，根据大型活动特殊需求确定的标准建设。一般此类设备设施在赛事活动结束后会予以拆除，占用的场地会恢复原状。比如国家体育场仅仅由于残奥会开幕式需要，就使用了 100 多座临时无障碍卫生间，200 多个临时下车平台与下车坡道，200 多个临时座椅与遮阳伞等。这些临时设施在残奥会开幕式后迅速地转移到需要补充无障碍临时设施的场馆，在残奥会闭幕式时又移回完成保障任务。

无障碍临时设施的搭建时间是关键。一般在奥运会结束后与残奥会开始前一周左右的转换期搭建。冬奥场馆场地的临时无障碍设施占了很大的比例。特别是雪上项目由于选在山地植被茂密的滑雪度假地域，临时无障碍设施比例有可能达到 80% 以上。

无障碍运行设施是由临时围挡、软隔离、无障碍标识系统等组成的赛时保障赛事活动顺利运行的技术手段与技术措施。运行设施更是赛时通过各种手段临时实现的可移动的无障碍设备设施如临时坡道、临时下车平台等，或通过软隔离物等手段实现的无障碍分区等。如运行无障碍标识、声光电导盲设备、辅助隔离绳索等。

临时设施和运行设施的区分在于，临时设施指较大的钢木结构构件，赛会期间不移动。运行无障碍设施则指人员可以快速布置与撤除的、相对简单的设施如围栏和标识系统等。临时与运行设施的特点都是赛后拆除，使场地恢复原状。

图 4-2-22
意大利都灵冬残奥会冰球馆的
临时钢结构座席

图 4-2-23
意大利都灵冬残奥会滑雪场围栏挡板等
运行设施

表 4-2-5　场馆无障碍临时设施与运行设施

序号	类型	内容	备注
1	建筑物	帐篷	售票、安检、观众服务等场馆前院无障碍设施
		板房	兴奋剂检测室等场馆后院无障碍设施
		集装箱	无性别无障碍卫生间等无障碍设施
2	构筑物	临时比赛台	举重等项目无障碍平台
		临时场地	停车、轮椅通行及设备等临时硬化坡化地面
		颁奖平台等	颁奖台、上下车等临时平台与临时坡道

序号	类型	内容	备注
4	围挡	围栏	安保、人流划分、疏散隔离等无障碍措施
		临时隔断	空间分隔的挡板或缆绳等无障碍软隔离
5	临时座席	记者席位	文字与摄影记者使用的无障碍席位
		摄像平台	架设转播设备等的无障碍平台
		临时看台座席	主席台、临时看台和座席等无障碍座席
6	建设措施	饰面	尖锐阳角包角、墙裙软包等无障碍处理
7	标识	标识	警示、引导、定位等水平与垂直无障碍标识

北京奥组委工程部编制了奥运会残奥会临时设施标准，对此类以钢木结构为主的设施加以了规范。临时设施标准、设计、建设、运行与回收利用是奥运会残奥会运行的关键问题。

据不完全统计，北京奥组委和北京市政府为残奥会比赛场馆准备了无障碍临时设施，如临时无障碍座席 1362 个、临时无障碍无性别卫生间 270 座、各比赛场馆临时补充 112 座临时移动式无障碍卫生间，临时坡道与临时上下车平台 480 套，以及临时无障碍电梯与升降平台 293 个、临时帐篷 4002 座、电动轮椅摆渡车 126 台、备用轮椅 2602 个、大型无障碍标识 3163 个。这些临时设施赛后已全部回收和利用。若按残奥会标准建设如此巨大数量的永久

图 4-2-24
意大利都灵冬残奥会冰球馆临时
无障碍座席

图 4-2-25
意大利都灵冬残奥会冰球馆无障
碍混合区

无障碍设施，赛后闲置是无法想象的。

北京奥组委通过充分发挥奥运无障碍临时设施（临时、运行设施）作用，圆满地保证了夏季残奥会瞬时无障碍的极大需求。

2.科学确定奥运无障碍设施比例

通过北京奥运会残奥会无障碍建设与赛时的无障碍运行保障，著者认为，永久、临时、运行等三类无障碍设施科学地结合运用，可以较好地解决场馆与城市的无障碍建设问题。可以有效地降低建设成本，节约建设时间。

为保障残奥会的顺利运行，北京奥组委要求各场馆在赛前进行残奥会场馆详细运行设计。详细运行设计一般包括图纸与说明。图纸包括总平面：需要标明残疾运动员等各客户群人员、各类车辆下车位、下车站台、停车位、安检口；平面坡度、超过60米步行距离的休息区、摆渡车（停车位、流线）；无障碍厕所位置等。场馆设施平面图：含各类人员无障碍座席（含FOP内场轮椅布置、数量）、主席台布置；无障碍流线、因不同证件人员使用不同分区时的特殊流线；厕所、信息亭、电话及其他辅助设施；标识；媒体、运动员座席区的调整、视线遮挡分析（若有时）；无障碍临时设施位置及统计表（厕所、坡道、平台、电梯、围挡等）等。无障碍设计说明应包括：无障碍标识位置、尺寸等要求；特殊流线保障措施；应急预案；转换期搭建要求与说明；需要补充的无障碍设备设施等。

对于在奥运会结束到残奥会举办的转换期内完成临时设施搭建任务，北京奥组委制定了残奥会临时无障碍设施搭建指导意见。指出根据奥组委确定的残奥会转换原则，在明确残奥会转换期工程项目和工程量的基础上，场馆团队负责统筹协调和落实转换期的残奥会临时无障碍设施搭建工作。

残奥会临时无障碍设施搭建的依据是根据残奥会特殊要求，对场馆竞赛场地与器材、无障碍座席与设施、形象景观与标识等进行增删改的变更设计而形成的残奥会场馆详细运行设计。场馆无障碍临时设施应符合国家有关标准规定，满足奥运会和残奥会的相关要求。无障碍临时设施不改动建筑结构。进一步明确场馆业主应提供的永久无障碍设施。能用永久设施或通过运行手段解决的非残奥会瞬时极大值的无障碍设施需求，应不采用临时设施解决。能够在奥运会前建设完成的，建议不在奥运会和残奥会的转换期搭建，尽可能减小转换期工作量，使无障碍设施提早接受使用检验并补充完善。所有搭建规模大于4平方米，搭建时间长于2小时的临时无障碍设施应进行赛前搭建演练。通过赛前演练进一步优化无障碍设施的设置与程序。制定转换期搭建作业手册以及临时无障碍设施的运输储藏要求与验收标准。硬件设施难以满足残奥会的特殊无障碍需求时，尽可能通过制订可靠的服务保障计划、应急预案和提供良好周到的人员服务等运行措施实现。

通过我国历次重大赛事活动无障碍建设与保障的实践，著者认为夏季残奥会比赛场馆的永久无障碍设施、临时无障碍设施与运行无障碍设施三类无障碍设施的建设比例宜为4∶4∶2。在某些特殊的场馆中，比如轮椅比赛项目的场馆、冬残奥会比赛场馆场地等，三类无障碍设施的比例可以提高到2∶6∶2。根据对这些基本比例的分析研判，可以科学制定场馆无障碍设施建设方案，赛后迅速恢复城市原貌，有效杜绝各类建筑的闲置。同样，如果城市无障碍建设的基础比较好，可以大大降低比赛场馆无障碍改造的难度。永久无障碍设施的比例还有可能进一步提高。但是残奥会瞬时极大值的无障碍需求是临时的，靠场馆永久设施解决不经济，平时没有那么巨大的无障碍需求，容易造成赛后大量的闲置与浪费。冬奥雪上项目临时设施的拆除更容易恢复对环境的影响。通过北京奥运无障碍保障实践，科学建设三类无障碍设施，组成完善的运行保障体系，可以有效地应对奥运会残奥会赛时无障碍需求的瞬时极大值问题。这些经验在广州亚运会、杭州第八届与成都第九届全国残疾人运动会期间，场馆与城市无障碍建设在运行保障实践中也得到了验证。

无障碍设施出入口及门、无障碍通道（流线）、垂直交通、主要功能用房、服务用房、标识等六类设计要素见下表。

表4-2-6　无障碍设计要素

类别	用途	设计要素
出入口及门	管理、通行	宽度、启闭形式、通行安全、应急疏散
无障碍通道	通行	位置、宽度高度、照度、通行安全、便捷、通达、应急疏散
垂直交通	电梯、楼梯	位置、宽度高度、照度、通行安全、应急疏散
主要功能用房	用途如比赛场地、办公等	位置、宽度高度、照度、使用功能、使用安全
服务设施	卫生间等	位置、门宽度、照度、使用安全方便
标识	定位、导向	位置、尺度、照度、对比度、信息获取、定位、提示、警示

3. 城市无障碍设施建设

城市无障碍设施分类与功能和人的无障碍需求以及信息安全和服务需求紧密相关。包含永久无障碍设施的城市建筑分类可以参见下表。

表 4-2-7 城市建筑无障碍设施建设分类表

建筑种类	主要功能类别
居住建筑	住宅、公寓、宿舍、别墅
办公建筑	党政机关、市民中心、工商、税务、公安、司法、检察、街道办公室、社区服务中心
医疗建筑	医院、门诊部、急救中心、疗养院
商业建筑	商店、商场、购物中心、超市、零售商亭
金融建筑	银行、储蓄所、金融服务网点、自动取款机
电信建筑	邮电局、广播电视台、电信机构及网点
物流建筑	物流快递营业厅、物流包裹取送点
观览建筑	电影院、剧院、博物馆、纪念馆、展览馆、娱乐中心、体验中心
旅馆建筑	旅馆、宾馆、招待所、休闲度假村、民宿
文教建筑	学校、图书馆、文化宫、天文台
交通建筑	航站、客运码头、铁路客运站、公共汽车站、轨道交通站、公共停车场与车库、加油站、充电站、高速公路服务区
体育建筑	体育馆、体育场、健身中心、游泳池、冰雪运动场馆场地
园林建筑	公园、动物园、植物园、亭台楼榭、游乐园、河湖湿地
托教建筑	托儿所，幼儿园
特殊建筑	福利院、特殊教育学校、托养中心、康复中心、福利企业、儿童老年服务设施
工业建筑	劳动密集型工业厂房
服务设施	公共卫生间、公共电话亭、公共饮水台、休息亭
区域	城市广场、城市绿地、居住小区、景区、大型集会活动区域等

城市奥运无障碍设施建设主要集中在食宿行游购娱六大方面和城市主要景点、街道的窗口工程上。

满足城市平时需求的无障碍设施一般为永久设施。城市无障碍设施应纳入城市基础设施建设计划，由城市人民政府负责，做好建设与改造、维护与管理工作。衡量无障碍建设的成效主要通过各种建筑设施服务功能以及城市环境的无障碍整体性、完善性和有效性体现。

奥运会冬奥会等大型活动，根据城市地区的食宿行游购娱六大类平时与瞬时的无障碍需求建设永久无障碍设施，并以临时无障碍设施补充，有效保障城市无障碍服务功能的实现。场馆无障碍建设由奥运会冬奥会组委会负责组织实施。

五、无障碍设备

无障碍设备可以有效弥补或延伸建筑无障碍功能，增强建筑无障碍安全，方便建筑无障碍使用。无障碍设备一般指建筑物内与建筑共同使用的，能预防、代偿、监护、减轻或降低人员损伤、活动受限和参与限制的产品设备（包括器具、工具与技术软件）；可以是特别生产的或者是通用的产品设备。对于奥运会残奥会等大型活动，特指安全抓杆扶手等。

无障碍设备按与建筑是否固定连接区分，一类是嵌入或连接建筑物的固定式设备，一类是可与建筑物分离的移动式设备。固定式无障碍设备主要包括低位服务设施、升降设备、安全抓杆扶手、固定式浴凳等。移动式无障碍设备如移动式升降设备、便携式坐便器、移动式浴凳等，可以设置在建筑物内需要处使用。另有一类特殊的移动式无障碍设备，如窄轮椅等，可以在相对狭窄的空间内使用，例如飞机机舱、船舱和某些建筑的特殊部位等。也包括智能设备和软件。这些无障碍设备应实现残疾人自己控制或遥控，延伸了建筑物的使用功能。移动设备常见的有轮椅、悬吊式移动设备等。家务设备常见的有遥控晾衣架、遥控橱柜、遥控床、遥控门窗等。沟通和信息设备常见的有电子助视器、眼控沟通辅具、计算机文字语音转换器等。一些设备与残疾人辅具的范畴有重合。本书所指的无障碍设备，不包括康复或治疗辅具及普通残疾人辅具。对于无障碍设备的技术要求，既有空间尺寸方面的，也有产品性能方面的。

2008 年北京奥运会前开展的残疾人家庭与公共建筑无障碍改造，比较普遍的是蹲便器改坐便器和加装安全抓杆扶手和浴凳。改造工作中发现无障碍设备方面的问题较多，例如安装的安全抓杆扶手和固定式可上翻浴凳，因为锚固螺栓安装方法或安装部位的问题，造成使用中的损坏，产生了残疾人的二次伤害。因为安装位置有问题，或者设计尺寸有问题，而影响了设备的正常使用。由于家庭无障碍改造中每户残疾人家庭的费用不高，安全构件与设备又比较便宜，因此无障碍设备产生的问题有增加的趋势。

通过对无障碍设备构件、建筑材料、装修要求、建设与验收确认程序的研究，抓杆扶手是家庭无障碍设施中的重要的安全设备。抓杆扶手的功能是在卫生间、浴室内协助行动不便者安全平移和起立作用的设施，分为上翻扶手、一字形扶手和L形扶手。材料截面一般为圆形，直径一般为3~4厘米。要根据残疾人的使用要求，入户测量确定具体尺寸。产品材料主要有不锈钢（铝合金）和尼龙钢芯两大类。根据使用功能分为固定式和活动式两大类。扶手具备抓杆的功能，同时可以在走廊、楼梯间中、阳台窗及落地窗前、室外坡道处等设置，连续不断地安装，起到协助行动不便者和保护其行动安全的作用。材料截面一般为圆形，走廊安全扶手截面也可为矩形。产品材料也主要是不锈钢（铝合金）和尼龙钢芯两大类。固定式可上翻浴凳是残疾人家庭改造中针对其浴室面积较小而采用的方便残疾人坐浴的安全设备。由于既有建筑隔墙的结构强度千差万别，也由于固定式可上翻浴凳产品设计方面的缺陷，建议家庭无障碍改造中不采用此类产品，而采用经过招标采购的活动式浴凳。

图 4-2-26
家庭浴室内无障碍
安全抓杆与浴凳

图 4-2-27
公共卫生间内无障碍安全抓杆

抓杆扶手以及活动式浴凳等是特殊的无障碍安全设备构件，应专业化生产，有严格的质量保证体系和产品售后保险保修制度，应招标确定安装及承保单位。无障碍设备使用要求应该安全坚固耐久，可以承受一个成年人突然坐下或起立产生的冲击力。无障碍设备应不变形、防锈蚀、防菌。考虑到安全和耐久性的要求，这几类设备产品除装饰材料外，承重结构不得使用木质材料。选材应以人员使用安全、方便、舒适为原则。抓杆扶手浴凳等无障碍设备的性能、质量等方面的要求主要有：符合国家无障碍标准，通过ISO9001国际质量认证，确保产品质量和残疾人使用安全。设备产品应手感舒适，色彩醒目，坚实牢固。外形应美观大方，规格多样，使设备产品与周围环境和谐统一。应采用高新技术工艺，在表面材料中融入抗菌剂。设备产品应阻燃性好。符合国家环保、安全、防火、防腐蚀、防水等方面的要求，性能稳定、变形小、外观及柔韧性好。应无毒无强烈气味。应尽可能采用防滑、防尘、防潮、防蛀、耐脏、易清理、无尖锐阳角、无强反光、无强眩光等的表面软性材质。应能无污染施工，无污染使用。零配件和设施设备整体实行规定期限的免费保修。做到高温高湿高寒条件下不变形不开裂不锈蚀。室内卫生间潮湿等环境使用期应达40年。设备产品阻燃性好，树脂材料达到难燃B1级。

建筑无障碍设备在种类、标准、材质要求、安装方法、验收程序等方面有大量待开发领域。结合2022冬奥需求，我国在这方面研究应用前景十分广阔。

六、无障碍信息

信息无障碍一般指人员可以平等、高效、方便、无障碍地获取和使用信息。信息是人类通过眼耳鼻身等感官的视觉、听觉、嗅觉、触觉等获得的外部情况，用以识别所使用的建筑和环境的形式。建筑信息无障碍一般指可以通过视觉、听觉、嗅觉、触觉等在建筑物内高效、方便、无障碍地获知情况，达到顺利使用建筑物的目的。

信息无障碍是一个崭新的领域，涉及众多信息技术。除过去经常提到的无障碍网站、电子信息平台、体育场馆无障碍信息发布、远程手语服务、无障碍广播电视和其他各类公共信息服务设备如电子屏幕放大器等，电子信息技术及网络的信息无障碍技术外，本书所指的建筑信息无障碍是为了满足与建筑相关的信息无障碍需求的技术。建筑信息无障碍技术是建筑技术中最年轻、发展最快的技术，也是建筑技术中科技含量较高的一类技术。建筑信息无障碍技术与建筑智能化有相当密切的关系，包括了建筑设施设备智能化管理使用的楼宇自动化，消防和安全使用的应急自动化，信息交互的通信自动化以及建筑办公自动化、智能化等。

与建筑相关的信息无障碍需求，主要是人对建筑物的使用无障碍，可以最大程度地发挥建筑物的功能。包括人的身体和习惯差异障碍、人的感官感知障碍、人的认知障碍、人的沟通障碍以及混合障碍等五类人对建筑无障碍的需求。这五类信息障碍其实健全人也或多或少地存在，过去在使用建筑时未能引起人们的注意。现在建筑物的功能越来越完善，智能化程度越来越高，建筑信息无障碍技术也越来越发展。不同形式的信息交流障碍可以通过语音识别技术、生物识别技术、语音合成技术、语音放大技术、屏幕阅读技术、OCR 识别技术、感应耦合技术等技术手段和设备终端与设施，完善建筑物的信息无障碍。

目前建筑技术的发展要求重点开发建筑物无障碍门与通道的语音识别、生物识别、语音合成等智能化控制无障碍通行系统，开发建筑物应急无障碍服务的屏幕阅读、声光电感应交互反馈的无障碍应急疏散系统，以及具有防火防烟自动门与隔离墙功能的智能化建筑应急控制系统。在语音控制功能、免提功能、声音转译功能、语音转换功能、视觉听觉显示辅助功能、盲文显示功能、字幕功能、符号图形界面功能、操作提示与反馈功能、多文字语言支持功能、左右手操作转换功能等基础上，重点开发建筑信息无障碍相关的技术、产品与服务。

整栋建筑可作为管理单元，采用建筑无障碍通道管理系统，通过对人员身份的判定、远距离识别和无障碍快速通过，以及乘坐轮椅人士的无障碍通行等。该系统可由系统工作站、门及通道管理软件、无障碍通道机及门启闭器、磁卡读写器、通信转接器、智能卡、视频监控头等组成。并可以研发与手机互联的身份识别的产品与技术。该系统如果结合防火防烟系统设置，可以大大提高建筑安全性能和安全疏散能力。

美国在信息无障碍方面起步早，信息无障碍立法相对全面。美国 1999 年生效的《美国电信法》第 255 条要求，所有电信设备、CPE（客户机设备）和软件应直接向残疾人提供可以实现的无障碍。不容易实现之处，设备和软件必须与现有的无障碍设备兼容。第 255 条规定了无障碍的详细要求。兼容性要求集中在标准连接器和 TTY 兼容的需要。第 255 条将"无障碍"定义为对产品访问和对产品信息的无障碍，这些信息在功能上等同于向健全人所提供的信息。对于全盲或视觉或色觉能力有限的人、对于耳聋或听力不好和聋哑人、对于灵巧性力量或接触能力有限的人、对于认知能力有限的人，这些设备的输入和输出必须在没有时间限制的情况下使用。

1998 年的美国《康复法》第 508 条修正案是美国最广泛最立竿见影的信息无障碍法律修正案。它要求美国所有的联邦机构都应使信息技术对其残疾雇员和使用者无障碍。从 2001 年 6 月开始，美国联邦机构购买的全部新 IT 设备和服务都必须是无障碍的。这条规则适用于联邦机构使用的所有电子设备（不仅仅是工作站）。使用者应能无障碍地访问向公众提供的信息。该法规定，如果美国联邦政府机构没有提供对健全人发布的信息和数据的无障碍同等访问权，联邦雇员和公众有权提起诉讼。第 508 条修正案也适用于美国联邦政府网站。根据 1998 年《辅助技术法案》，接受美国联邦经费的所有州立机构也必须遵守第 508 条修正案的规定。通过公众对美国联邦政府的压力和美国联邦经费补助金对各地的约束，美国各州政府通过立法规定信息技术的无障碍要求。阿肯色、加利福尼亚、马里兰、纽约、得克萨斯和弗吉尼亚等州相继制定了相关法规，要求这些州机构的采购投标须包括有关无障碍的声明以符合审查条件。美国各州陆续制定了类似于第 508 条修正案的无障碍规定。美国联邦政府对大学、公立学校和其他美国联邦资助接受者也提出了同样的要求。这些立法有效促进了建筑信息无障碍的发展。澳大利亚也开发了无障碍在线服务地图，可以结合手机等应用。实时确定使用者方位及所需要的无障碍卫生间、停车位等，并提供语音和文字导航，方便移动障碍、视力障碍和听力障碍者使用。目前已经在几个大城市试用。

2022 冬残奥会的筹办推动了智能化无障碍信息设备的发展。无障碍监控、定位、智能导航、应急通信、信息发布、信息咨询等得到快速发展。场馆场地手机应用 APP 已经成为标配。五大客户群通过无障碍信息实现了比赛场景更加真实、更加激动人心的现场体验。

我国北京、天津等城市也已结合残疾人无障碍需求，开发出无障碍在线服务地图。

图 4-2-28
澳大利亚某市无障碍设施在线服务地图

图 4-2-29
澳大利亚某市无障碍设施在线服务地图局部

七、无障碍标识

　　无障碍标识在无障碍环境中具有标示符号和标志物识别的特殊作用。一是在无障碍建筑与无障碍环境的各种设施、设备和软件、硬件之间起无缝衔接的作用。二是对有需要的人在特定位置起导向和提示警示的作用。标识可以综合解决信息传递、识别、辨别和形象传递等功能。因此在建筑环境中，标识系统等同于空间导向系统和建筑识别系统的组合。

　　在奥运无障碍保障中，无障碍标识起到特殊重要的作用，可以弥补无障碍设施建设的不足。国际残奥委会技术手册中对无障碍标识的重要性总结为：没有无障碍标识的环境不是无障碍环境。残疾运动员也认为，沿着无障碍标识与无障碍通道，可以放心地找到所需要到达的地方，无障碍标识形成了完整的无障碍环境。残奥会经验说明，可以这样理解，场馆周边没有无障碍标识之处，应认为是有障碍的。

　　无障碍标识从表现形式上分为以文字、图形、声音、图像、光电等方式，通过木材、金属、塑料、橡胶、纺织品、纸品、液晶显示屏等媒介实现表达目的。现代标识已经发展到由多种表现方式通过多种媒介组合来实现表达目的。无障碍标识是无障碍建筑与无障碍环境不可或缺的组成部分。是方便使用者、以人为本理念的体现。有需要的人按照无障碍标识行进可以无障碍地通行，可以无障碍地抵达目的地。没有设置无障碍标识的建筑与环境，功能障碍者可以认为不具备无障碍条件。具有某种功能障碍的人在没有设置无障碍标识之处要高度警惕。

标识按照使用场所可以分为环境标识与室内标识。无障碍标识可以用于比赛场馆、机场、车站、码头、商场、医院、银行、邮局、学校、公园、各类场馆等建筑，也可用于运输工具和其他服务设施及公共信息导向系统中的位置标志、导向标志、平面示意图、信息板、街区导向图等。近年来，各国研发了在一定区域内供视力障碍、行走障碍、听力障碍等多种有特殊使用功能需求人群的公共信息图形符号与导航定位的智能化电子系统。

无障碍设施标识设置时应注意使用者的需求。设立无障碍设施标识是为了使残疾运动员和观众在场馆内外正常参加比赛和观看比赛。既要考虑残疾人，也要考虑健全人。要让残疾运动员和观众在无障碍设施标识指引下安全地使用场馆。无障碍标识的设置位置一是在无障碍流线的沿线所有行进方向、地面坡度发生改变处，以及无障碍通道宽度和高度发生改变处的警示或提示标识。二是在无障碍功能区和重要设施设备处设置定位和导向标识。

无障碍设施标识应该醒目地放置以方便无障碍需求者使用。无障碍标识设置同时应注意整体和协调性。遵循"整体、协调、配合"的原则，这种整体上的配合协调不仅适用于标识和使用环境之间，也适用于奥运会标识系统与残奥会标识系统间配合协调。无障碍标识设置时还应注意独立性。场馆内部标识系统应尽可能排除来自周围环境的干扰。避免各类标识间的相互干扰，充分发挥各自功能。

无障碍设施标识的功能主要分为两类，一类是引导标识，一类是定位标识。按照使用功能又分为通用标识，如国际通用的无障碍标识和专用标识，如应急无障碍标识，可以引导无障碍需求者从场馆与公共建筑中迅速安全地撤离。设置定位标识时需要注意：标识实体性、标识规模、标识内容；人与车辆等在静止与运动中观看的效果；使用环境、耐久性、制作时间；标识作为更大环境整体的一部分；标识大小以人、车辆和户外规模为准；标识是帮助确定周围环境比例的主要有效视觉传达工具；标识充当次要的景观要素等。应采用吸引人的、意蕴丰富的颜色；使用易读的印刷版式；尽可能用符号代替文字。使用反差和组合来突出显示主要信息；限制每个标识的信息量。设置导向标识时需要注意：以适当比例在沿线各段提供信息；在沿线主要关键点要提供信息。

图 4-2-30
无障碍停车位地面与
垂直定位标识

场馆无障碍标识设置内容一般包括：通道出入口信息如各区域至各主要通道、出入口和功能区的路线导向文字图形标识或动画屏幕标识等。场馆分区信息如显示有关场馆整体空间布局和功能分区位置分布的图片 / 视频动画等。注意事项如显示入场退场和赛时的相关注意事项等。活动信息如显示场馆活动信息和交通信息。欢迎信息如观众及贵宾入场时显示相关欢迎文字等。应急疏散信息如显示紧急疏散路线及注意事项等。多语言服务如提供中英文等语言版本信息，根据语种在版式、内容与表述方式方面进行调整，不同语言按照一定时间间隔切换等。

图 4-2-31
美国圣安东尼奥市无障碍
停车位垂直标识

无障碍设施标识的安装应注意安全、牢固、美观、有效。各种方式设置的标识应该牢固地固定在依托物上，不能产生倾斜、卷翘、摆动等现象。室外设置应充分考虑风力的作用。无障碍标识设置上需要注意照明、字体大小与色彩对比度。指路牌如公共电话等导向牌，应有相应的无障碍标识。提供指示牌处安装位置应一致，避免在阴影地区或者反光区安装。标识表面应无反光、图案统一。在同一个设施内传递同一种信息。形状、色彩、安装位置应一致。与背景有色彩反差等。

美国对临时活动的标识方面要求包括：应连续设置清晰易于阅读的图像标识，帮助游客了解活动或展览，找到活动现场的通道和路线。应评估永久性的建筑物和活动现场的标识是否足够，并在可能时由设施业主根据以下的美国残疾人法相关标准升级。需要引导标识将公众引导到可到达的停车位、乘客下车点和中转站以及可到达的入口和大门的位置。应包括无障碍国际符号，使用易于阅读的字体，足够大，可以从远处识别。房间和空间的永久标识：采用触觉字符和盲文。采用大写无衬线体文字或简单衬线体文字，1.58厘米到 5 厘米高，凸起 0.07 厘米。采用高对比度、无反光表面。设置在墙上距地面 1.2 米至 11.5 米。允许参观者接近阅读和触摸标识。定位信息标识和引导标识：简单设计——没有扩展或压缩。高对比度、无反光表面。字符大小应根据观看距离设置（当人不能靠近识别时，应设置上部更大的标识或符号）。

临时标识：如果现有的房间标识难以阅读或太小，应尽可能加上临时标识。虽然临时标识不一定满足无障碍标准，但它们应该符合上述标识的要求。标识应采用标准或常用词汇。主题导向的标识（如采用国王和皇后的图形符号表示男女洗手间）可能不被许多认知障碍的人所理解。视力低下的人不能够阅读高度装饰性的、表面光滑的或色彩暗淡的标识。

在有部分路线是无障碍的情况下，应在无障碍通道、无障碍停车位、无障碍乘客上下车区、无障碍出入口和无障碍卫生间等设施处设置国际通用的无障碍标识。无障碍通道与无障碍标识应尽可能形成闭合回路系统。在文本电话和音量控制电话上显示适当的标志符号。对听力障碍者在集会区采用助听设备时设置无障碍标识。采用打印的而不是手写草书字体的标识。可以购买符合无障碍标准的印制标识。注意：盲文刻印机可用来增加部分标识的盲文字符。但盲人中只有很少一部分人读盲文。盲文符号对重复使用建筑物的单独用户最有用，他们往往使用盲文符号来确定自己在建筑物或空间中的位置。这些要求对于设置简明清晰的定位标识与引导标识具有参考价值。

2022 冬奥会冬残奥会的无障碍标识设计具有不同的特点。一是场馆场地光照度高。二是场地面积区域大，地形复杂。三是声光电标识环境对比弱，不易发现等。根据上述特点，冬奥会冬残奥会的无障碍标识应进行专门设计。

八、无障碍安全

我国举办 2008 年奥运会残奥会时，已经考虑场馆设施内大量残疾运动员和有无障碍需求的观众聚集带来的巨大安全风险。重度失能人员的应急疏散问题也是城市平时使用的各类建筑经常面临的问题。北京奥运会开幕前，场馆设施已全部建设完成，不可能再对建筑结构进行大规模的无障碍改造，因此重点从无障碍应急管理与应急疏散的角度采取了措施。

场馆设施作为一类重要建筑，其安全性由于奥运会残奥会的特殊性质而重新受到了检验。以往的比赛项目，无论运动员、观众、贵宾、媒体记者还是工作人员都没有大量的残疾人。而奥运会残奥会改变了场馆使用者的情况，使大量无障碍需求者走入了场馆，场馆设施的安全必须重新审视。

残奥会时场馆设施的无障碍使用安全主要从以下几方面加以考虑。建筑赛时运行的平面布置要有利于安全使用和安全疏散。尽量使大量残疾观众使用的空间设置在地面层。设置在地面层以上时，人员必须能够通过无障碍的水平通道或坡道疏散到室外，不需要借助机械力以防停电。

由于比赛场馆通常建筑视线设计要求，观众席和贵宾席一般设置在二层以上。而当时场馆二层以上既无法设置大量观众无障碍座席，也没有供紧急疏散使用的无障碍坡道。为应对残奥会各场馆二层以上几十名甚至上百名残疾观众的应急疏散问题，北京奥组委工程部无障碍设施处进行了现场调研并提出了解决方案。从建筑无障碍安全来看，当时主要有以下几种解决残疾观众（主要是轮椅使用者与盲人）应急疏散的方式。将残疾观众全部安排在地面层比赛场地的周边，并提前安排好应急疏散的无障碍通道的方式。场馆二层有敞开式的阳台或平台时，将其设置成安全疏散待避空间，并设置安全疏散通道的方式。场馆二层没有敞开式的阳台或平台时，设置应急疏散通道，搭建临时应急疏散坡道的方式。当然这些都是在符合消防疏散时间等要求的前提下采取的临时性措施，并且需要进行改造费用分析，以确定合理的解决方案。

除了采用设置快速安全疏散通道坡道，设置安全疏散待避区，不将残疾观众设置在二层以上外，采用无障碍应急服务和管理措施弥补硬件上的不足与疏漏。准备好应急疏散计划也是行之有效的方法。

奥组委要求各个场馆根据每个场馆与每项大型活动的具体情况，专门制订了无障碍应急预案与无障碍设施应急计划，并且在奥运会残奥会前的测试赛进行了验证和完善。在北京奥运会残奥会期间，著者编制了无障碍应急预案模板，经审核批准，下发各场馆团队作为编制应急预案的参考。

无障碍设施应急预案又称无障碍应急计划，是奥运会和残奥会期间针对在有残疾人活动的场馆设施中可能发生的与残疾人有关的紧急事件或灾害，为保证迅速有效地开展应急行动，尽可能地降低影响、损失和破坏，在风险预判、后果与应急能力分析的基础上，各场馆设施预先制订了计划或方案。包括无障碍应急准备、无障碍应急搭建、紧急医疗救护及应急疏散、现场恢复和培训等方面的具体安排。

奥运会残奥会场馆应根据具体情况制定切实有效的无障碍应急预案。应急预案的编制原则是根据相关法规、场馆、设施具体情况确定应急防护重点、手段；坚持实用高效的方针和统一指挥、谁主办谁牵头，谁承办谁落实的原则。

场馆应急规划包括：危险与资源分析（可能发生的事故源、灾害、紧急情况等的规模、特点）；应急资源（人员、设备、设施、物资、经费保障）规划等；迅速判明紧急情况及后果；掌握场馆、设施内即时残疾人数量和类型（针对特定场馆设施和监控及情况收集反馈系统，明确重点部位的无障碍通行能力）；建立信息采集汇报分析通告制度等；法律法规要求；应急各方职责等。场馆应急准备的硬件方面包括：重点部位应急临时设施、应急搭建的设计检查与维护；应急设备、急救物资材料的储备；灯光音响等警报标识系统的完善等；软件方面：机构与组织指挥体系的建立；应急搭建及应急疏散行动的指挥与协调；应急人员培训；预案演习；公众教育；互助协议等。

场馆应急响应包括：接警与通知；指挥与控制；警报和紧急公告；引导标识系统的启用；应急通信；应急事态监测与评估；警戒与治安；应急队伍组建、响应与出警；应急疏散；急救；消防和抢险等。现场恢复（事故调查）包括：临时设施、应急搭建的拆除等。应急预案的管理包括：应急教育；培训；演习；预案的管理等。应急预案附件包括：无障碍设施设备位置示意图，疏散示意图，组织指挥体系图，应急联系电话等。

由于北京市政府和北京奥组委领导的高度重视，北京奥组委无障碍设施工作组作为一个单独的方面参加了奥运会残奥会的赛时应急值班。工程部无障碍团队派人参加了北京市奥运应急指挥部的奥运会残奥会开闭幕式期间 24 小时的全天候值班。无障碍应急抢修队伍与水、电、燃气、热力、市政等北京市应急抢修队伍同时待命，在奥运会残奥会期间随时处理相关突发情况，每天向总指挥部报告情况，保障了奥运场馆与城市的安全运行。

冬残奥会的安全与应急防护形势更加严峻。冰雪项目速度快冲力大，人员易受伤。而雪地雪场地形复杂，坡陡路滑。比赛区、观赛区、休息区、采访区等联系路况复杂，交通工具多样。五大客户群均面临较大安全隐患，应急响应较为困难，更需要加强安全与防护。

国外对于建筑物中残疾人安全问题极为重视，发达国家的无障碍建设标准中对无障碍安全和应急都有明确的规定。英国从 1988 年开始就在建筑设计和施工防火标准中专门编制了残疾人疏散规则部分，以后英国防火标准多次修订，到 2008 年的全新替代标准：英国建筑设计、管理和使用防火安全标准，都始终包括这方面的内容。标准中对于残疾人沿水平方向和垂直方向的应急疏散，提出了具体的要求。英国无障碍管理指南中指出：若一个人在应急事件时必须被消防部门从建筑物中救出，则该建筑设计就是有问题的。人们不应该把危险转移给消防部门。建筑应设计成方便人员应急疏散，应该包括残疾人和所有人。无障碍应是实际存在的而不是纸面规定的。如果建筑被错误使用，建筑师没有责任。但如果没有遵守预先需求导致设计错误或没有向使用和管理人员提供足够的信息，那么设计单位和建设单位则应承担责任。目前，国外也主要从既有建筑无障碍应急疏散的角度对建筑安全使用加以研究和编制标准。

在场馆与城市建设中，应增加无障碍安全的内容，使大量无障碍需求者平时可以安全使用这些建筑设施。目前中国肢残人协会和清华大学无障碍发展研究院组织编制的团体标准《多层工业建筑无障碍指南》已经颁布执行，其中首次规定二层以上的多层工业建筑应设置直达室外的无障碍疏散坡道等条文，大大提升了大量无障碍需求者使用建筑物的安全，可供国内相关建筑设计参考。

上述无障碍需求、无障碍标准、无障碍流线、无障碍建筑、无障碍设备、无障碍信息、无障碍标识、无障碍安全等无障碍建设八要素规律的归纳来源于国内外奥运会残奥会成功举办的实践。对八要素的认识通过我国大型赛事活动实践达到了新的高度，通过北京奥运会后的研究与应用日臻成熟。

在面临无障碍建设与改造工作时，应首先进行这八个要素的分析。注意八个要素的应用条件，运用八个要素圆满完成无障碍保障。实现在认真无障碍需求分析基础上科学合理的响应；严格执行的无障碍标准；完善通达的无障碍流线；细致全面的无障碍设施；清晰系统的无障碍标识；智能化完备的无障碍信息；适用便捷的无障碍设备；周到安全的无障碍服务等，创造圆满完成无障碍建设与改造任务的条件。

　　以无障碍通道和无障碍流线要素定量化指标研究为例，分析无障碍通道和无障碍流线要素的设置原则、相关的定性原则与定量化指标以及限制的边界条件，列于下表，以推动对无障碍建设与改造八个要素的研究。

表 4-2-8　无障碍通道和无障碍流线量化指标研究样例

要素样例	设置原则与量化指标
无障碍通道	无障碍通道为水平、连续，平整防滑和地面不反光的、符合 GB50763-2012 要求的人行道路。无障碍通道宽度不应小于 1.5 米。净空高度一般为 2.5 米以上。无障碍通道上不应有任何沟坎及影响通行的凹凸物。室内无障碍通道一侧宜设置扶手。室内无障碍通道宽度大于 2m 时，宜双侧设置扶手。无障碍通道应形成闭合环路。在建筑内部应连接建筑所有出入口、功能区和服务区的水平通道和垂直交通等。在建筑物外部应连接建筑物与公共交通的停车设施和上下客区、公共服务设施以及城市道路的无障碍人行道。应有无障碍标识与信息引导系统。 　　无障碍通道纵向坡度长高比应不超过 1∶20（5%）；横向坡度长高比不超过 1∶50（2%）；并且在坡度长高比需要超过 1∶20（5%）的地方，应当符合坡度 1∶12（8.33%）至 1∶20（5%）的要求；两个平面之间坡度为 1∶12（8.33%）至 1∶20（5%）的距离不应超过 0.9 米；坡道的顶部和底部有长度为 5 厘米，误差不超过正负 1 厘米；上升高度超过 1.5 米的地方应加装扶手。如有路缘坡度则坡度应在 1∶15 至 1∶10 之间；而且紧临坡道的路面反向坡度不能大于 1∶20（5%）。无障碍通道宽度一般不小于 1.5 米，应可供两台轮椅相向通行或使用助行器装置的人员顺利通行。小于 1.5 米净宽的，应每一定间距如 10 米左右，需设置一段供两台轮椅相对通行的通道。无障碍通道净空高度一般为 2 米以上。无障碍通道上不应有任何沟坎及影响通行的凹凸物，2 米以内的空中也不能有任何凸起或悬挂物。无障碍通道上的门应为自动开启或容易用手动开启的平开门，门宽度及开启形式与方向不应影响双股人流的通行速度。门净宽度应不小于 0.9 米。较长的无障碍通道两侧宜设置人员安全扶、靠、坐的设施。应有完善明显的标识提示。应有适宜的照度与自然通风。 　　室内无障碍通道每 50 米间距宜设置无障碍休息区，可结合休息室和连廊空间等设置休息区，休息区应设置座椅。室外无障碍通道一般每 300 米间距设置无障碍休息区。
无障碍流线	无障碍流线由无障碍通道和无障碍交通组成的，包括使用无障碍代步工具和交通工具，可以无障碍地连接区域的主要设施，连接出入口、停车场、公共卫生间等服务设施的路线。无障碍流线应形成闭合环路。在建筑内部应连接建筑所有出入口、功能区和服务区的水平和垂直交通等。在建筑物外部应使建筑物与公共交通的停车设施和上下客区、公共服务设施以及城市道路的无障碍人行道相连接。应水平、连续、平整、防滑、地面无反光、有无障碍标识与信息引导系统。较大规模区域应提供人工和智能化无障碍导航服务。 　　无障碍通道宽度一般不小于 3 米。每隔一定间距如 1000 米左右，设置供两台大型车辆交会通过的加宽路段。无障碍流线净空高度一般为 3 米以上。无障碍流线上不应有任何沟坎及影响通行的凹凸物，3 米以内的空中也不能有任何凸起或悬挂物。无障碍交通工具要求配备如安全抓杆、安全带、应急呼叫按钮等安全措施。门净宽度应不小于 0.9 米。 　　室外沿无障碍流线每 300 米间距宜设置无障碍休息区。每 600 米间距宜设置无障碍卫生间、饮水器、公用电话等公共服务的设备设施。无障碍信息、人工和智能化服务应满足即时性、便利和安全要求。

通过无障碍建设八个要素的归纳，以及对无障碍流线和无障碍通道量化指标的样例分析，可以发现我国目前缺乏通过实践验证的无障碍定量化标准。我国对无障碍建设规律的认识还有待大力提升，有待继续深入研究。著者认为八个要素的定量化研究与科学运用是无障碍建设与未来发展的关键问题。

第三节 无障碍建设标准

一、无障碍理念与标准的发展

奥运会残奥会等大型赛事活动筹办有力地推动了无障碍理念与标准的发展。无障碍标准的制定受到历史发展条件的限制，受到制定标准人员的理念限制。我国的无障碍标准集中在建设领域。建筑技术人员的理念不可避免地受到落后的理念影响。

不同时代和不同发展阶段对无障碍有不同的认识。谈无障碍必然涉及无障碍需求者，必然要涉及残疾和残疾人。现代社会逐步形成了对残疾、残疾人和无障碍的新认识。现代社会人们从新的视角去认识和理解障碍和无障碍。生活实践说明，每个人都需要无障碍，无非是时间、地点和环境的不同。尽管中国和大多数国家现阶段还主要靠残疾人和老年人面临的障碍以及残疾人和老年人对无障碍的需求去界定无障碍建设与改造任务，去制定无障碍建设的标准。但随着社会物质文明与精神文明的发展进步，一定会从全民无障碍需求的角度去制定无障碍建设的标准。

国际残奥委会为 2022 年北京冬奥会制定的《无障碍指南》2013 版中阐述的无障碍理念是：创建无障碍环境是全社会和所有人的共同责任，是友爱融合、人人受益的理想社会的充分必要条件。无障碍的基本原则是公平、尊严与适用。

美国残疾人临时活动场地无障碍建设指南中指出的，不要去关注一个人的残疾状况，而是去关注如何为他克服障碍。著者认为，无障碍理念发展的显著标志就是从关注残疾人、关注其残疾类型发展到关注无障碍与关注消除障碍的方法、原则与标准。社会接纳所有人并为每个人提供公平和平等的机会，保障其全面参与社会生活。这才是现代无障碍理念的核心。

对无障碍的认识应当是把残疾看作人类暂时性或永久性的功能缺失的状态。健全人的一生如婴儿和老年阶段也必然要经历人体功能的缺失状态，对残疾人而言不过是与生俱来或是提前到来而已。人类某种创伤或意外造成的肢体缺失或功能缺失，随着科学技术的发展将会被替代或修复。著者认为，未来"残疾"这个词汇在汉语中将必然由"失能"或更加准确的词汇来替代。如同目前英语中对部分功能缺失的人称为 disabled person 或 disabled people。在汉语中翻译为残疾人并不准确。有障碍或丧失某种功能并不意味着肢体残缺或疾病。对普遍的无障碍需求称之为残疾人的需求并加以固化是片面的，而且具有贬义。

一个健全人受到地球引力的作用也只能在地面行走与活动。只有借助工具如飞行器才能够离开地面移动。这是人类自身能力的限制。社会如果能够提供充足的资源，有公平的环境获取资源，大多数功能缺陷的人可以和健全人做得一样好。

本书所指的无障碍理念与无障碍标准主要从无障碍建设与改造工作角度加以讨论，重点是实现建筑与环境的无障碍。无障碍理念要实现的建筑与环境无障碍的理想境界，是人类掌握了自主、自力、自尊、自由地驾驭客观环境与使用建筑设施的能力，满足人类对建筑与环境的无障碍需求。

应以习近平总书记的"世界眼光、国际标准、高点定位、中国特色"的要求，以及北京奥运"标准统一、遵守惯例、尊重个性、注重细节"的原则阐释我国无障碍理念与无障碍标准。在无障碍保障工作中，既要观念新，看得远，跟上国际发展的动向，又要重实际，重细节，科学运用标准与惯例。对于国际残奥委会为冬奥制定的指南既应该严格遵守，以确保场馆设施符合比赛需求，也应根据我国实际加以补充完善。

例如场馆设施中主席台的设置是中国特色，这方面的无障碍标准在指南中就没有，如果缺乏考虑，就容易造成流线交叉、功能布置不合理，赛时需要搭建大量临时设施与运行设施，也不利于赛后使用。

　　国际残奥委会为北京奥运会首次提出的残奥会场馆技术手册与残奥会场馆无障碍标准，从根本上起到了对奥运会残奥会场馆与城市基础设施的无障碍建设与改造工作的规划、设计、施工、监理、验收、试运行、赛时运行保障、赛后利用与维护管理全过程的监督与管理。认真执行国际残奥委会的标准，对于筹办工作起到了巨大的帮助。标准规定必须按时认真完成。如果发现标准漏项或技术指标模糊不清，应适时提出补救方案，并及时补充相关临时标准或规定。例如北京奥运会残奥会的奥林匹克公园、老山自行车馆等场馆群中大面积区域的无障碍建设标准、无障碍设施的配置比例等，国际残奥委会的标准没有规定，我国标准也没有规定。奥运筹办的实践促使北京奥组委工程部探索制定临时性规定，作为检查和验收的依据。以后在广州亚运会等大型活动中不断得到完善。这些标准与规定对大面积区域无障碍建设与改造工作有较大的推动作用。

　　奥运筹办推动了无障碍技术标准的制定和执行。技术标准的实施对我国无障碍建设一直产生着长期的重要影响。奥运会残奥会后《无障碍设计规范》的全面修订，标志着中国全面无障碍建设工作的日臻完善。在推动无障碍建设工作中，无障碍建设标准制定工作涉及的无障碍建设有国家及行业标准、产品标准与地方标准等，近年来正在新增大量的社团标准。迅速形成了层级分明、覆盖全面、较为完善的工程建设技术标准体系。

　　我国现有建设标准体系及无障碍标准示例见下表。

表4-3-1　我国无障碍建设标准体系与无障碍标准示例

类　别	示例名称
国家标准	《无障碍设计规范》JGJ50-2012
行业标准	1.《民用机场旅客航站区无障碍设施设备配置标准》MH5062-2000 2.《铁路旅客车站无障碍设计规范》TB10083-2005 3.《特殊教育学校无障碍设计规范》JGJ76-2003 4.《建筑无障碍设计图集》03J926 等
产品标准	1.《电梯主参数及轿厢、井道、机房的型式与尺寸第1部分：Ⅰ、Ⅱ、Ⅲ类电梯》GB/T7025.1-1997 2.《电梯操作装置、信号及附件》JG5009-92 3.《无障碍低地板、低入口城市客车技术要求》CJ/T207-2005 4.《建筑用沿斜面运送轮椅的升降电梯及固定升降椅》

续表

类　别	示例名称
地方标准	1. 北京市《人行天桥及人行地下通道无障碍设计规程》 2. 北京市《城市轨道交通无障碍设计规程》 3. 北京市《公园无障碍设施设计规范》等 4. 上海市《无障碍设施设计标准》等 5. 天津市《天津市无障碍设计标准》等 6. 河北省《无障碍设施工程施工质量验收规程》 7. 山东省《公共场所无障碍标志标识设置原则及要求》 8. 山西省《城市道路和建筑物无障碍设施图集》 9. 四川省《城市道路和建筑物无障碍》
团体标准	中国肢残人协会《多层工业建筑无障碍指南》 中国肢残人协会《滑雪场建筑无障碍指南》 中国肢残人协会《旅游环境无障碍建设规范》 中国肢残人协会《南昌银行无障碍建设导则》 中国肢残人协会《脊髓损伤者生活重建培训指南》 中国肢残人协会《航站楼无障碍设施与服务指南》 中国银行业协会《银行无障碍环境建设标准》

经过 2008 年北京奥运会的筹办与创建无障碍先进城市工作的多年推动与积累，出现了一批无障碍建设新研究成果与新发展方向。中国残疾人联合会、中国肢残人协会等与清华大学无障碍发展研究院密切合作，推动无障碍团体标准的编制工作，组织研究编写了一批团体标准。如我国首创了多层工业厂房无障碍指南等相关标准、旅游环境无障碍建设指南、银行无障碍导则等，其他团体标准的编制也在计划中。为配合承办 2022 北京冬奥，组织编制完成了民用滑雪场无障碍建设标准等。除服务设施的标准与建设（如运动员更衣休息、兴奋剂检测、媒体工作室、新闻发布厅、采访区等）外，场地与赛道和相应设施设备（如计时计分系统、大屏显示系统、提升设备等）的无障碍标准与配备也要有较大的提升。这些标准和指南、导则等规范了代表性领域的无障碍建设，起到了引领示范作用。

二、无障碍建设标准研究

根据我国和国际无障碍建设研究与实践的发展历程，无障碍建设首先应该从完善标准体系入手。而建筑设计与建设标准方面的研究首先应从基础数据入手。这是我国无障碍建设与研究方面的薄弱环节。由于任何国家都无法全面满足无障碍所有需求，必须科学合理地确定无障碍设施建设的内容与规模。例如建设工程量受到通道与门宽度的影响，无障碍通道和门的宽度受到轮椅尺寸的影响，而轮椅尺寸又直接受到人体尺寸的影响。确定了这些基础数据，才能科学、适用、安全、经济地解决无障碍设计与建设问题。这也是为什么美国第一部无障碍标准 ANSI A117.1 规定无障碍设计、建设与改造的技术参数依据主要基于人体测量学、人体工程学、人类行为学三类数据。

人体测量学是人类学的分支学科，主要通过测量数据，运用统计学方法，对人体特征进行数量分析，为设计提供基础数据。人体测量学主要通过人体整体测量与局部测量来探讨人体的特征、类型、变异和发展。应用人体测量数据可以科学设计无障碍设备和产品例如轮椅等，科学设计无障碍设施例如卫生间等。确定人们使用的机械、设备的大小和形状。确定使用该设备工作生活时所需建筑与环境空间的大小和形状。这样能使产品更适合人的使用，更符合安全要求。人体工程学是关于技术和人协调关系的科学，是研究在工作和生活时统一考虑工作效率、健康、安全和舒适等问题的学科，即探讨人们劳动、工作效果、效能的规律性的科学。人体工程学把使用建筑、设备和产品的人作为设计的出发点，要求外形、色彩、性能等要围绕人的生理和心理特点来设计。然后整理形成设计准则、标准、计算机辅助设计软件等。这些设计技术和特定领域的其他设计及制造技术相结合，就形成符合人体工学的建筑、设备和产品，让使用者更健康、高效、愉快地工作和生活。人类行为学是研究思维和环境两大要素决定人类行为的科学。人类行为的后果或者改变自己以适应环境，或者改变环境以适应自己，又或者兼而有之。不能适应者就会被环境所淘汰。人必须控制自己的行为以适应所生存的环境（包括自然的、社会的和自己身体的环境），与环境和谐共处。人必须生活在环境之中，这环境既包括自然的环境，也包括社会的环境，还包括自己身体的环境。可以将上述三种环境统称为人的生存空间。所以人的行为要受到生存空间（即环境因素）的制约。

我国在 20 世纪 60 年代较为注重按照人体测量学的基础数据作为建筑设计的基础，近年来这方面的数据更新与建筑设计人员的使用培训不足。认真研究上述三类数据，无障碍设计、建设与改造的技术参数建立在准确的基础数据上，设计的建筑与设备、制定的标准与规定要科学、安全、合理、经济。

我国无障碍建设标准应注重标准编制的检验验证修订程序，参与检验的成员应包括设计施工企业的标准使用者、产品制造商供应商、政府有关部门和残疾群众代表。试验与检验应有严格的程序。

衡量无障碍建设与改造任务的成功与否，以前没有明确的要求。根据国内外无障碍建设实践，应研究与我国基本建设项目适用、经济、美观的指导方针相同的，符合适用、安全、经济、美观的无障碍设施要求，来规范无障碍建设的全过程。

适用指满足使用功能要求，即恰当地确定建筑面积，合理的布局，必需的技术设备，良好的设施以及保温、隔声的环境。适用涉及技术和工艺、材料和设备，直接体现在建设标准上。适用必须以人为本，包括结构、场地安全，要考虑建筑物内外对使用人的健康影响。适用意味着保证公共服务或设施应适合用途，能够满足包括残疾人和无障碍需求者在内的所有涉众的具体需求。符合自主与有尊严地使用原则。应将必要的信息传递给使用者，包括具有不同知觉能力的使用者。应采取不同方式介绍基本信息。应将偶然的或无意识行为导致的危害和负面后果减少到最低限度。具有潜在危害风险的要素应消除或隔离。应保证有效和舒适地使用。减少使用带来的疲劳感和操作用力。应提供适当的尺寸，留有适当的空间，确保不同体型、身姿和行动能力的使用者能够轻松接近、获取、操作和使用。

安全是人们对生活和环境的最基本要求，残疾人作为社会的弱势群体，其居住建筑和环境更应该受到关心和照顾。在设计阶段就应该从残疾人的安全和应急需求出发，充分考虑建筑和环境的使用安全性。只有这样，残疾人在使用时才能做到无后顾之忧，真正体现无障碍建设的人性化。安全性是无障碍建设与改造工作的第一要素，也是最重要的要素，由于残疾人与普通人相比存在的正常身体机能缺失或损伤变化，导致引起多种自身功能障碍。并且由于残疾人自身的生理性创伤往往又会导致其心理上的巨大变化，如焦虑、抑郁、孤独等，这些心理变化也会对残疾人在安全使用无障碍设施设备的过程中产生影响。安全性能是防止二次伤害的重要前提。强度安全设计是指设计时应采用适当的安全系数，以保证使用时具有足够的结构强度。操作安全设计主要包括按残疾人所能达到的使用角度，防止出现不适应感。必要时设置警报装置和故障保险装置等。在保证功能的前提下，设计时尽量做到安装简便易行，牢固结实。无障碍设施设备的使用者多为残疾人和老年人。在色彩设计的时候要注重色彩的宜人性，来缓解和降低残疾人的心理压力、不安和恐惧。而且色彩在应用过程中要注意暗示性，如红色代表温度高、危险等警示性语义，蓝色代表冷静、温度低等，绿色代表安全等。一般情况下色彩以白色、淡色等中性色彩为宜，避免色彩过于鲜艳的烦躁感。同时安全也包括建筑物耐火等级与应急疏散设计等。

经济主要指经济效益。它包括节约建筑造价、降低能源消耗、缩短建筑周期、降低运行、维修和管理费用等。既要注意建筑物本身的经济效益，又要注意建筑物的社会和环境的综合效益。经济主要包括节约建筑造价，降低能源消耗及运行、维修和管理费用等，缩短建设周期。既要注意建筑物本身的经济效益，即提高资源的利用率达到经济的目的，又要注意无障碍设施设备对建筑物的社会和环境的综合效益，即资源节约和保护环境。

美观是无障碍设施与建筑和环境相融合，建筑外观和内在空间相结合，与四周环境相协调；体现地域特点和民族文化，反映人们的审美情趣，反映社会经济进步而带来的对建筑审美的新要求；综合考虑新技术、新材料、新工艺以及新观念，突出时代精神。美观是指在适用、安全、经济的前提下，把无障碍建设与改造形成的整体建筑物的美和环境的美作为设计的重要内容。应继续对上述衡量无障碍建设与改造任务的完成成功与否的标准与指导方针进行深入研究，制定量化指标。

目前我国无障碍建设标准体系到了一个新的发展阶段，国家鼓励社会团体、企业制定高于推荐性标准相关技术要求的团体标准、企业标准。团体标准正在迅速扩大。团体标准是团体按照确立的制定程序，自主制定、发布、采纳，并由社会自愿采用的标准。团体标准针对性强，制定程序相对简便，在相关领域起到带头引领的作用，因此应该积极鼓励发展编制。我国无障碍标准研究制定的发展方向今后应以团体标准为发展重点。

在无障碍标准和建筑环境实现无障碍的限制条件方面，应该加大力度进行研究，以相关国家标准作为发展的关键。应为标准制定科学合理的边界条件。不应该不切实际地盲目提高标准，造成浪费。国际残奥委会在残奥会场馆技术手册中、澳大利亚在奥运场馆无障碍建设标准中、美国在城市无障碍设施建设标准中都指出限定范围，可以提供我国研究参考。如其中规定建设无障碍设施若与其他法规或标准有抵触，或者造成不合理的困难，应根据具体情况具体分析，主要应考虑以下因素：是否对相关个人有益还是有害；对相关个人残疾的影响程度；建设成本；技术条件限制；地形限制；安全、设计和施工因素等。

美国、英国等国家无障碍法规条款里都有关于无障碍建设不合理困难的规定。澳大利亚《残疾歧视法案》中规定，如果对个人或组织会造成严重困难或不合理费用，可以不提供无障碍设施。这被称为"不合情理的困难"。但在主张其提供无障碍设施为"不可情理的困难"之前，个人或组织应该全面地考虑如何提供无障碍通行条件；与直接相关人员（包括残疾人）就这个问题进行讨论；咨询相关机构或组织。例如在比赛场馆的无障碍座席的同等视线要求方面，澳大利亚奥运场馆建设标准指出，场馆视线设计时应考虑观众站立时的视线问题。所有的轮椅座席都应该拥有同等视线条件。但是由于在比赛期间观众站立起来的情况比较少见，座椅位置升高将较大地提升轮椅席位与前排的高差，从而产生造价较大增加的问题，因此可以免除这条要求。

应研究无障碍建设的不合理困难或不可实现的具体量化指标，例如在造价方面，既有场馆建筑无障碍改造费用如果超过原始造价的 20%，就应该考虑为不合理困难或不可实现。第八届全国残疾人运动会期间，某体育场包括无障碍设施建设费用在内的改造费用接近 1 亿，而该体育场的原始建设费用为 3.5 亿。可以认为改造是不可实现或不合理困难。另选场地或新建场馆就可以作为替代选项。只有科学地设定了无障碍建设的合理边界，无障碍建设的发展才有持久的动力。

判定无障碍建设的成效，特别是判定 2022 冬奥无障碍设施建设的成效可以归纳为有没有、够不够与好不好三条标准。

有没有是指在判定单栋建筑或某个区域的无障碍建设成效时，重点判断永久设施是否严格按照标准建设，解决了赛后无障碍全面需求。是否具有无障碍流线和无障碍通道；是否具有无障碍设施和设备；是否具有无障碍的标识与信息。重点在于永久无障碍设施的建设与改造。例如新建大型公共建筑或城市无障碍改造，判定无障碍建设成效的首要标准就是有没有满足前面提出的无障碍建设八要素要求。无障碍要素的设置应符合建筑物与环境的使用性质。例如永久建筑内无障碍设施设备应永久性设置。临时大型活动场地的无障碍设施设备可以大部分为临时无障碍设施。

够不够是指单栋建筑或某个区域的无障碍要素是否满足使用者的平时需

求与大型活动瞬时极大值的需求。重点判断无障碍临时设施是否有效补充了永久无障碍设施，满足了残奥会或冬残奥会等大型活动的需求。永久加临时无障碍设施是否满足了大型活动全周期的使用需求，因为残奥会冬奥会瞬时极大值需求可能是临时性的，也可能持续一段时间。满足够不够要求的对应措施可以既包括临时性的，也包括永久性的，比如无障碍座椅的设置。这些无障碍要素的设置对应于单栋建筑或某个区域的无障碍需求。以平时无障碍需求作为永久性建筑设施设备的设计标准。举办大型临时性活动或突然出现的瞬时极大值的无障碍需求，可以通过平时准备的应急预案，采用无障碍临时设施和设备与运行措施，同时提供无障碍服务加以解决。避免大量设施设备的长期闲置浪费。

好不好是指单栋建筑、大型活动区域或整个城市的无障碍建设八要素和对应措施是否符合适用、安全、经济、美观的要求，是否科学有效、是否完善妥当。重点在于无障碍运行设施的设置，判断通过无障碍设施建设与无障碍运行措施是否做到了全覆盖无漏项。如果说有没有与够不够是以定性定量相结合指标作为判断标准，好不好则是以具体的定量化指标判定的。这种定量化的指标可以参照本书无障碍要素指标表加以设定。无障碍保障工作成效的有没有、够不够与好不好的建设标准与判定指标是今后无障碍建设与发展研究的重要课题。

为确保 2022 冬奥项目无障碍建设的有效实施，应该从设计施工验收使用阶段借鉴国外先进的无障碍设施建设管理理念与措施，如 1999 年美国司法部民权局残疾人权益处专门制定了新居住建筑实现无障碍的方法步骤，以方便对无障碍建设不熟悉的无障碍需求者和业主。通过司法部民权局建议的五步程序可以建成符合要求的无障碍建筑。

提供无障碍服务与智能化保障也是圆满完成 2022 冬奥无障碍保障的重要措施。服务可以有效弥补无障碍设施的不足。

对于 2022 北京冬奥会冬残奥会这样的大型赛事活动，场馆无障碍设施的建设与改造应严格执行国际残奥委会的场馆技术要求。国际残奥委会迄今没有编写下发如同夏奥会那样的场馆技术手册，一方面说明冬残奥会的比赛项目还在发展变化，一方面如前述冬残奥会比赛项目的新特点使得无障碍保障的技术标准更加难以确定。在城市无障碍建设与改造工作方面我们已经有一套较为成熟的标准规范，国际残奥委会也不做具体要求。但在场馆无障碍建设与改造工作方面，应该及时与国际残奥委会与各国际单项体育组织沟通，明确技术标准与技术要求，避免建成后的改造。

做好冬奥无障碍保障工作，需要处理好以下几方面的关系。

一是国际标准与国内标准的关系。国际残奥委会无障碍指南规定了冬奥无障碍建设的要求，在主办城市合同规定的冬奥场馆建设项目中应认真执行，保证赛会需求，同时参照国标完善细节。在主办与协办城市无障碍建设中应认真执行符合我国国情与建设实践的国家标准，参考指标较为超前的国内团体标准与国际标准。

二是平时建设与赛时保障的关系。保障冬奥赛时瞬时巨大的无障碍需求，应采用临时设施保障够不够、永久设施保证有没有、运行设施解决好不好的建设方针，同时完善人员服务保障措施。城市环境无障碍建设关系到人民群众的平时使用，必须以永久设施建设为主。

第五章

未来无障碍技术发展

第一节 我国无障碍建设问题简析

经历近 30 年的快速发展和探索实践，我国无障碍建设目前面临着关键的发展门槛，迎来了新的挑战。著者认为我国与无障碍建设较好的国家相比还有较大的差距，还存在以下问题。

我国对无障碍理念的认识还不够深入与普及。我国一些地区不了解、不重视无障碍建设。我国无障碍立法、司法和执法推动无障碍建设的力度不够。对比西方发达国家，无障碍为所有人的理念、国家与社会应努力创建无障碍环境、人人有权享有无障碍环境带来的便利的理念已经深入人心。民众的无障碍诉求得到立法、司法、执法机构的高度重视。

我国对无障碍需求认识不够，对需求决定建设、需求决定发展认识不够。缺乏无障碍需求研究，不能明确确定无障碍的需求比例，没有从政府工作报告和统计公报中反映出无障碍需求的巨大数量，忽视了无障碍需求对社会和环境带来的巨大压力，造成对无障碍建设与改造工作的政策与投资缺乏支持力度，缺乏对无障碍设备制造业的税收优惠减免制度，缺乏对无障碍科技研发的强力支持。我国无障碍技术与产品缺乏自主研发，没有高端品牌。无障碍设备、辅具、康复设备等高端技术专利与品牌全部在发达国家手中。

我国无障碍标准权威性和强制性不够。无障碍标准偏低，缺乏定量指标，如门的开关力缺乏定量指标等。标准约束力不强，管理惩罚力度不够，惩罚措施不完善，缺乏执行力。往往有无障碍标准但没有设计、有无障碍设计但没有施工建设。无障碍设施建设不符合要求，不符合要求依然可以通过验收。无障碍设施投入使用后出现缺陷无人维修与无人问责等。无障碍标准、建设与管理工作脱节。

我国无障碍建设工作计划性不强，有重建设、轻计划的现象。例如各地筹办大型活动缺乏在调查研究基础上，提出无障碍建设与改造计划、无障碍建设风险应对计划、无障碍专家团队与监督计划等。我国城市无障碍建设与改造经费，基本靠中央和地方政府解决。虽然有体制优势但容易造成经费使用不合理、突击施工、质量难以保证、资源容易浪费等问题。

我国无障碍建设发展不平衡，例如筹办 2022 年冬残奥会建设的延庆、张家口与北京城区的无障碍理念和无障碍建设的差距就较大。我国西部贫困地区无障碍建设发展缺乏动力。无障碍建设工作有较大的短板。广大农村村镇难以企及城市无障碍的建设水平，城乡差距很大；城市区域和整体无障碍难以企及某些大型单体公共建筑的无障碍建设水平。即使无障碍建设开展比较好的城市地区，无障碍建设也往往呈点状分布，没有形成系统。实现我国无障碍建设发展战略目标，全面建设符合要求的无障碍环境需要时间。

我国无障碍建设工作有短板和弱项，例如公共交通系统的无障碍就是短板，缺乏最后一公里的无障碍接驳。北京无障碍建设发展速度在世界上名列前茅，但是轮椅使用者乘坐公共汽车与无障碍出租车却非常困难。公共交通系统中缺乏无障碍中巴车与无障碍大巴车的公共交通线路。道路系统中无障碍通道的连续、通达和安全是短板。即使非常重大的全国瞩目的重大项目如北京世园会、北京新机场、雄安新区行政中心等的无障碍建设也存在细节问题，等等。需要尽快结合无障碍技术与设备的研发，部署抓细节、补短板的工作。

我国无障碍配件与试验验收方法与标准研发严重滞后。已经安装的安全配件试验方法落后，技术指标低，存在安全隐患。我国急需大力发展成体系的无障碍配件检验、试验方法和验收手段。我国的安全抓杆扶手没有可靠的试验方法，目前只有静态测试方法。各地产品良莠不齐，存在较大的安全隐患。国外无障碍配件测试方法配套完善，包括动态拉力和瞬时冲击力试验等，较好地保证了抓杆扶手等特殊构件的质量与安全。

我国无障碍服务面临着更新理念与加强服务水平与服务内容。我国听力、视力以及其他功能障碍者获取的无障碍服务还不够多，与轮椅使用者获取的无障碍服务之间还有较大的差距。例如我国电视新闻中手语播报还不是标配。我国服务行业如食宿行游购娱方面，手语与盲文服务没有普及等。此外还存在我国无障碍建设如何实现较高的费用效益比等提高效率的问题。

我国无障碍专业队伍存在着人才不足青黄不接的情况。专业人员不重视无障碍技术理论学习，高等学校建筑专业课程没有无障碍建筑理论课程。缺乏对无障碍技术高端人才的培养。专业人员和管理人员对无障碍技术说起来都懂，做起来就错。建筑设计、施工、监理、验收、管理等各个环节的技术与管理人员都需要无障碍专业的培训。

回顾我国无障碍建设发展历程，低水平重复建设的弯路不少，具有国际知名度的高质量理论研究成果不多，高端无障碍设备与产品研发与专利很少，无障碍智库领军人物和杰出人才更为缺乏。无障碍立法司法执法缺乏稳定的长效机制。对国家未来无障碍建设发展战略研究亟待展开。

中国残疾人联合会与清华大学于 2016 年共同发起成立了我国无障碍建设史上第一个高端智库——清华大学无障碍发展研究院。研究院成立以后的首要工作就是通过参与北京筹办 2022 年冬奥会、参与雄安新区规划建设、制定无障碍建设标准等，为我国无障碍建设发展战略提供决策建议。中残联和清华无障碍研究院拉开了国家无障碍发展战略、冬奥会和冬残奥会无障碍标准等一系列填补空白的战略研究序幕。以无障碍建设发展战略问题和公共政策为主要研究对象、以服务国家科学决策为宗旨，探索中国独特的无障碍建设发展道路。

中国肢残人协会与清华大学无障碍发展研究院共同组织编制了多层工业建筑无障碍指南、滑雪场建筑无障碍指南、旅游环境无障碍建设规范、南昌银行无障碍建设导则、机场航站楼无障碍设施与服务指南等无障碍团体标准，已经在全国团体标准互联网平台陆续发布。填补了我国无障碍建设的急需。

我国无障碍建设发展战略应根据奥运会残奥会等大型活动的无障碍建设实践经验，全面科学规划无障碍建设发展目标。根据历史与现状的研究分析，充分认识无障碍建设发展的长期性，做好科学规划发展战略的分期。规划短期、中期、长期的无障碍建设发展战略。明确分期分步的发展目标。科学谋划无障碍发展战略的层次体系，安排好政策法规编制研究与科研项目和科研课题。

第二节　未来无障碍建设发展目标

按照国家长远发展战略，根据党的十九大报告确定的分两个阶段、三步走的战略目标，我国无障碍建设从目前到 2050 年可以有三个阶段的战略分期。第一阶段从目前到 2022 年，第二阶段从 2022 年到 2035 年，第三阶段从 2035 年到 2050 年。

无障碍建设发展战略分期考虑的理由是，从 2019 年到 2022 年是我国筹办冬奥会及完成建设小康社会的重要节点，按照国际标准和国家标准规定的动作必须按时保质保量完成，同时又恰好是五年的发展规划期，与"十三五"发展规划期基本相同。从 2019 年到 2035 年恰好是我国中长期发展规划的 15 年期间，在我国基本实现社会主义现代化的目标前提下，适合做较为详细的三个五年的无障碍发展计划。在建成富强民主文明和谐美丽的社会主义现代化强国的总目标下，2050 年适合做较为原则的远期发展目标规划，描述较为远大的发展目标。这三步走的发展规划战略分期，与国家发展战略的规划分期是基本相同的，同时对无障碍建设与发展来说又有非常明确的分期，可以清楚地列出完成的目标与实现的定性定量指标。结合我国无障碍建设发展实际情况与 2022 年北京冬奥会的筹办工作来看，党的十九大提出的国家发展奋斗目标是正确英明的。

根据无障碍建设发展的三个战略分期，我国无障碍建设发展战略目标体系应该包括以下内容。

第一个战略分期要利用我国筹办 2022 年冬奥会及全面建设小康社会的决胜期的无障碍建设快速发展的机遇期，推动我国无障碍建设在城市区域的分布与广大村镇点的全面带动上有新突破。使我国 300 个以上的大中型城市全面普及无障碍建设，完善交通无障碍建设。同时迅速摸清我国无障碍建设和科研的各种基础数据，建立完善标准的数据库，为定量化研究与宏观决策提供科学的定量依据。根据国家"十三五"规划安排的项目和内容，进行发展方向与投资力度的调整。论证确定一批建设工作急需、研发难度较大、周期较长的硬技术研究课题，为以后发展提供基础。2022 年无障碍发展战略是充分抓住全面进入小康社会战略节点与承办 2022 年北京冬奥会的战略节点，采用典型推动发展，特殊带动一般，集中力量办大事的具有中国特色的无障碍发展战略。这是短期规划发展的较好选择。2022 年北京冬奥会将又是一次有中国特色的大型活动推动无障碍建设快速发展经验的实践，将带动华北和张家口地区的无障碍建设发展。由于第一个战略分期时间较短，从目前到 2022 年应该制订较为详细的年度发展计划。

应充分进行无障碍建设与无障碍理念发展的历史与现状分析，认识无障碍发展的复杂性和长期性。我国无障碍建设发展现状是北京、上海、广州、深圳、杭州等大型城市发展与中小城市的发展不平衡；城市与农村村镇的发展现状不平衡；软硬技术的发展不平衡。分析我国"十二五"规划完成情况以及无障碍建设的实际情况及遇到的问题，主要是社会理念与政策法规的转变与支持不够，城镇无障碍建设与管理不平衡、不系统、不规范。信息无障碍服务刚刚起步。无障碍建设既存在政策管理问题，也存在技术研究问题。应该在发展中强调通用性与多样并存，认真强化服务，完善政策法规服务。

第二个战略分期是我国基本实现社会主义现代化的历史时期。随着我国经济的发展，应加速无障碍建设硬技术研究进展与技术的完善。布置完成一大批高质量的无障碍建设软硬科研项目，特别是听力、视力以及其他功能障碍者获取的无障碍服务的科研项目。为全国村镇无障碍建设投入大量建设资金。推动实现我国全部城市的无障碍建设现代化及大部分村镇的无障碍建设普及。这一阶段约为三个五年计划的时间，规划应在第一阶段的中期完成。根据第一个战略分期五年计划的执行情况，对第二个战略分期三个五年计划的发展目标和发展战略应做适当的调整。

2035 年无障碍建设发展战略节点是不能错过的中长期发展规划的无障碍建设时期。应采用跨越式发展与多样并存的发展战略，通过理念上的突破，运用无障碍建设资金集中使用的方法，集中力量办大事，发挥无障碍建设资金投入的正反馈作用，取得各领域无障碍建设的突破。著者发现各国无障碍建设发展有一些共同的规律，例如人均 GDP 达到一定阈值如 1.5 万美元以上，无障碍建设会迅速地得到全面发展，城市无障碍水平会产生较大的改变。如果说 2022 北京冬奥无障碍发展战略还是个别城市或城市群的无障碍发展战略，那么 2035 年全国全面实现小康社会的无障碍建设目标应该是从量变到质变的关键节点。针对这一关键节点的最佳无障碍发展战略着力点应该集中在补短板上，可以称之为补短板战略。城市建设与环境发展中无障碍不完善、不系统、有短板的现象应该在这个阶段得到完全克服。应根据新的情况，将要面临新的发展阶段，创造新的经验。例如要补充一系列无障碍标准。无障碍发展的目标是普适共赢和系统完善，这应是长远的战略目标。要克服城市建设与环境发展中无障碍不完善、不系统、有短板，发力点应主要集中在策略更新。投资重点侧重于形成无障碍系统化的城市与村镇环境的公共交通和道路交通，以及单体建筑和障碍者个人的水平和垂直无障碍交通的新技术、新设备、新工具，也将引起施工技术与建筑设计的变化。

第三个战略分期我国将迈入世界发达国家行列，我国的物质文明与精神文明得到极大的提升。我国将成为富强民主文明和谐美丽的社会主义现代化强国。我国无障碍建设也将全面进入世界领先水平。真正实现人类自主、自助、有尊严与融合的和谐美好生活。第三阶段为 2035—2050 年，随着我国迈入世界发达国家行列，我国无障碍建设全面进入世界领先的水平。2050 年无障碍发展战略是充分利用新中国成立一百年时人均国内生产总值达到中等发达国家以上的水平，建成社会主义的现代化强国的战略节点，科学谋划未来发展的路径与技术体系。利用好无障碍建设发展战略的长期规划，以软硬科学的多年发展积累为基础，全面崛起，实现普适共赢的无障碍建设目标。

我国无障碍建设发展应通过归纳成功的经验，分析发展的实际，研究有效的策略，提出切合实际的部署，制定有效的发展措施。发展措施应该包括：完善我国无障碍法规标准，形成我国自有的无障碍国家品牌和产品品牌，形成我国无障碍技术研发体系，形成我国无障碍人才队伍等。

首先应该抓住大型活动的战略机遇，通过筹办 2022 北京冬奥，认真补齐我国无障碍建设与技术研发方面的短板。这方面特别应该总结我国筹办奥运会残奥会的大型活动的无障碍建设与保障工作经验，打响我国无障碍应用技术的品牌。例如，近年来历次残奥会后，国际残奥委会都会组织应届组委会对外介绍无障碍建设的经验，派出人员作为下一届组委会的技术顾问。这已经成为 TOK 惯例，成为残奥会无障碍知识传递的品牌。而 2008 年北京奥运会残奥会后，北京奥组委没有派出这样的人员。发达国家总是纠缠我国人权发展的问题，就是因为国际社会很少听到中国在筹办奥运会残奥会时通过举国体制、集中力量办大事，为人民谋福祉的无障碍建设经验。

我国无障碍建设发展手段可以概括为，在无障碍技术研发方面补短板、在无障碍建设与改造方面降成本、在形成无障碍整体环境方面加强服务。在无障碍建设发展中强调通用性与多样并存，认真加强无障碍服务工作，通过加强服务营造完善的无障碍环境。

第三节　无障碍技术研究与保障措施

根据无障碍建设实践，提出我国无障碍建设发展战略和技术研发层次体系表，以及相关的无障碍科研项目与课题安排。按照无障碍技术发展的内在规律，科学区分无障碍技术的总体分类以及层次体系，制定符合实际的未来技术发展战略和保障措施。著者提出我国无障碍建设发展战略与技术研究层次体系框架。见图 5-3-1。

根据我国无障碍建设发展战略和技术研发层次体系表分析，无障碍技术研发可以分为三大类，一类是无障碍建设的综合性技术研究，主要是理论研究。计划从无障碍发展基础技术数据采集、无障碍建设理论研究和无障碍建设发展战略三个方面以及无障碍建设分析与评估、无障碍建设发展趋势预测与目标阶段方法研究、无障碍建设发展保障条件研究、无障碍工程建设理论、无障碍工程建设效益、无障碍数据采集与数据库建设、无障碍信息智能化等七个子方面进行相关课题与项目的研究。见图 5-3-2。

一类是无障碍建设的应用性研究，主要是技术研发。计划从无障碍建设工程技术、无障碍应急转换技术和保障体系以及无障碍辅具和设施设备三个方面以及永久与临时无障碍建筑、无障碍建筑与施工技术、无障碍设备与应

无障碍建设发展战略与技术研究层次体系

综合性研究

- 无障碍建设发展战略
  - 无障碍建设现状分析与评估 → 无障碍建设现状与发展预测研究
  - 发展趋势预测与目标阶段方法 → 无障碍建设发展战略与中长期规划研究；城市与新型村镇无障碍发展模型研究
  - 无障碍建设发展保障条件 → 无障碍建设法规经费人才量化研究
- 无障碍建设理论研究
  - 无障碍工程建设理论 → 无障碍设计与规划理论研究；无障碍工程与美学理论研究
  - 无障碍工程建设效益 → 无障碍建设融合协调与补短板理论研究；无障碍社会、技术、经济效益综合研究
- 无障碍基础数据采集
  - 无障碍数据采集与数据库 → 无障碍基础数据采集量测与统计标准；无障碍信息数据库建设与分析利用研究
  - 无障碍信息智能化 → 无障碍信息智能化与建筑技术应用研究

应用性研究

- 无障碍建设工程技术
  - 永久与临时无障碍建筑 → 永久与临时无障碍建筑与应用技术研究；区域无障碍建设应用技术研究；单体建筑无障碍应用技术研究；大型综合性建筑无障碍应用技术研究
  - 无障碍建筑与施工技术 → 无障碍提升与速降设备与技术研究
  - 无障碍设备与应用技术 → 新型无障碍建筑材料与施工技术研究
  - 无障碍建设新材料新工艺 → 新型无障碍建筑技术与材料研究
- 应急转换技术和保障体系
  - 无障碍建筑与智能化技术 → 智能化技术与无障碍建设应用研究
  - 建筑无障碍转换技术 → 建筑与设备无障碍应急转换技术研究；临时与运行无障碍保障技术与措施研究
  - 无障碍建筑应急技术与保障体系 → 无障碍应急体系与应急设备研究；人员聚集安全舒适度与疏散保障研究
- 无障碍辅具与设施设备
  - 辅具与建筑设施功能协调 → 复合无障碍空间与技术研究；应用与康复辅具智能化研究
  - 辅具设备技术与智能化 → 人员无障碍识别与无障碍使用功能研究

保障性研究

- 政策法规与标准规范体系
  - 无障碍法规政策与立法保障 → 环境无障碍建设评比标准研究
  - 无障碍技术规范与标准体系 → 冬残奥会场馆建筑无障碍标准研究；旅游、交通等建筑无障碍标准研究
  - 无障碍设施设备标准规范 → 语音识别与智能化无障碍标准研究
- 教学培训与监督体系
  - 无障碍教学与培训体系 → 无障碍学历教育教材和授课研究
  - 无障碍技术研发与基地建设 → 无障碍科研机构基地建设研究；无障碍培训组织与培训内容研究
  - 无障碍监督体系 → 无障碍建设监督体系与队伍建设研究
- 无障碍试验与图集样例
  - 无障碍功能试验与量测 → 人员与建筑基础数据量测分析研究；人体功能试验分析与无障碍应用研究
  - 无障碍设计样例与图集 → 建筑无障碍样板间与设计详图研究

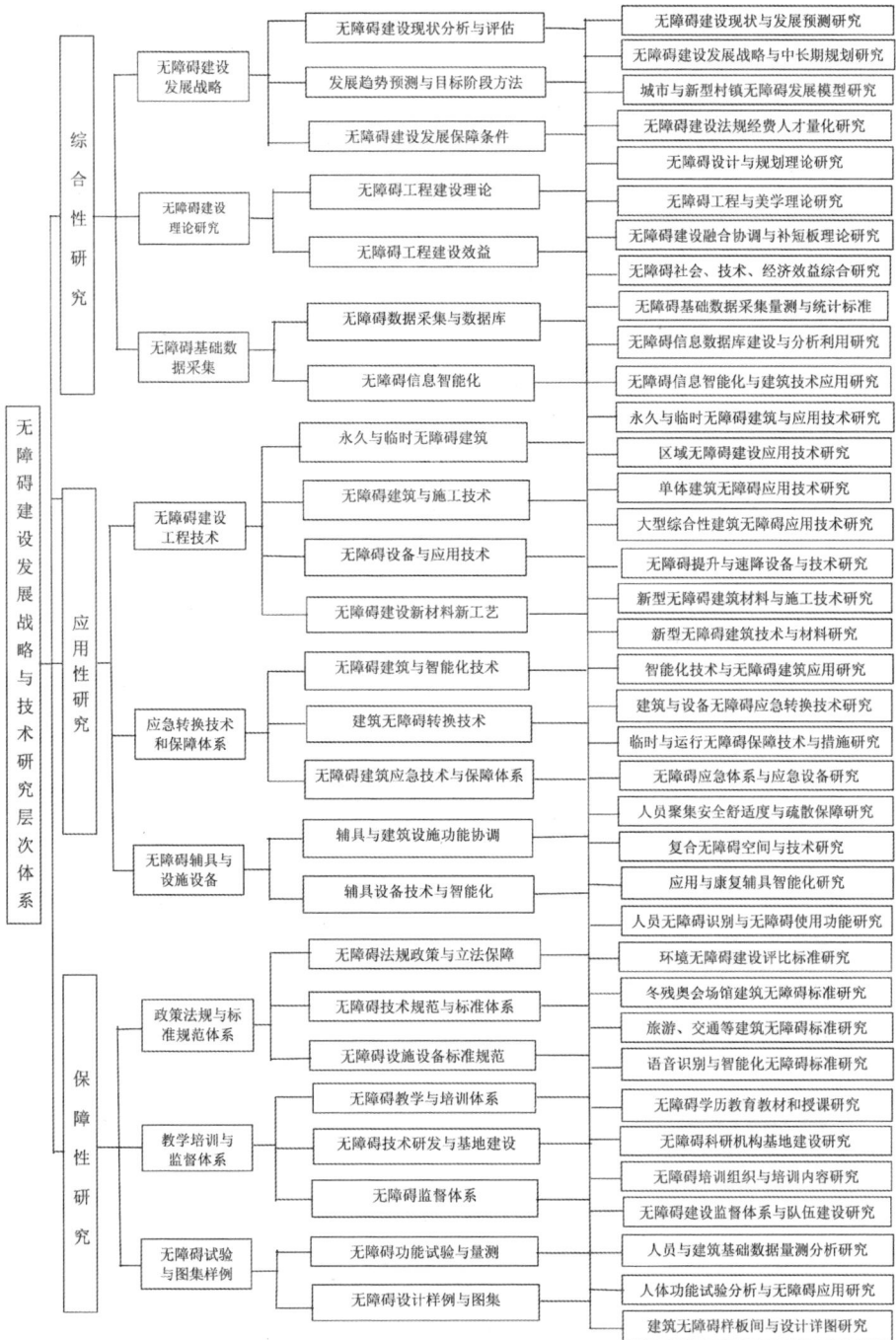

图 5-3-1　我国无障碍技术发展层次体系表

用技术、无障碍建设新材料新工艺、无障碍建设与智能化技术、建筑无障碍转换技术、无障碍应急技术与安全保障体系、辅具与设施功能协调研究、辅具设备技术与智能化研究等九个子方面进行相关课题与项目的研究。见图5-3-3。

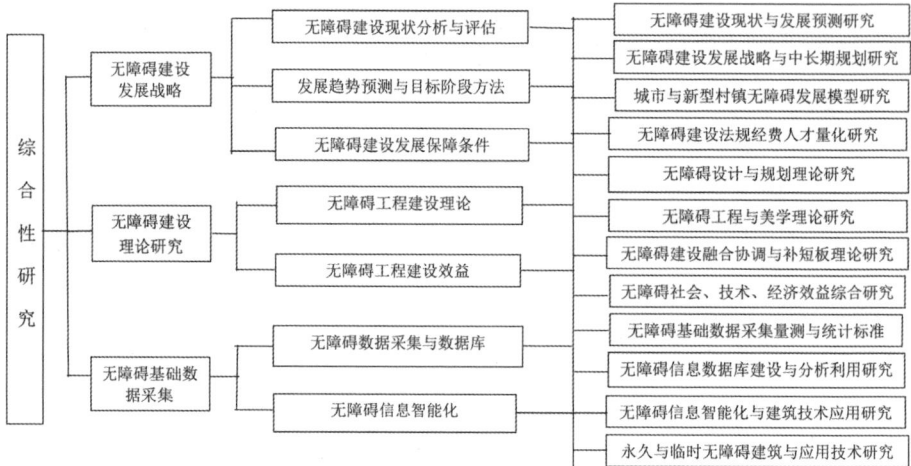

图 5-3-2　我国无障碍技术发展层次体系框架 1

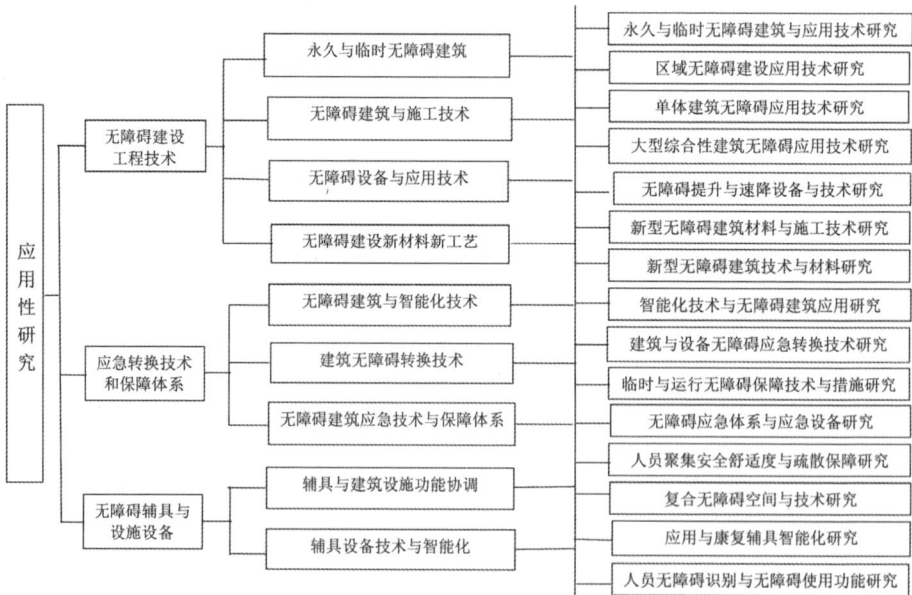

图 5-3-3　我国无障碍技术发展层次体系框架 2

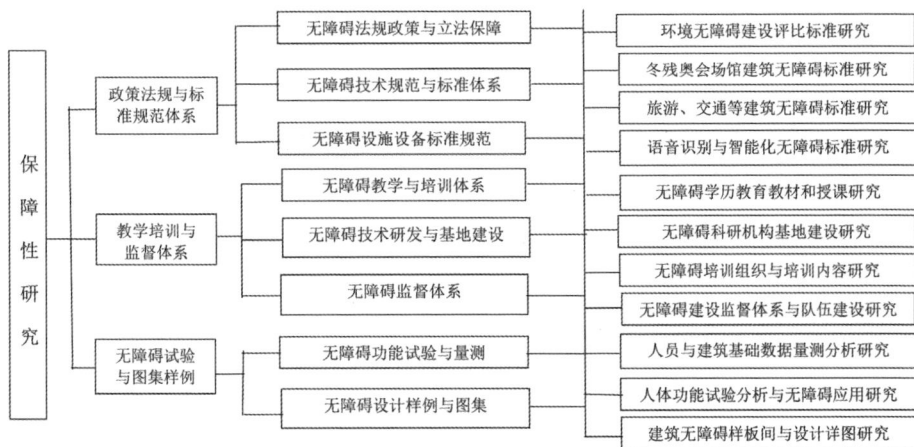

图 5-3-4　我国无障碍技术发展层次体系框架 3

一类是无障碍建设的保障性研究，主要是基础手段研究。计划从政策法规、人才教学培训、试验样例等基础手段三个方面以及无障碍建设法规政策与立法保障研究、无障碍规范与标准体系研究、无障碍设施设备标准规范与试验方法研究、无障碍建设教学与培训体系研究、无障碍建设技术研发与基地建设研究、无障碍建设监督体系研究、无障碍建设功能试验与量测研究、无障碍建设设计图例与图集研究等八个子方面进行相关课题与项目的研究。见图 5-3-4。

根据我国无障碍建设发展战略和技术研发层次体系表研究分析，三大类研究目前提出了 37 项较为重要的研究项目。

无障碍建设综合性理论研究可以带动一大批相关的科研项目与课题。如：无障碍建设现状与发展预测研究；无障碍建设发展战略与中长期规划研究；城市与新型村镇无障碍发展模型研究；无障碍建设法规经费人才量化研究；国家无障碍建设人才配备与人才库研究；无障碍设计与规划理论研究；无障碍工程与美学理论研究；无障碍建设融合协调与补短板理论研究；无障碍社会、技术、经济效益综合研究；无障碍基础数据采集量测与统计标准；无障碍信息数据库建设与分析利用研究；无障碍信息智能化与建筑技术应用研究，等等。例如无障碍信息智能化与建筑技术应用研究可以带动的研究项目与课题见下表。

表 5-3-1　无障碍领域与研究项目

领域	研究项目
肢体障碍的建筑信息无障碍	自动识别与管理系统，电子屏幕交互系统
感知障碍的建筑信息无障碍	建筑服务功能自动感应系统，智能互动系统
认知障碍的建筑信息无障碍	图形与文字转换技术与交互式技术
沟通障碍的建筑信息无障碍	语音文字转换系统与智能化系统
混合障碍的建筑信息无障碍	建筑智能化系统，安全应急控制系统，变配电、照明、通风空调、给水排水、环境监测、电梯系统、物流系统、停车管理系统等建筑信息无障碍与无障碍智能化控制

　　例如建筑照明信息无障碍系统项目研究可以带动建筑物任意区域和房间，包括走道、大厅、停车库等照明无障碍控制技术与配件研发的相关标准、产品与服务的一批课题。

　　无障碍建设应用性研究也可以带动一大批科研项目与课题。如：永久与临时无障碍建筑与应用技术研究；区域无障碍建设应用技术研究；单体建筑无障碍应用技术研究；大型综合性建筑无障碍应用技术研究；无障碍提升与速降设备与技术研究；消防疏散无障碍电梯技术研究；新型无障碍建筑材料与施工工艺研究；新型无障碍建筑技术与设备研究；智能化技术与无障碍建筑应用研究；建筑与设备无障碍应急转换技术研究；临时与运行无障碍保障技术与措施研究；无障碍应急体系与应急设备研究；人员聚集安全舒适度与疏散保障研究；复合无障碍空间与技术研究；应用与康复辅具智能化研究；人员无障碍识别与无障碍使用功能研究等。

　　例如在消防疏散无障碍电梯技术研究方面，可以参考英国无障碍疏散电梯的技术要求，研发我国消防疏散无障碍客梯制造安装标准；重点研究客梯如何随时处于应急疏散要求状态；研究独立供电和控制系统的设置；研究消防疏散无障碍客梯应急功能；研究无障碍避难间和逃生楼梯相邻位置的设计；研究每层楼设置的无障碍安全区且无障碍安全疏散通道直接通向室外的建筑空间设计。相关技术研究项目可以带动一大批应用技术研发和标准制定。

　　无障碍建设保障性研究应带动一批科研项目与课题。如：环境无障碍建设评比标准体系研究；冬残奥会场馆建筑无障碍标准系列研究；旅游交通等建筑无障碍标准系列研究；语音识别与智能化无障碍标准研究；无障碍学历教育教材和无障碍授课研究；无障碍科研机构基地建设研究；无障碍专业培训组织与培训内容研究；无障碍建设监督体系与队伍建设研究；各类残疾人与建筑相关基础数据量测分析研究；各类残疾人身高体重与无障碍设备相关基础数据研究；人体功能试验分析与无障碍应用研究；建筑无障碍样板间与设计详图、大样图的研究等。

根据我国无障碍建设发展战略和技术研发层次体系表研究分析，涉及的综合性、应用性和保障性研究课题达 200 多项。即使有充足的资金保证，也需要一定的周期论证与组织完成。

近期无障碍建设与改造技术课题应结合国家住建部"十三五"规划发展的重点与中残联"十三五"规划的重点。

通过分析对照国家住建部与中残联"十三五"规划的重点难点，有三方面是主要契合点，即新型城镇化、城市建设与管理和村镇建设。通过近五年的规划体现政府投资带动、针对残疾需求、覆盖基本公共服务、突出残疾人小康进程的硬措施和具体实事，凡是能够解决问题，满足残疾人及失能者需求的建筑技术都可以涵盖在"十三五"无障碍技术规划与研究的范畴内。因此近期产生了一大批亟待研究的无障碍软科学与硬技术项目。

例如新型城镇化、新农村村镇建设和特色小镇规划的无障碍标准编制，可以紧密结合农村振兴战略，从新农村总平面无障碍规划原则、道路交通无障碍规划原则、公共设施无障碍规划原则等方面以居民无障碍需求为导向，提高无障碍服务质量和水平，实现无障碍公共服务的全覆盖，填补我国这方面的空白。目前著者与同济大学现代村镇研究所正在进行这方面的课题研究。

例如城镇无障碍设施建管结合、建管互促的优惠政策与可复制推广模型研究；无障碍标准规范体系与国家其他标准融合及推进实施研究和技术标准完善；区域无障碍标准（大于建筑小区，小于城市行政区）及体系研究；边远与经费较少区域（如城乡结合部）的无障碍建设政策与技术指导，统一标准与平衡发展的研究（如县镇：北京延庆县等）；各类建筑如多层工业厂房无障碍标准系列研究；各类建筑残疾人使用与聚集标准、安全舒适标准、应急疏散标准等研究；防火等各类建筑安全标准中有关残疾人与失能者（含老年人等）无障碍内容的研究与修订；无障碍技术术语研究；各类建筑无障碍设计技术与设计理念研究（重点是办公与食宿行游购娱类公共建筑）；火灾、地震等救生待避空间与生命保障技术和设备的研究；多层（与高层）建筑无障碍应急技术研究（如楼梯间疏散技术、充气下滑垫技术、轮椅速降技术等）；无障碍构造与工艺技术及安全技术研究（沟槽障碍物处理技术、抓杆扶手支撑固定技术等）；无障碍技术与建筑智能化研究如中央智能化系统与无障碍应急与引导技术研究；多层无障碍升降技术如无基坑电梯等的研究；声光电图形色彩文字凸起物等对各类残疾人的感知特点、警示作用研究；适用环境与设置标准；（图形文字尺寸颜色等位置与距离等的设置要求；环境标识与室内标识的既统一又有区别的要求；引导与定位标识的设置要求等）；智能定位导航报警等无障碍系统技术集成功能研究如智能手机应用等；手语合成与识别技术等。

　　我国无障碍建设仍有大量亟待研究的其他无障碍标准。如标准定量指标的补充完善与课题项目研究。门宽，通道宽度，抓杆扶手锚固，上翻式扶手浴凳等的构造做法及试验验证等。

　　应根据 2022 北京冬奥以及我国冰雪项目发展的需求，安排一批研究项目与课题。如移动终端 TTS（文本语音互转）中文系统，固定电话与移动终端 TTY 使用，STT（语音转文本）移动终端转换技术实用化，以及如安全抓杆锚固螺栓材料试验标准、门无障碍标准构件与配件等一系列研发带动的产业链等。

　　研究"十三五"规划的无障碍发展研究项目时，著者提出一批无障碍应急研究项目。各类建筑如多层工业厂房无障碍标准系列研究；各类建筑残疾人使用与聚集标准、安全舒适标准、应急疏散标准等研究；防火等各类建筑安全标准中有关残疾人与重度失能者（含老年人等）无障碍内容的研究与修订；无障碍技术术语研究；各类建筑无障碍设计技术与设计理念研究（重点是办公与食宿行游购娱类公共建筑）；火灾、地震等救生待避空间与生命保障技术和设备的研究；多层（与高层）建筑无障碍应急技术研究（如楼梯间疏散技术、充气下滑垫技术、轮椅速降技术等）；无障碍构造与工艺技术及安全技术研究（沟槽障碍物处理技术、抓杆扶手支撑固定技术等）；无障碍技术与建筑智能化研究如中央智能化系统与无障碍应急与引导技术研究；多层无障碍升降技术如无基坑电梯等的研究；声光电图形色彩文字凸起物等对各类残疾人的感知特点、警示作用研究；适用环境与设置标准（图形文字尺寸颜色等位置与距离等的设置要求；环境标识与室内标识的既统一又有区别的要求；引导与定位标识的设置要求等）；智能定位导航报警等无障碍系统技术集成功能研究如智能手机应用等。

国家近期应重点发展建筑无障碍应急研究的以下四个方向：

（1）标准规范编制。迅速编制与补充完善残疾人、老年人与重度失能者使用的建筑物火灾及其他应急事件的标准、技术规范与设计详图。及时修订现行多层与高层建筑的防火规范等。从源头遏制无障碍应急防护无法可依、持续发生安全事故与灾难事件的现象。

（2）建筑应急设计与管理措施。我国在无障碍研究方面重点课题也应该包括建筑规划与设计的无障碍应急研究等。研究我国既有建筑应急改造措施与安全管理措施。通过新建建筑的平面与功能的合理设计与布置，提高残疾人、老年人与重度失能者使用的建筑的安全性和可靠性，在建筑设备设施方面，重点研究发展建筑设施安全防护、应急疏散等设备设施与高科技产品。

（3）产品技术研发。提高突发事件特别是火灾监测预警的及时性和准确性，重点发展监测预警类应急产品与技术。研究预警系统、应急广播视频系统及设备等。发展防护类应急产品。发展家用应急防护设备。发展风险评估、隐患排查、应急咨询等应急服务。

（4）应急处置与服务手段。提高突发事件应急处置的高效性和专业性，重点发展应急救援产品与技术。在生命救护方面，发展应急通信、应急指挥、应急电源、生命搜索与营救、应急救治、应急保障等设备和产品。提高突发事件应急处置的服务水平。通过上述方面的研究，我国残疾人、老年人与重度失能者使用的建筑无障碍与安全性必将大大提升。

从我国无障碍建设第一个战略分期五年计划研究项目与研究课题安排的角度，针对2022年冬奥以及与夏季奥运会的不同规律，如两者都是大型活动，都有瞬时极大值的无障碍需求，都需要永久设施、临时设施和运行设施的保障等，迅速安排一批与冬残奥会相关的科研项目。着力填补冰雪项目无障碍设备的空白与急需。例如冬残奥会场馆无障碍建设方面，可以提出以下两个研究项目。

一是无障碍缆车（索道）与交通摆渡工具的研发。由于缆车（索道）与交通摆渡工具是冬奥和冬残奥滑雪场必备设施，缆车与交通摆渡工具无障碍安全使用直接关系到冬奥会和冬残奥会残疾运动员比赛安全与残疾乘客的观赛安全。目前我国与世界上各种型号的缆车与交通摆渡工具，无论是吊箱式、吊篮式、吊椅式或拖牵式缆车以及各种动力驱动的大中小型交通摆渡工具均没有针对有无障碍需求的乘客安全使用的产品，特别缺乏无障碍安全使用技术和无障碍应急疏散技术与标准。我国也没有定型生产的无障碍交通摆渡工具。通过对我国现有各大滑雪场如新疆天山滑雪场、吉林北大壶滑雪场和松花湖滑雪场等以及国外滑雪场的考察发现，除目前容纳人数超过 10 人的特大型厢式缆车乘客上下停驶运行外，其他类型的缆车乘客上下车都采用不停止行驶运行。各类功能障碍的使用者在使用缆车时，易发生遇险事故。在冬残奥会大量残疾运动员和残疾游客聚集的情况下，急需各种型号缆车的无障碍安全使用标准、无障碍缓行和应急启停控制技术、无障碍应急疏散技术、耐低温电动无障碍摆渡车等。

针对冬奥特殊需求和我国正在兴起的冰雪项目，应尽快研发各种型号的缆车（包括吊箱式、吊篮式、吊椅式和拖牵式等）与交通摆渡工具的无障碍安全标准，系统组合相关安全技术，针对各类功能障碍特点与需求，重点研发无障碍安全控制技术，包括研发必要的控制配件与应急疏散设备，形成我国的缆车与交通摆渡工具无障碍技术安全标准、缆车与交通摆渡工具整体安全优化标准与技术等。填补国际缆车（索道）无障碍安全标准与技术的空白。

另一个研究项目是大型（赛事）活动无障碍安全指南编制。此类标准针对冬奥会冬残奥会，同时适用于所有的大型活动。可以包括若干子项目，如场馆设施无障碍安全指南，既包括冬奥会和冬残奥会室内项目的比赛场馆，也包括各类大型活动的开闭幕式场馆、大型设施和媒体中心等。出席场馆内活动以及室外滑雪场活动的各类客户群中各种功能障碍者，一旦发生应急安全事件，极易造成人员伤害。赛时安全已经成为国际上对冬奥会和冬残奥会举办是否成功判断的重要指标。我国急需填补这方面的空白，确保冬奥会冬残奥会缆车（索道）运行的零伤亡事故率。但是由于大型活动安全技术涉及建筑、结构、构件、设备、材料、信息、标识、服务、管理等多项领域，形成了学科交叉而又无人研发的局面。冬奥大型活动的无障碍安全应偏重于设备、信息、标识、建筑等技术手段的实现。

针对冬奥特殊安全需求，以及我国大型活动人员聚集的特点，着重研发综合场馆、设施、设备和信息服务等无障碍安全标准，系统整合并优化相关安全技术，研究针对肢体功能障碍、视觉功能障碍、听力功能障碍使用者特点的无障碍安全控制技术、无障碍安全疏散方法、无障碍安全疏散设备，如滑降设备、滑降轮椅等产品，包括研发必要的控制配件与应急报警与通信设备，形成我国大型活动无障碍技术安全指南和整体安全优化技术。通过冬奥会和冬残奥会的使用，为以后上升为国家标准打下基础。

尽快完成相关设备、配件的研发配套，保证无障碍安全使用标准、安全使用技术、安全疏散技术的实施。尽快完成测试项目的应用考核，实现大型活动现场 10 分钟人员疏散完毕的目标。

针对我国进入小康社会以及越来越多的人对旅游环境无障碍的需求，满足无障碍需求者上山下海的愿望，应安排一批研究课题。例如无障碍滨海栈道、无障碍海滨停车与服务区、无障碍沙滩车、无障碍栈桥等。这些无障碍设施设备的研发同样可以带动一大批与此相关的研究项目与课题。

我国的无障碍建设发展战略应重点加强四个方面的保障措施：规划与计划制订、人才培养、项目安排、经费保证。

规划与计划的科学制订对于实现发展战略目标极为重要。过去由于无障碍建设主要涉及建筑物与构筑物，因此由国家住建部担负相应的标准与科研项目发展规划和计划。无障碍技术的迅速发展，已经不仅仅限于建筑科学硬技术，而且涉及管理方面的软科学技术、信息技术、康复技术和无障碍服务等领域。应汇集国家住建部、国家工信部、国家民政部、国家老龄委和中国残联及有关大学与科研机构的力量，协调规划与计划的制订，协调硬科学、软科学、无障碍服务等方面的研究与项目安排。充分发挥各方投资无障碍科研的积极性，充分发挥无障碍高端智库的作用。

应加强我国无障碍建设专门人才的培养。建立无障碍人才的中专、大专、本科、硕士、博士培养体系。继续发挥国家住建部等五部委无障碍专家委员会的作用，为高端决策出谋划策。应建立健全长期的无障碍专家咨询机构和专家库，涵盖肢体、听力、视力残疾与失能方面的知名专家学者。建立经常性决策咨询与审查机制。避免如北京奥运会及广州亚运会，以及历届全国残运会成立的临时无障碍专家组，赛会后即解散，难以形成知识与经验的传承。防止无障碍建设人才资源的流失，避免无障碍建设经验中断导致的低水平重复性劳动。

切实落实我国无障碍建设的经费保证。根据我国多年推进无障碍建设的实践经验，奥运会残奥会等大型活动的无障碍建设投入为千亿元人民币的投资量级。国家残运会等大型活动的无障碍建设投入为百亿元人民币的投资量级。创建中小无障碍城镇的无障碍建设投入为十亿元人民币的投资量级等。我国无障碍建设经费没有明确规定与限定，缺乏长期性考虑与政策和制度安排。必须改变无障碍科研项目与科研课题经费没有保障的现象。国家住建部、工信部、民政部、国家老龄办等相关部门都应该有无障碍建设与研究经费的制度保障。并积极探索新的政府投资吸引社会投资参与无障碍环境建设的经费保障形式，以及税收优惠和减免政策。

我国已进入无障碍建设与发展的崭新阶段。我国采用举国体制、集中力量办大事的跨越式无障碍建设发展战略，取得了重要的发展经验。通过夏奥和冬奥大型赛事活动对无障碍建设的有力推动，我国无障碍建设与发展的成就必将载入史册。

附　录

一、英国无障碍应急管理指南（节选）

英国无障碍应急管理指南

本指南对残疾人和无障碍需求者提供消防和紧急事件的安全指导，并提供残疾人和无障碍需求者应急疏散案例。本指南根据英国法规和标准编制。建筑业主和管理人员可根据不同的建筑类型和用途、不同的用户和位置来决定如何使用本指南。

若一个人在应急事件时必须被消防部门从建筑物中救出，则该建筑设计就是有问题的。人们不应该把危险转移给消防部门。建筑应设计成方便人员应急疏散。无障碍应是实际的而不是规定的。如果建筑被错误使用，建筑师没有责任。但如果没有遵守预先需求导致设计错误或没有向使用和管理人员提供足够的信息，则建设单位负有责任。

本指南集中探讨火灾应急疏散，但也适用于其他建筑风险。例如：炸弹威胁，化学品泄漏，极端天气，火灾，水灾，煤气泄漏，滑坡，辐射泄漏，恐怖行动，周边邻近的其他危险因素等。应急管理人员需要了解建筑可能面对哪些威胁，以评估风险并制订适当的计划。

疏散策略：应急疏散的规划和设计通常是基于建筑使用者可以不需协助而自行应急疏散。但残疾人和无障碍需求者、老年人和儿童，特别是那些行走功能受限或视力受损的人员，火灾时可能需要协助进行应急疏散。因此有必要在建筑设计和管理方面作出相应的规定。

在多层建筑中应急疏散残疾人和无障碍需求者、老年人或儿童，通常包括两个阶段。第一阶段先将其转移到一个临时安全之处，见附录一图1临时待避空间。第二阶段协助他们疏散到建筑物外。但目的不是让需要救助的人员停留在待避空间等待被消防部门救出。某些情况下现有建筑物不能提供建筑物内的待避空间。这时只要应急疏散出建筑时不受火灾和烟雾的影响，就可以使用外部待避空间。一般来说在相关区域内提供有顶棚的外部待避空间应被认为是建筑物待避空间的一部分。建筑管理部门负责协助在应急疏散时需要帮助的人，并应制订计划。但在应急疏散过程中消防和救援部门可能接手这项工作。管理部门必须确保在所有公共场所都有协助残疾人士、老年人和儿童的事先计划和有效的应急疏散程序。

在具有多个出口的建筑物中，应急疏散协调员应该检查应急疏散安排，以确保有多于一个水平进口和出口用于疏散，因为该建筑物的主要入口可能被火灾等阻断。如果没有这样一个水平进口和出口，那么需要在一楼（地面层）提供一个可用的疏散口。在具有一个主要出入口和一个消防疏散口的建筑物中，两个口都应该是水平的或坡道式的无障碍出入口。

残疾人和无障碍需求者的火灾风险评估。（略）

火灾应急疏散过程通常定义为四个阶段。（略）

水平应急疏散路线应该是平整的、照明良好的（使用应急照明系统）。门应该使用防撞杆朝应急疏散方向开启。标识和应急照明应强调最短的疏散路线。水平疏散是主要的疏散路线，如在医院中，疏散通道必须采用复合要求的防火墙、防火天花板和防火门等。水平应急疏散路线上防火分区间的门应提供防火防烟隔间，这些隔间应与消防楼梯或待避空间有相同的防火等级。门厅应有容纳疏散人员的足够空间，应使门可以双向开启以增加通过性。门应始终朝应急疏散方向开启。当应急疏散朝两个方向都有可能时，门应当能朝任意方向开启。床和类似的较大设备需要被移动到隔间和门厅时，应该加倍设置门。标识和应急照明应强调疏散路线，特别是如果有另一条疏散路线时，如从门厅到楼梯间通道。

应急待避空间：防火防烟门一般耐火标准是 30 分钟。出于安全原因，如果建筑物有大量人员或残疾人和无障碍需求者，老年人或儿童使用，风险评估应考虑防火防烟门和避难间结构应具有更高的安全性，如采用 60 分钟或 120 分钟的标准。在小建筑物中待避空间 60 分钟标准的防火门和较大建筑中待避空间 120 分钟标准的防火门变得越来越普遍，因为每层楼面需要 2 个人 10 分钟来抬出另一个人，因此必须保证那些等待抬出的人防火防烟安全。待避空间是轮椅使用者和有行动障碍人员的临时安全场所，他们可以在那里等待援助。待避空间是由防火结构围蔽的区域。通常可以指定现有的区域，如楼梯前厅或楼梯间平台作为待避空间，要有足够的空间来容纳轮椅使用者和其他需要帮助的人，而且不会阻碍其他人的应急疏散路线。待避空间不能设置在一个只有地下室、一层和二层，且总面积小于280平方米的建筑物中。待避空间的最小面积应为1.4米×0.9米，但当使用该楼层的残疾人和无障碍需求者的潜在数量增加时，这一面积也应增加。等待救援的残疾人和无障碍需求者不仅需要空间，还需要足够的空间给协助撤离者。关于待避空间设计的详细指南见英国建筑标准。每个楼层的每个应急疏散楼梯间都应有一个待避空间。待避空间应由消防安全标识清楚地标明。在前厅或楼梯间的待避空间也应标明"待避空间—保持净空"。待避空间的位置应通过数字加以标识。如楼层2，楼梯间4，以便可以清楚地说明人的实际位置。

使用待避空间不是一个理想的解决方案，应尽可能提供疏散电梯。老年人和残疾人和无障碍需求者在火灾或炸弹警报期间在待避空间等待可能会非常惊恐。待避空间必须被耐火结构围蔽，并有通往建筑疏散口的直接通道。待避空间不是单一的，对毗邻楼梯或疏散电梯的房间进行特殊加固也可以提供所需的防护。烟雾通常是最大的危害，需要专门防备烟雾对天花板，地板和墙壁渗透。待避空间应由符合资质的人员设计和建造。待避空间应设置在所有楼层，除地面层外，每个楼梯间设一个待避空间（或每个疏散电梯设一个）。注意可能需要地面层设待避空间。如果应急疏散通道不是无障碍的，如台阶式入口和出口，在一个隔间内或耐火的前厅、楼梯间和楼梯，在室外区域，如阳台，平顶屋面或平台，应有自己逃离风险的手段。

电梯：通常电梯收到报警器声音后自动停用。包括楼梯升降机、升降椅、平台升降机。也包括电动步行道和自动扶梯。因此必须提供安全的替代路线，并加以照明和标识。

疏散电梯：疏散电梯必须具备有与消防楼梯相同的耐火性，并由有资格的检查员确认，并清晰地记录和标识，应有两套独立电源供电，可以隔绝控制，任何电路板、发电机、液压泵都应有防火外壳保护，每层有应急待避区，在消防安全区内有一个最终出口。如果可能，在较大的场所，应该保护一个或多个电梯，并指定疏散电梯，以便在应急疏散时供残疾人和无障碍需求者使用。只有专门设计的疏散电梯才可用于疏散人员。这需要双路供电以

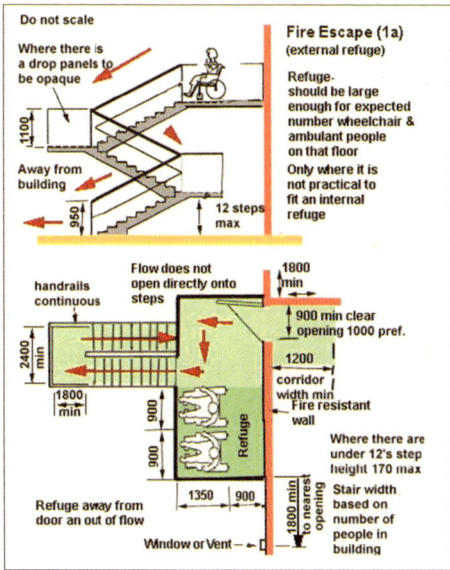

附录一图 1　临时待避空间（选自原文献）

及特殊控制——通常的乘客和货物电梯不适合此目的。在建筑物中没有要求提供应急疏散电梯，但如果没有应急疏散电梯时，则需要采用技术来抬或护送残疾人和无障碍需求者上下楼梯，这可能需要大量人力，可能不适合所有残疾人和无障碍需求者。应急疏散电梯必须在应急待避空间以及防火墙和防火门围蔽的安全区内停靠。

消防电梯：消防部门对于使用消防电梯进行疏散撤离有不同的意见。如果建筑物有消防电梯希望用作应急疏散计划的一部分，应与消防部门联系，建立一个移交程序，以便可以在消防队到达前使用电梯，而不影响其工作。同意消防电梯移交程序和规定，即使救援队到达后仍然有人需要撤离。

楼梯和坡道：轮椅升降机和平台升降机不应作为应急疏散的手段。当最后警报响起时，互锁机构将其返回到较低楼层并关闭电源。下部设备停放区应在人行通道外，否则可能形成绊倒的危险。应急疏散楼梯的宽度应等于应急疏散最小宽度加上任意一种座椅担架的宽度。沿楼梯向上应急疏散楼梯立柱的最大高度为 180 毫米，因为许多移动障碍和视觉障碍人士需要抓住立管来进行移动，所以牢固的楼梯立管是必要的。应急疏散楼梯两边扶手间的宽度必须在 1000—1400 毫米之间。必须满足坡道、踏步和楼梯的标准要求，如踏步边缘应涂对比色，扶手应该连续并涂与墙壁不同的颜色。楼梯踏步末端应有警示盲道。应急疏散楼梯和坡道上的扶手上应有箭头标记应急疏散方向。最后一层扶手的表面或靠近扶手的墙上应有"出口"标志。扶手在楼梯与平台上都应是连续的，只有进入门口时才中断。

楼梯两侧的扶手是残疾人和无障碍需求者和老年人使用楼梯和坡道时的重要帮助。它们用作身体支撑以帮助平衡和移动。两侧都有扶手的楼梯可以帮助只有一个手臂的人来支撑。研究表明，应急疏散楼梯上，健全人以每秒0.5 米至 0.7 米的速度行进。视障人士则以健全人速度的 42% 至 73% 来行走。

通信与报警系统。（略）

声音引导系统，指路照明与应急照明。（略）

应急疏散椅：没有应急疏散电梯的建筑物需要提供特殊的应急疏散椅。应急疏散椅可以使受过培训的工作人员协助残疾人和无障碍需求者通过楼梯。见附录一图2应急疏散椅的使用。应急疏散椅不见得适合所有人，例如有背部或颈部问题的人。因为他们往往在经过楼梯踏步时弹起，并可能导致进一步的受伤。疏散协助人员需要询问救助人员是否有残疾，避免由于抬起或使用应急疏散椅而加重受伤。应急疏散椅不能用在螺旋楼梯上，因为它们可能会翻倒。螺旋楼梯也对人背人疏散有危险，因为螺旋楼梯台阶窄和成锥形，因此具有绊倒的危险。螺旋楼梯应急疏散时应该谨慎使用应急疏散椅，应进行演练以防止在变窄的台阶踏步处歪倒。

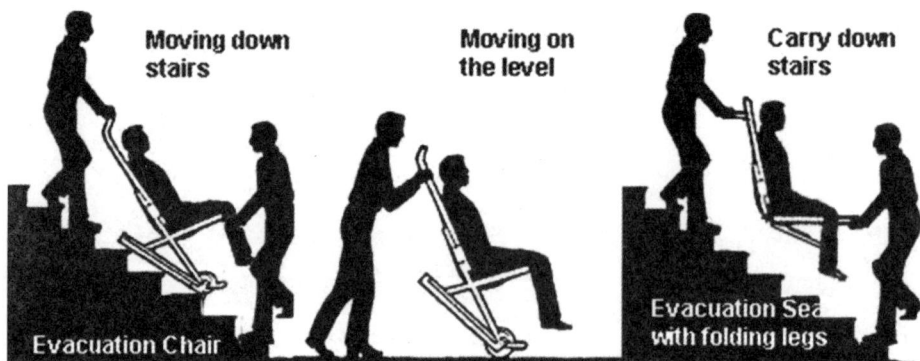

附录一图2　应急疏散椅的使用

标识：英国建筑研究机构使用白色烟雾对志愿者进行的试验研究说明不同类型的应急出口标识可见性在烟雾中有变化。研究忽略了真实烟雾对眼睛的影响或毒性作用。研究表明浓烟超过1.5米，任何应急出口标识都不可见（光密度3米–1）。在光密度1米–1时，最好的应急出口标识4米处可见，而光致发光标识仅1米处可见。

（吕天天译，吕小泉校）

二、美国残疾人临时活动场地
无障碍建设指南（节选）

美国残疾人临时活动场地无障碍建设指南

美国司法部民权局

大大小小的街头节日、手工艺品博览会、音乐活动、体育赛事等临时活动每天都在美国各地发生着。这类活动主题快乐并且支持社区融合意识，因此应鼓励所有人参与。本指南为规划设计者、管理者、运营者和建筑业主在临时活动场地进行无障碍建设提供协助。

第一章　残疾意识和非歧视

残疾人和健全人抱有同样的希望和梦想。他们希望无障碍地进入社区，与朋友和家人一起参加活动。据估计目前 15 岁以上的美国人中有超过 21% 的人、65 岁以上的美国人中有超过 50% 以上的人有某种残疾（2010 人口普查）。70% 的美国人在一生中的某个时段会有暂时性或永久性的残疾。直到 1990 年底颁行《残疾人法案》（ADA），残疾人才在社会上像健全人一样自由行动迈出了重要的一步。

残疾类型：残疾有成百上千种不同类型。一个人可能有多重残疾，另一个人可能只有单一的或时隐时现症状的残疾。有些残疾不太明显，但可能会降低体能、减少协调或引起疼痛，如心脏或肺部疾病、神经系统疾病或关节炎。暂时的情况造成很短时间的残疾，如骨折、疾病、创伤或手术——不被认为是《美国残疾人法》定义的残疾，除非它们预计将持续很长一段时间。

非歧视性要求：《美国残疾人法》要求残疾人必须能够获得或享受提供给公众的同样的商品、服务、设施、特殊待遇、优惠或住宿。因此需要确定一些总要求来保证残疾人获得平等权利的机会。美国残疾人法所覆盖的企业、政府部门以及其他公共与私人机构和设施被称为实体（单位）。根据美国残疾人法，实体不得在设计、服务或活动领域对残疾人歧视。询问关于某人残疾的不必要的问题。拒绝为残疾人提供福利或服务。制定排除或隔离残疾人的非法要求。对残疾人征收已经包含非歧视的必要费用以外的额外费用，例如清除障碍或提供符合要求的翻译等。

有效的交流与无障碍设计：（略）

第二章 规 划

残疾人必须能够获得或享受向公众提供的物品、活动、服务和福利。在临时活动中，残疾人必须能够：在活动前获悉信息和说明。以他人能够采用的方式到达活动场地（例如通过私人汽车、出租车、公共交通工具、活动班车）。找到和使用方便的停车场。从方便的停车位到达活动入口。在场地获取更多的信息和方向。根据需要在活动场地移动。出席演出，参加活动和观看展览。即使参与者的残疾影响其沟通能力，也应体验和享受活动。在零售商店选择和购买商品。使用公共卫生间、电话、饮水器、临时篷房、急救站和其他公共设施。

选址：选址对一次活动无障碍的整体影响最大。有障碍的建筑可能最难以清除障碍。在美国残疾人法颁行前建造了许多设施，有些是在州或当地无障碍法规颁行前建设的。规划设计可以改善活动场地的无障碍。如果有多个活动场地可以选用，活动场地的无障碍应是做出最后选择的首要考虑因素。

无障碍通道的重要性：无障碍通道对成功使用活动场地至关重要。一条连续的、无障碍的人行通道应是宽的，平整的，尽可能水平的，没有低的或悬垂的阻挡物或障碍。无障碍通道可以包含坡道但不包括楼梯。

有必要全面审核活动场地的选址，以确定残疾人能否在活动场地移动、进入建筑和参加活动。审查人员应在活动场地行走以确定无障碍通道（如果有多条通道，则其中最无障碍的通道）。残疾人应尽可能和公众使用同一条通道，残疾人不应为到达目的地而加长步行距离。

及早开始：活动组织者一般都对临时活动无障碍比对场地有更直接的控制权。如果需要进行场地改造，则可能需要时间来完成。因此应及早解决这些问题。进行各种市场调查和选择相对便宜的材料。设计和建设篷房、舞台和移动卫生间等临时设施时应始终注意无障碍。

场地改造——清除障碍：业主清除障碍有财务和法律上的鼓励措施。随着残疾人数增加，特别是在年龄较大美国人中的残疾人数的增加，需要更多的无障碍活动场地。此外，设施业主和管理者应满足无障碍法规要求，并应采取行动清除障碍。美国无障碍法规第三章包括所有私人拥有的、作为公共设施的场所（如宾馆、饭店、影剧院、博物馆、礼堂、会议中心、购物中心、公园、动物园或游乐园）的无障碍要求，并应在容易实现的时候清除障碍——即可以在不太困难或不费多大代价时实施。无障碍的容易实现基于一个实体或公司的规模、财务状况和现有的场地条件。一家大型跨国投资公司与一个举办为期一天的手工活动或古董展示活动的社区团体相比，容易实现的程度是完全不同的。

清除障碍的方法：安装坡道。在人行道和入口设置缘石坡道。重新排列架子。重新排列桌子、椅子、自动售货机、显示屏、衣架及其他家具。在电梯控制按钮上添加凸起标记。安装闪光报警灯。加宽门、安装门的特殊铰链使门加宽。清除十字旋转门或提供无障碍通道。安装无障碍门配件。卫生间安装安全抓杆。重新安排卫生间隔断以增加机动空间。水盆安装管道隔热处理以防烫伤。安装马桶座圈。安装足够长度的浴室镜子。重新安装浴室内的取纸器。增加无障碍停车位。在有障碍饮水器处安装纸杯的无障碍容器。清除轮椅难以通行的地毯（即长绒低密度的地毯）。活动组织者应提醒场地业主和设施运营商需要改造内容，有助于使其履行美国无障碍法的全部义务。

临时改造与永久改造：实体或单位必须进行永久性的建筑改造，以确保活动无障碍，除非这将导致不适当的负担，即如果改造过于困难或昂贵。在确定障碍之后，活动组织者可以与设施业主或经理协商，鼓励他们改善无障碍。将这些改造的完成与租赁合同协议联系起来是可能的。对设施业主来讲，一个更加无障碍的场地比那些无障碍较差的场地更有竞争优势。如果无法对场地进行永久性改造，或无法重新安排整个活动或某项具体活动，主办单位应考虑临时改造（见第四章参加活动）。

调整政策和程序：有时候某项政策或程序可以像物理障碍一样增加了障碍。但如果调整政策和程序或增加服务以适应残疾人，对某一事件或某一特定活动的本质产生了根本性改变，则不对政策和程序进行修改。

场地无障碍：残疾演讲者或残疾表演者需要对舞台或演出场地进行无障

碍改造。高舞台的无障碍改造更加困难。残疾人员上台阶通常是不可接受或不安全的。如果舞台很高，可以租用便携式电梯。如果现有的坡道比无障碍标准中规定的坡度陡而无法改造，则应由几名训练有素的人协助残疾人通过坡道以防摔倒或发生事故。有听力障碍、语言障碍或视力障碍的节目主持人通常可以帮助你决定是否需要提供协助或服务来传达他们的信息或与听众互动。

临时活动的宣传：许多残疾人士会认为临时活动不是无障碍的。因此重要的是要在所有宣传和介绍材料中包含关于无障碍的说明。承诺确认不歧视和无障碍是非常重要的。同时需要提供无障碍设施的位置信息，如无障碍停车位或无障碍卫生间设施，或在何处获得其他无障碍辅助或服务，如无障碍宣传材料或辅助听力设备。

无障碍标识：临时活动宣传材料应包括适当的无障碍标识，以表示各种设施、协助或服务。最被认可的无障碍符号是坐在轮椅上的人。用来标识空间或要素，以方便移动功能障碍者使用。其他无障碍性标识如国际听力障碍标识、助听设备可用性标识或手语标识等，应酌情列入临时活动的手册、介绍和宣传品。

方便使用的印刷材料：大多数临时活动都严重依赖印刷信息，这既是广告活动的一部分，也是活动本身的一部分。在设计报纸广告、传单、计划、日程安排、地图和展示说明等材料时，一定要考虑残疾人的需求，尤其是那些有视力或认知障碍的人。

第三章　到达活动场地

活动参加者到达场地，可以是个人或者由朋友或家人陪同，或团体抵达。他们使用私家车或中巴车、公共汽车、出租车或其他运输方式如铁路等。所有参加者包括残疾人都应能够使用这些交通方式安全方便地到达活动场地。

无障碍停车位、公交换乘站、上下车区和公共人行道的位置与设计至关重要。此外，建筑和场地的各种设施是活动的组成部分，必须通过无障碍通道与这些区域连接。即宽的、平整的、尽可能水平的、没有危险或障碍物的道路。

总体考虑：符合美国无障碍标准的永久性无障碍改造要比临时无障碍改造好。根据特定的场地条件和交通方式，这些改造可能会有很大的不同。要始终关注足够的标识、缘石坡道的设置和步行道地面的情况。在考虑改造范围和手段时，重要的是考虑对于私营企业和非营利服务机构哪些是容易实现的，哪些可以成为州政府或当地政府无障碍计划的一部分。

标识：标识应将公众引导到无障碍停车位、乘客上下车区域、换乘站以及无障碍出入口和大门。标识应采用无障碍国际标识，使用易于阅读的字体，足够大，可以从远处识别。

缘石坡道：缘石坡道或削坡用来消除人行道和停车场的高差变化。符合无障碍标准要求的缘石坡道坡度应不超过 1：12（每升高 1 英寸坡道面长度为 12 英寸）。如果缘石坡道需要两边放坡，其两边放坡的坡度可以为 1/10。许多厂商生产便携式坡道。有些是专门设计的桥梁坡道，适合在临时活动中使用。便携式坡道必须牢固连接，这样在使用过程中不会移动或移位。也可以根据需要制作临时木材坡道。

人行道：人行道可能会沿行进方向路面表面材料发生变化。例如，沥青路面变为混凝土路面或混凝土路面换成砖砌路面。这会带来绊倒轮椅使用者的危险或障碍。风化和树根可能会使外墙表面开裂或屈曲，形成小的危险脱落。所有突然的大于 1/4 英寸的路面高度变化都应改造修复或设置坡道以减小坡度。

路障：路障经常用在为车辆预留的区域内设置无障碍停车位。路障可以用来临时规定轮椅使用者的行动空间或用来保护便携式坡道。交通锥桶、圆桶、木架甚至石块和木板都可以作为路障。路障应看来是有意设置的、在恶劣天气下足够重以保持稳定并抗损坏。路障中至少保持 32 英寸的开口畅通。以使轮椅使用者通过，但车辆禁行。

停车位：为安全使用停车位，轮椅使用者或其他机动辅助设备使用者需要比普通停车位更大的空间。每个无障碍停车位必须设置一条水平的无障碍通道，以提供足够的空间让车门和中巴车轮椅升降机车门打开以供用户使用。

由于许多州对无障碍停车位有额外的设计要求，最好根据所在州和当地的建筑规范要求，以确保停车位符合美国无障碍标准及所在州或当地的标准。无障碍停车位必须尽可能靠近主要活动场地或建筑物入口，并通过平坦的、没有台阶或障碍的道路即无障碍通道连接出入口。

停车位数量：作为最小数量，不能小于美国无障碍标准中规定的无障碍停车位数量。无障碍停车位数量表（略）。注意：每六个无障碍停车位中的一个或六分之一必须是中巴车无障碍停车位。例如，如果有八辆轿车无障碍停车位，这八个停车位中的两个必须是中巴车无障碍停车位。

无障碍中巴车：为了提供足够的空间来安装电梯，中巴车宽度至少应为132英寸。对于为特定观众举办含餐饮的活动，如果该活动针对具有移动障碍的大量人群，如专门为老年人举办的活动，则中巴车无障碍停车位的数量必须在最低数量上增加。

停车位置：一般无障碍车位地面必须是平整的并且临近通向活动场地出入口的无障碍通道。无障碍停车位应尽可能靠近无障碍出入口，尽量避免残疾人长距离跋涉到达入口处。理想情况下所有停车区应有无障碍停车位。然而如果某个停车区离活动出入口比较近，最好在那个停车区设置全部的无障碍停车位。对于那些经常需要较长时间上下车的残疾人，停车区和上下客区应该是无障碍的。

停车库：车库可能有无障碍问题，因为出入口的垂直净空太小，配备有轮椅升降机凸起车顶的中巴车（这是许多无障碍中巴车的特点）无法进入。可以在车库外的其他位置设置无障碍停车位，但应尽可能靠近无障碍出入口，不给有残疾的驾驶员或乘客带来额外的不便。

非活动场地停车：（略）

停车标识：每个无障碍停车位都应采用垂直无障碍标识清楚地加以标明。中巴车的加宽停车位应标明有无障碍中巴车使用。如果这些无障碍停车位不在一般的停车区内时，无障碍停车位的标识应该设置在重要的位置。当停车场有较大的坡度或车库有较小的垂直净空时，可能需要在街道上划设出无障碍停车位。

无障碍通道：许多无障碍通道太窄，即宽度小于60英寸。为了解决这个问题，可以封闭旁边的一个停车位，采用该停车位设置无障碍通道，从而增加轮椅使用者或移动辅具使用者的使用面积。另一个方法是在现有延伸入无障碍通道的缘石坡道边上增加额外空间划设出无障碍通道。

缘石坡道：很多现有缘石坡道坡度太陡，有太多的翘曲或横向坡度，并且坡面上轮椅使用者没有足够的转弯空间转到水平面上。这些情况是危险的，可能会导致许多轮椅使用者翻倒和跌下轮椅。问题坡道的解决办法：在另一位置增加一个临时坡道，甚至如果有必要的话新设置一个无障碍通道。最简单的方法是指定一个完整转弯空间，因为没有必要新增加无障碍通道。在没有安全挡台的地方设置边缘防护。

缘石坡道没有三面放坡是危险的，特别是当有人群时，任何人都有可能由于通过无三面放坡的缘石坡道边缘，因突然变化的高差而扭伤脚踝。轮椅使用者可能会摔出轮椅的情况特别危险。沿坡道边缘放置方木、花盆、砌块等类似的大型物体可以提供预警和物理屏障。这类物体应比地面高出至少2到4英寸。防止跌倒的最佳方法是三面放坡。

第四章　参加活动

所有参加活动的人包括残疾人，都必须能够在活动场地自由活动、观看或参加大多数活动，即使不是全部活动。本章分为两部分：1. 在活动场地内活动的重点是明确无障碍设施的具体细节，并强调无障碍通道对移动障碍者和感官障碍者的重要性。2. 参加活动的重点是明确核心活动的无障碍，包括节目、游戏、展品和表演区域。

轮椅的空间需求：无障碍通道确保使用移动辅助器具的人能够顺利通行。固定停放轮椅的空间至少为30英寸宽，48英寸长。使用轮椅进行180度转弯的人所需的空间是直径为60英寸的圆圈。

轮椅使用者也可以采用类似于汽车的三点转弯来做T形转弯掉头，在丁字形通道交叉点、陈列柜间或者在一些必要的空间来完成掉头转向，如果可能的话可以在柜台或桌子下面做T形转弯。

无障碍通道

使用轮椅、助行器或行走困难的人需要在整个活动场地内有一条无障碍通道。一条完整的无障碍通道连接活动场地无障碍出入口和停车场，包括所有外部和内部的活动展览和展示，包括公共设施如卫生间、饮水器和电话。

这条无障碍通道应平整、防滑、连续。应保持地面水平和通道宽度、没有低的或悬垂的危险凸出物或障碍物。不需要使用楼梯。

无障碍通道应尽可能地与普通的活动参加者使用相同的路线。依靠资源情况，改扩建无障碍通道可以是临时的也可以是永久的。一旦确定了无障碍通道，如果它偏离了普通的活动参加者使用的路线，则必须用标识来加以引导。

无障碍人行通道必须符合下述要求：至少36英寸宽。例外：在有门或短通道的位置，无障碍通道可减小至 32 英寸宽，最长 24 英寸。至少每 200 英尺，应有 60 英寸 × 60 英寸的空间，以允许两个轮椅使用者同时通行。至少有 2 米的垂直净空或沿其整个通道长度的净空高度。没有任何危险的凸出物体。地面平整、坚固，防滑和密实。除非安装坡道安全扶手和安全挡台，坡道坡度不得超过 1∶20。坡道坡度限制为 1∶12。坡道横向坡度限制为 1∶48。楼面或地面不得有突然的垂直变化，只允许高差变化在 1/4 英寸和 1/2 英寸之间，且用 1∶2 的斜坡连接。台阶、楼梯或整个楼层高差变化大于 1/2 英寸的，应通过坡道、电梯或轮椅提升机实现。

出入口：到达场地后，活动参加者和残疾人必须能够使用出入口门和建筑入口。通往这些出入口的无障碍通道不得有楼梯，除非有坡道、电梯或轮椅提升机。理想情况下残疾人应该和普通参加者使用同一个出入口。非无障碍出入口可以安装便携式坡道或提升机。

如有必要应选择更容易改造的出入口。应使用国际无障碍标识引导活动参加者到达无障碍出入口。需要注意的是建筑应至少有三个条件相同的出入口。出入口旋转门。无障碍标准禁止旋转门成为无障碍通道的一部分。通常在旋转门旁设置一个或多个平开门，用作应急或服务通道。

这些门可以用作临时活动，在整个活动期间门应保持打开。无障碍出入口若闭门器太沉重，应由员工开门，或保持门的开启状态。

地面和楼面：对于大多数手动轮椅使用者来说，通过松软的路面，如厚地毯、沙子或砾石路面是困难的或不可能的。使用电动轮椅或残疾人摩托车的人在这些路面上也有困难，因为需要额外的动力通过。这会迅速耗尽电池而使人束手无策。不平整的地面如鹅卵石地面和类似不平的砖或混凝土地面，轮椅通行都不顺畅，容易颠簸和歪倒。不稳定地面和不平整地面对使用拐杖或盲杖的人也是问题，容易导致失去平衡和摔倒。

地面小高差：地面材料经常发生小而突然的垂直变化，例如从沥青到混凝土或砖到木头。这种情况也会导致地面因磨损或天气而变形或破裂。平滑过渡是最好的，因为可以清除绊倒的危险。然而使用轮椅和摩托车的人可以适应 1/4 英寸内的高差变化。小的高差变化应改造成小斜面。1/4 到 1/2 英寸的高差变化可以通过设置 1∶2 的小斜坡过渡。大于 1/2 英寸的垂直高差变化必须做 1∶20 的坡道。

可以采用木材或其他材料削成楔形斜面。人行道和其他混凝土表面可以用水泥抹平混凝土开裂和凹凸不平的地方形成平整的表面。如果有较大垂直高差，可能需要使用坡道、电梯或轮椅提升机。

地面和楼层的高差：进入活动场地或在建筑内移动，高差变化是最大的障碍。如果活动区域在地面高差上有较大变化，可能要重新选择无障碍通道，并采用容易改造的其他路径和出入口。如果不可能有另一条无障碍通道，或要求行动障碍者长距离移动，可以通过设置坡道、轮椅提升机或利用现有电梯来克服高差变化。

现有设施、坡道和电梯可能不符合无障碍标准，应评估其是否数量足够和安全。

临时坡道和升降机：如果台阶总高度不超过 30 英寸，临时坡道可能是好的解决办法（允许轮椅使用者安全爬上 30 英寸高差的坡道设计，坡道必须至少长 30 英尺）。如果高差更大，可能需要更长的坡道。公众使用的临时坡道应符合无障碍标准中对坡道的规定。在空间极为有限的现有建筑设施中，坡道坡度（6 英寸上下的高差）可以有一定程度的加大。演员或主持人上舞台的坡道可以根据个人需要设计。如果这些坡道较陡，则必须在使用过程中监督和协助以保障安全使用。

符合无障碍标准的坡道要求：坡道扶手间的最小宽度为 36 英寸。最大坡度为 1∶12（每长 12 英寸，高差 1 英寸）。起终点平台高差不得超过 30 英寸。在现有空间有限的情况下，坡度限制为 1∶10 到 1∶12 之间最大升高 6 英寸，1∶8 到 1∶10 之间最大升高 3 英寸。

六英寸高差或以下的坡道不需要扶手，但必须有安全挡台或其他形式的边缘保护，以防止轮椅使用者从坡道一侧滚落下来。便携式斜坡在使用时不得移动或晃动。它们必须牢固地连接或设计成保持静止的状态。

临时轮椅提升平台：在台阶高于 30 英寸时，轮椅升降机可能是一个解决方案。高差小于 30 英寸，没有足够的空间设置坡道时，它们也可以运输人员。在一些城市可以租用由医疗器械经销商、独立生活中心或电梯公司和升降机公司提供的轮椅提升平台。

电梯：现有的电梯轿厢必须至少 36 英寸宽，54 英寸进深，以便于使用。由于这种尺寸不允许轮椅使用者在轿厢内掉头，大型轿厢为使用电动轮椅，摩托车和其他移动辅具的人提供了更大的可用性。在可能有大量人员使用移动辅助设备以及在上下楼层之间通行的情况下，电梯应该体积大、数量多。货运或人工服务的电梯是解决问题的最后手段。如果它是唯一的选择，则可供行动障碍者在楼层之间使用。可能需要工作人员操作。远处可用的电梯应为活动参加者提供标识指引。即使电梯轿厢尺寸足够大，也应该考虑其他无障碍细节。如有必要，应在每层电梯门框上贴上楼层编号的凸起数字并在控制面板上增加盲文，以帮助视觉障碍者。

门：门应足够宽以使轮椅使用者顺利通行和开关。门必须有 32 英寸净宽，方便轮椅使用者通行和两面不碰手。这通常意味着门扇本身应 34 英寸宽，但可以采用 36 英寸。但门宽小于 32 英寸时许多残疾人也可以使用，但门应保持开启，在门的两边都应有足够的空间供轮椅使用者排队通过。有一些简单的方法可以把门的开口扩大近两英寸。如果隐私要求、安全、空调或暖气的条件许可，可以拆除整个门扇，以获得足够的宽度。现有的门铰页可以用展开式门铰页取代，这样可以使门扇完全展开出门框。门的开启力：室内门应使用不超过 5 磅（22 牛顿）的力来打开，如果可能的话，外门开启力应为 8 磅（36 牛顿）以下。用力要求大的门可以平时处于开启状态。对某些门来说，拆除闭门器或减少启闭力也是一种选择。门把手：如果可能应将门旋钮手柄改为无障碍手柄或环形手柄，否则应使门处于打开状态。（1 磅力 =4.45 牛顿）

清除危险凸起和悬垂物体：所有活动参加者和工作人员使用的内部和外部循环通道，包括无障碍通道和楼梯，都应没有任何从墙壁和柱子凸起的或悬挂在天花板上的物体。如标识、灭火器、灯具、饮水机、控制阀、立管、展品、雕塑、隔断、树枝和帐篷拉线。墙上安装的物体不能凸出超过 4 英寸。除非它的底部边缘可以被视力残疾者用盲杖探测到。突出物体的底部不应超过地面以上 27 英寸（0.7 米），否则必须安装在 80 英寸（2 米）以上。任何物体底座凸起超过 12 英寸（0.3 米），需要在低于 27 英寸（0.7 米）以下可用盲杖探测到。无障碍通道通过物体或悬垂物的地方，不得低于 80 英寸（2 米）的最低净空要求。为了防止危险，应安装临时围挡。展板底部必须能够用盲杖探测到。

帐篷、防雨布和类似的临时设施：这种临时设施的拉线应位于人行通道外，或有可探测的围挡或物体作为警告装置。还必须评估支撑结构的潜在危险，必要时进行改造。

信息和票务：出入口门、接待台或信息亭必须设计成无障碍的，其位置和所提供的信息应无障碍。信息和票务区必须位于无障碍通道上，可连接所有活动区域，包括从停车场到展示区或活动区。柜台或办公桌的一部分应该是无障碍的，不超过 36 英寸高和至少 36 英寸长，所以轮椅上和身高较矮的人可以坐着办理业务或看材料。信息和票务的一线工作人员必须对活动的无障碍设施与无障碍服务有全面的了解，对残疾问题有普遍的敏感性。如果工作人员有准备，对信息、指南或问询的无障碍要求就可以得到有效和适当的处理（见第二章工作人员和志愿者准备）。如果经费许可，一些手册、地图或日程安排应提供大字本以方便视力有限或低视力者。这样的文献可以通过复印机放大。根据视障人士要求，工作人员应做好大声介绍文字材料内容的准备。对于有多个小活动或活动内容复杂的大型活动，应考虑准备磁带录音设备，出借给视力残疾者，或者其他不能阅读文字材料的人。对于大多数活动来说，这可能是更好的参与活动的解决方案。活动指南虽然有的不符合无障碍标准，但应满足表面不反光、字体和大小的一般要求，以方便所有使用者。

标识：应连续设置清晰易于阅读的标识，帮助活动参加者了解活动或展示的情况，找到活动场地的通道。应评估永久建筑和活动场地的标识是否足够。并在可能时，由设施业主根据无障碍标准加以补充。

房间和场地的永久标识：采用触觉字符和盲文。采用大写无衬线体文字或简单衬线体文字，文字大小 5/8 到 2 英寸高，凸起 1/32 英寸。采用高对比度、无反光表面。设置在墙上距地面 48~60 英寸。允许参观者接近阅读和触摸标识。定位标识和引导标识：应简单，没有扩展或压缩。高对比度、无反光表面。字符大小应根据观看距离设置（当人不能靠近时，应采用设置在头顶上的更大的标识或符号）。

临时标识：如果现有的房间标识难以阅读或太小，应尽可能加上临时标识。虽然临时标识不一定满足无障碍标准，但它们应该符合上述标识的要求。标识应采用标准或常用词汇。内容导向的标识（如采用国王和皇后的图形表示男女洗手间）可能不被许多认知障碍的人所理解。视力低下的人不能够阅读高度装饰性的、表面光滑的或色彩暗淡的标识。在活动场地只有一些通道是无障碍的情况下，应在无障碍通道、无障碍停车位、无障碍乘客上下车区、无障碍出入口和无障碍卫生间等处设置国际通用的无障碍标识。在文本电话和可以调节音量的电话上添加适当的标识。对听力障碍者在会场采用助听设备时应设置无障碍标识。应采用打印的而不是手写的草书字体的标识。可以购买符合无障碍标准的印制标识。

展览和展示的无障碍：使便携式显示板、容器、书架或展板等靠近无障碍通道。并有足够的空间使用轮椅或移动辅具者停留观看。独立显示箱安装高度为36~39英寸高。从上面看的物体不应超过36英寸。细心放置的镜子也能使模糊物体被看得更清楚。如果使用高陈列柜或书柜式展示架，可能需要把展品从箱子里拿出来或放在架子上，这样残疾人就可以近距离观看和研究物体。确保墙上挂的陈列柜和物体的底部距地面36~39英寸高。

空间限制通常规定，展品陈列在垂直书架式陈列架上，应将物体放在36~39英寸的观赏高度。可以根据参观者的要求把有代表性的展品放在首选的范围内，并准备需要时把它们放到架上展示。提供足够的空间让一个人可以充分后退和充分接近展板以观看展示品。平面图像（如照片、绘画和地图）的安装高度必须允许站立的人和坐轮椅的人舒适地观看图像。

大型展品：大型展品或可以进入的物体，例如卡车、船或飞机都会遇到特殊的障碍。在不要求对物体进行重大改造的情况下，有些物体本身就是有障碍的。对于许多临时活动，唯一现实的解决方案是提供展示对象的视频来观赏，提供与实际进入该物体类似的体验。一个显示物体典型的关键特性或一个实物大小的模型，也可以让参与者体验展品的关键特性。如果陈列着大量展品，如船或古董车展览，代表性的模型可以做成无障碍的或提供视频观赏。大型展品有时只能在无障碍层或观景廊观看，有些很难从主要层或大型展品的顶上观看。

拖车展示：嘉年华活动和展示活动可以登上三至五步台阶观看拖车展品。展览内容应提供给所有参与者，并且展览商应该为不能进入的人提供展览的小册子。一个更好的解决方案是在拖车展品入口处增加一个临时可移动的坡道或电梯。这些改造可以成为经常变换场地展示的拖车展品设备的永久组成部分。

为感觉障碍者创造无障碍：视觉障碍者。如果他们有机会触摸物体，使其能够感知物体的重量、纹理、形状等，就可以了解许多有关展示品的知识。具有三维项目特征的浮雕图和大型物体的比例模型也可以提供有价值的信息。如果所有的人都能接触到这些可触摸的展品，提供口头叙述或音频介绍来描述二维图像的内容，这将使参加这次活动的每个人的体验更具有教育性和令人难忘。工作人员还可以描述特定参与者的图片，或有人向所有参与者解释展览，可以提供更详细的描述，以便使视觉障碍者可以获得充分的理解。听力障碍者应了解视听节目的内容，例如有幻灯片和录像放映。理想情况下演讲应有字幕或屏幕音频设备。口头介绍应有书面材料。有环境背景噪声的场地，应关注听力受损的参与者，知道他们有没有遗漏活动的内容。

环境无障碍：因活动的性质不同，对移动障碍者的无障碍保障水平也会有所不同。例如移动障碍者可能不能使用蹦床，但仍然应有一条可以到达蹦床的位置，以便个人可以陪伴朋友或照看孩子。

有些活动需要展示区台面，如书写、绘画或建筑模型，必须有些桌子或台面是无障碍的。无障碍标准要求桌面面积总量的 5% 是无障碍的，但最少不得少于一个固定或内置的桌子和座位，在人们使用轮椅或需要坐在合适的高度时应有足够的容膝空间。

展品显示与控制：交互式显示器应具有所有参加者都可用的控件，即杠杆、循环手柄、按钮和摇杆开关。这些通常需要很少的力来操作。一般来说，大多数参与者的操作都是直观的。手功能障碍者也应很容易操纵杆型手柄和轨迹球。当展品不可能全部为无障碍时，应提供可以无障碍控制的典型实例，以确保每个人都可以具有这种体验。

清除沟通障碍：需要交流的活动应允许有听觉障碍、视觉障碍或语言障碍者参与。听力障碍者在小组讨论、研讨会或问答时，应能够以不受限制的方式理解信息并作出反应。助听设备应提供给听力障碍者使用。最有用的是便携式助听设备，允许在小型活动或课堂环境的灵活使用。对于许多丧失听力者来说，手语翻译对于双向交流是必不可少的。虽然这对于一次活动来说可能是不切实际或昂贵的，但应备有手语翻译者名单，当有大型娱乐活动时可按需求提供。应预告并安排一些无障碍的或有手语翻译的演出。视觉障碍者可能需要接近视觉信息、解说或活动场地。例如照片、艺术品、地图等。对盲人来说是无法感知的，此时增加口头解释是必要的。有的展品可以复制样品供参与者触摸和体验。如果认知障碍者听到指令后必须行动,则简短指令更为有效。

集会场地:演讲、表演和体育展示涉及相当多的人聚集在一个限定的空间。无论是在永久性的室内环境还是在临时性的室外环境,无论是在设施设计,还是在计划安排方面,集会场地都必须是无障碍的。

轮椅座席位置。固定座位的集会场地,例如剧院、体育场等,必须提供各种固定的座席位置,因此轮椅使用者可以选择自己的位置来观看活动和表演。所需的轮椅席位数量与会场座位容量有关,但必须分散在普通席位区内,因此参加者可以选择票价。在可移动座椅用于临时活动的会场区,这些要求也应达到甚至超过。轮椅席位数表(略)。轮椅座席的位置必须在桌子间有一个额外的空间,轮椅使用者可以在此处推进去,这样后面的人就可以通行。剧院式布局通常用于临时活动。座椅可以按通常的方式布置,但必须为轮椅席位分配确定的位置。这样轮椅席位处的座椅就可以拿掉。在轮椅席位前后设置空间,轮椅使用者可以停在其席位上而不影响其他人通行。如果没有固定的或临时的座位,参加者需要坐在地面上,则应指定地面无障碍席位。这些空间应提前预留。电缆、支架等的放置须保持无障碍通道畅通。

当表演者或节目主持人有残疾或当观众成员被要求上台表演时,表演场地要求无障碍。如果不能从前面登上舞台,可以在公众不使用的后台或其他区域,为表演者或演出者提供无障碍通道。

许多视力有限的人如果能坐在离表演近的地方,就能分辨出颜色、形状和动作。同样,有听力障碍的人可以清楚地看到手语翻译的手势动作、显示文本或演员的手势。前排区域的一些座位应预留给有听力和视力障碍者。

第五章　服务和支持设施

提供给公众的服务和设施,如卫生间、电话、饮水机必须以无障碍的方式提供残疾人使用。如果残疾人有身体或医学上的困难,但能与人沟通,最好是直接问他需要什么。永远不要认为你知道什么是对残疾人最好的。

每个公共卫生间都应至少有一个方便残疾人使用的卫生间和洗手盆。对于较旧的既有建筑,应尽可能最大限度地进行改造。可能需要临近建筑或地点的无障碍卫生间设施。如果是这种情况,应为这些无障碍卫生间提供导向标识。至少百分之五的厕位应是无障碍的。

　　如果活动参加者使用无障碍厕位，无障碍厕位数应最少为所有厕位数的百分之五，但不应少于一个，必须是无障碍的。如果活动场地周围有多个无障碍厕位，则每个公共卫生间中百分之五的厕位应是无障碍的。

　　所有人应容易得到饮用水。一些残疾人必须定时补充液体，否则过热时容易脱水。应研究临时活动持续的时间和规模，并评估现有饮水器是否足够。

　　如果活动安排在室外场地，温度如果超过华氏 80 度或低于华氏 50 度，则应安排在温度适宜的室内场地活动。大型户外活动不能进入临近建筑时，每个主要活动区应至少有一个无障碍室外帐篷或临时板房。现有的临时篷房应无障碍。可以使用帐篷和油布搭建新的无障碍临时篷房。无障碍临时设施应设在无障碍通道附近的水平地面上。应在饮水机附近设置无障碍临时设施，或在没有饮水机的无障碍临时设施处提供便携式容器装的饮用水。美国残疾人大型临时活动场地无障碍示意图如下图。

附录二图 1　美国临时活动场地无障碍设施示意图

第六章　资　源

　　美国无障碍国家机构可以提供国家或地区的无障碍资源，可以为残疾人临时活动提供必要的支持。

（吕小泉译，吕天天校）

三、美国体育场馆无障碍建设要求（节选）

美国体育场馆无障碍建设要求

美国司法部民权局

美国残疾人法要求新建体育场馆对残疾人无障碍，以便他们以及家人和朋友能够平等享受娱乐和休闲。本文件重点归纳美国残疾人法对新建体育场馆的无障碍关键要求。其他无障碍要求，如停车场、出入口和休息室等也适用。遵守所有无障碍要求对于为残疾人和无障碍需求者提供基本的无障碍权利至关重要。

体育场馆无障碍座席的主要要求

体育场馆无障碍座席是必需的。至少百分之一的席位应是轮椅席位。每个轮椅席位应是一个开放的水平空间，可容纳一个轮椅使用者，并具有平整、稳定且防滑的地面。无障碍座席应是座席安排的组成部分。以便轮椅使用者不与其他观众或其朋友或家人隔离。应在每个轮椅座席旁边提供一个陪伴席位。陪伴席位是朋友或同伴的传统座席。应在所有区域提供轮椅席位位置。包括包厢和专业区域。轮椅席位应提供可拆卸或可折叠的座椅。以供不使用轮椅的人使用，在并非所有轮椅座席位置都售出时，体育场不会失去收入。体育场座席超过 300 个时，应在多个位置提供轮椅座席位置。这被称为分散座席。轮椅座席应分散在所有座席区域，并为大众提供可比较选择的入场票价格和位置。轮椅座席位置应位于无障碍通道上。无障碍通道应通向停车场和交通区域，并连接到所有公共场所，如特许经营商店、餐厅、休息室、公用电话和出入口。轮椅座席应有与其他观众相同的视线。在展示或活动期间观众可能站立的体育场（例如足球、棒球、篮球比赛或摇滚音乐会等），全部或基本上全部的轮椅座席位置应提供前排观众站立后不影响的视线。场馆轮椅席位视线设计所示，轮椅使用者视线应越过前排站立观众头部看到比赛场地。除设置轮椅席位外，所有座席区中至少有1%的席位应是没有扶手的走道席位，或扶手可拆卸或扶手可折叠的走道席位。这些座椅供那些具有行动障碍但希望使用普通席位而不是轮椅席位的人。无障碍通道应将轮椅席位与比赛或表演场地、体育场馆楼层、更衣区或更衣室以及运动员和演员使用的其他房间相连接。比赛场地、更衣室储物柜和运动员和表演者使用空间的无障碍：所有公共和公共使用区域应有无障碍通道，包括比赛场地、更衣室、舞台、游泳池和热身区等。无障碍通道为使用该场馆的公众、工作人员和运动员提供无障碍。

所有的零售店，包括食品服务区、餐厅和零售摊位等，都应是无障碍的。例如应在商品供应处和收银机处提供低位柜台。饮料和自助商品售货机应方便轮椅使用者。

声音交流是体育场使用不可或缺的一部分，听力障碍者需要助听系统。这些系统放大声音并根据所采用的系统类型将声音传送给佩戴特殊接收器或助听器的观众。体育场应为助听系统提供观众接收器。观众接收器的数量应等于体育场席位总数的百分之四。应提供说明和标识以告知观众助听系统接收器的可用性。

当提供停车位时，应提供轿车无障碍停车位以及中巴车无障碍停车位。无障碍停车位应是距无障碍出入口处最近的停车位，并且应位于通往出入口的无障碍通道上。如果提供观众上下车区，应无障碍，并且无障碍通道应将每个无障碍上下车区与无障碍的出入口连接起来。如果落客区位于路边，则应提供缘石坡道。

场馆出入口至少百分之五十应是无障碍的。那些有障碍的出入口应有标识，指示公众到最近的无障碍出入口。有旋转门的无障碍出入口应提供无障碍门。

公共休息室和普通（包括员工的）休息室都应是无障碍的。包括工作区休息室和包厢及套房的休息室。

应提供火警警报或紧急通知，公共和公众使用区应设闪光警报灯，包括公共卫生间和公共淋浴间，更衣室以及公共走廊。

永久性房间和空间的标志，例如休息室、应急出口或房间号的标志应带有盲文和凸起的字母或数字，以便可以通过视觉或触觉（通过用手指触摸）感知。标识应满足安装位置、色彩对比度和非眩光表面的特定要求。为使用功能房间提供方向或信息的标识应符合文字比例、文字高度以及文字间及与背景间的对比和标识面层的要求。

（吕小泉译，吕天天校）

四、中国团体标准——滑雪场建筑无障碍标准（节选）

滑雪场无障碍建设标准

1. 总　则

1.01　本标准规定了滑雪场无障碍设施建设和改造的设计要求。本标准适用于室外滑雪场。用于比赛的滑雪场应结合比赛项目需求进行无障碍设计。雪上项目训练基地等可参照本标准执行。

1.02　滑雪场的规划设计、雪场及主要功能区建筑、附属设施、索道与提升设施、标识与应急系统等，应遵循无障碍原则。滑雪场的建筑设施设备与道路应符合《无障碍环境建设条例》以及《无障碍设计规范》GB50763-2012等国家标准要求。

1.03　滑雪场地形、面积与雪道条件差别较大。应科学确定无障碍建设与改造范围。无障碍设施应与滑雪场的环境景观相协调。无障碍设施设备应能随时使用。

1.04　无障碍设计应根据滑雪者、游客与滑雪场员工的生理特点与心理特征，满足滑雪场使用者的无障碍需求。尽可能使所有人都可以自主公平地使用并兼顾不同的能力。能传递信息到每个人不受任何感官缺陷限制，使误操作造成的危险减到最小。不受身型与姿势或行动障碍和语言障碍的影响。有足够空间尺寸。在人员密集和高速运动的场地防范各种隐患，保障生命安全。

1.05　有比赛需求的滑雪场，还应根据运动员、观众、贵宾、媒体、工作人员等客户群的无障碍需求，对其无障碍流线与无障碍设施给予保障。

2. 术语（略）

3. 总平面

3.01 滑雪场总平面布置应进行无障碍通道、无障碍标识与应急疏散设计。综合服务厅和主要功能区建筑应靠近主要出入口。雪场雪道、主要功能区、附属设施区等应设置安全缓冲区和明确的标识。确保滑雪场区域内无障碍环境的完整性。应编制无障碍专项设计说明以便于审核。

3.02 无障碍通道应从滑雪场外公共交通落客点连接滑雪场综合服务厅和主要功能区如售票、雪具存取租赁、问询、公共卫生间等服务设施及客运索道提升设备、雪道雪场和餐厅、零售店等休息区域。

3.03 滑雪场的无障碍通道宽度应不小于 1.5 米。应水平、连续，平整防滑。净空高度应在 2 米以上。无障碍通道上不应有任何沟坎及影响通行的凹凸物。无障碍通道一侧宜设置扶手。无障碍通道应该形成闭合环路。无障碍通道应有清晰的导向和定位标识。

3.04 需要设置坡道时应符合国家标准《GB50763–2012 无障碍设计规范》的要求。人员步行距离不宜超过 60m。超过 60m 时，宜在 60m 间距处提供休息座椅或休息区。并提供摆渡车服务等措施。

4. 出入口及停车场

4.01 滑雪场应至少设两个大门。大门应为无障碍出入口。无障碍出入口应与内部交通环路及无障碍通道相连接，方便消防和应急疏散使用。出入口应设置为无障碍出入口，有醒目的标识。

4.02 滑雪场检票口宜设置无障碍专用通道。有安检门的滑雪场，应设置使用手执式安检仪的专用无障碍安检口。滑雪场出入口的无障碍设施应与城市道路的无障碍设施相连接。

4.03 有条件的滑雪场在出入口内应设置较为宽阔的广场，方便客流集散。设置无障碍车辆临时泊车下客位。设置相应的无障碍通道。有高差的出入口设置台阶的同时，应设置方便轮椅通行的坡道，在台阶和坡道两侧安装扶手栏杆，确保安全。

4.04 应根据残疾人数量类别与交通工具类型确定无障碍停车位。位置应方便残疾人使用。应设置水平和垂直无障碍停车位标识。无特殊需求时，大中小型车辆应各设置一个无障碍停车位。无障碍停车位宜设置在距离滑雪场出入口和综合服务厅最方便之处。并设置醒目的无障碍标识。

4.05　应做好团队人员、散客、贵宾等客户群的人车分区分流设计。避免不同类型客户群的流线交叉。滑雪场区域内部道路应做好人车分流设计。人行通道和轮椅通道地面应平整防滑，不采用柔软地面或草坪、与机动车道分离。不做带路缘石的人行通道与轮椅通道。

4.06　滑雪场出入口和其他醒目位置应设置无障碍设施的位置图、向导图、盲文地图、盲文说明或触摸式发声地图。位置图、向导图和盲文地图应包括：滑雪场范围，使用者所在位置，无障碍通道，雪具大厅等主要设施与卫生间等附属设施，医疗室位置等。宜设置大屏等无障碍信息显示与广播系统。

4.07　有条件的滑雪场出入口处应该为老年人、残疾人、带婴幼儿的家庭等客户群提供轮椅摆渡车、轮椅观光车、轮椅电瓶车等代步和摆渡工具。停车场距综合服务厅较远时，应设置有男女无障碍厕位的室外公共卫生间，并设置无性别无障碍卫生间。

5. 综合服务厅及主要设施

5.01　综合服务厅及主要设施应做好功能分区，避免客户群的流线交叉，有序引导客流。各功能分区由无障碍通道连接。综合服务厅宜为单层建筑。设地下层或地面为多层建筑时，应设置无障碍电梯。

5.02　综合服务厅建筑出入口应符合无障碍设计要求。应设置雨棚。门净宽不小于1米，不采用旋转门和弹簧门。宜采用感应式自动门。方便使用轮椅的人员、老年人及其他有需要的人。有安检闸机的出入口，应设置净宽不小于1米的人工安检口。

5.03　售票、问询指南、雪具租赁存放、衣物存取、雪具维修、气象服务、志愿服务等服务窗口和柜台应设低位无障碍服务设施。建议提供手语、外语、应急协调等服务。各类服务台前应有轮椅回转空间和容膝空间。宜设置屏幕显示与语音提示服务。客流较大的滑雪场，宜提供无障碍专用窗口和柜台、人工或志愿者服务，并提供备用轮椅。

5.04　综合服务厅客流密集部位2米以下的尖锐阳角和突起物、方形混凝土柱等宜采用软包。墙壁2米以下部位不宜采用玻璃等坚硬材料装修。各项服务设施在2米以下高度应消除尖锐阳角和尖锐突起物。地面宜采用防滑材料。重要部位宜设置安全抓杆或扶手。

5.05 更衣区域、休息区域、游客室内外观赏区域等应有无障碍设施，用无障碍通道连接，并有清晰的无障碍标识。更衣室与更衣柜应有低位无障碍设施。各区域应设置休息座椅，休息座椅旁应设轮椅位置。提供饮用水时，应设低位饮水台。各区域的内门应方便轮椅出入，门净宽度不小于 0.8 米。

5.06 贵宾区应有独立的无障碍出入口和无障碍通道、贵宾休息室、专用卫生间等。专用卫生间应设置无性别无障碍卫生间。贵宾无障碍停车位宜靠近贵宾出入口。

5.07 摄影、摄像、新闻采访区、展览、宣传、培训及模拟滑雪等区域应方便轮椅使用者的到达和进入，并设置无障碍桌椅及轮椅席位。自动售货柜、公用电话、银行取款机等服务设施应方便轮椅使用者的到达和使用，并设有低位无障碍服务设施。

5.08 公共卫生间应设置一个无性别无障碍卫生间，男女卫生间各设一个无障碍厕位。男女卫生间的普通厕位各设置一个加装安全抓杆的厕位，方便有需要的人使用。男小便器宜采用落地式，其中一个加装安全抓杆。男女各一个洗手盆加装安全抓杆。其他应符合国家标准《GB50763-2012 无障碍设计规范》等的要求。

5.09 餐馆、咖啡厅与零售商店等服务设施应符合无障碍要求。设置低位柜台。餐饮桌椅应可移动，方便轮椅使用者。无障碍通道应连接其他主要功能区和卫生间。

5.10 有运动员公寓等住宿功能的滑雪场，应按照《无障碍设计规范》GB50763-2012 的要求设置无障碍客房。残疾运动员培训使用的运动员公寓和住宿用房应进行专门的无障碍设计。

5.11 综合服务厅及主要设施应做好照度设计与过渡照明设计，以方便低视力者或其他有需要的人。公共休息与阅览空间应设置方便轮椅使用者的阅览桌，低位电话以及阅读检索屏幕。

5.12 综合服务厅客流密集处应做好吸声降噪处理。广播系统和标识系统应覆盖滑雪场全部公共区域。各区域人员应均可清晰听到应急广播。有条件的滑雪场应提供可供租借的耳机。

5.13 综合服务厅及主要设施应做好应急疏散设计。应设置醒目的紧急疏散指示标志，疏散通道组织合理，疏散路线短捷方便。疏散出口、内外部的通道均匀布置，符合无障碍通行的要求。疏散通道和出入口宽度设置应符合消防要求，并考虑各类残疾人的使用特点。

5.14 有比赛需求的滑雪场，应按照运动员、观众、贵宾、媒体、工作人员等客户群的无障碍需求，专项设计客户群的无障碍流线与无障碍设施。

5.15 滑雪场设置多个不同规模的综合服务厅时，均应符合上述无障碍设施的要求。

6. 雪场雪道与其他设施

6.01 雪场和雪道应符合分区分级的原则。应设置安全缓冲区，并设有明显的隔离设施或标志。滑雪场危险地段应设有牢固、可靠并符合国家相应标准的防护网和保护垫。游客观赏区域和滑雪道相邻地段应有隔离设施。危险区域应有安全警示标志、安全提示和防护设施。

6.02 儿童、单板、U形槽、初级雪道和专用娱雪区应与中高级道分开设置，并设有无障碍的游客观赏区。设无障碍通道连接综合服务大厅及主要设施。设专职安全人员，实施全程监控。

6.03 滑雪场所有客运索道和客运提升设备包括轿厢式、吊椅式、吊篮式、拖牵式索道和雪地魔毯等的起终点客站、中途客站等均应有连接道路，方便紧急救援。中途客站和终点客站设综合服务厅时应有无障碍通道相连接。各综合服务厅有道路连接时，应设置无障碍停车位。

6.04 上下客站应设置安全缓冲区和防护设施，防止滑雪者直接冲入。有轮椅上下客的轿厢式索道客站，应有语音提示及缓停和紧急制动装置。轿厢地面应与站台地面齐平。轿厢内设置安全抓杆、紧急呼叫装置等无障碍设施。应有经过手语、急救等无障碍培训的安全员，协助残疾滑雪者和其他有需要的人上下。客运提升设备应有缓停和紧急制动装置等安全措施。上下客站有安全提示、使用说明及演示残疾人安全使用的大屏。

6.05 滑雪场所有客运索道和客运提升设备均应在醒目位置设置向导图。向导图和说明应包括下列内容：1.使用者所在位置；2.索道和提升设备平面图；3.滑雪道及主要设施位置；4.索道和提升设备、滑雪道开放及关闭时间；5.值班室和急救室位置；6.卫生间、餐饮等服务设施位置及紧急救援须知等。

（后略）

参考文献

［1］"北京 2008 年奥运会申办报告"，北京奥运会申办委员会，2000

［2］"国际功能、残疾和健康分类"，世界卫生组织，2001

［3］"美国奥运城市与场馆考察报告"，吕小泉，北京奥组委工程部，2003

［4］"雅典残奥会考察报告"，吕小泉，北京奥组委工程部，2004

［5］"爱知世博会考察报告"，吕小泉，北京奥组委工程部，2005

［6］"向国际奥委会报送奥运基础设施建设情况的报告"，北京奥组委工程部，2005

［7］"悉尼奥运场馆考察报告"，吕小泉，北京奥组委工程部，2006

［8］"都灵冬残奥会考察报告"，吕小泉，北京奥组委工程部，2006

［9］"奥运场馆无障碍设计标准研究"，国家住房与城乡建设部标准研究所，2006

［10］"场馆周边无障碍设施需求"，北京奥组委工程部，2006

［11］"残奥会残疾客户群活动空间无障碍优化标准"，北京奥组委，2007

［12］"关于落实竞赛场馆主席台主要领导无障碍座席位置"，北京奥组委，2007

［13］"无障碍设施建设和管理条例实施情况报告"，北京市残疾人工作委员会，2007

［14］"无障碍设施建设和改造工作近三年开展情况报告"，北京市规划委黄艳，2007

［15］"残奥会临时无障碍设施搭建指导意见"，北京奥组委，2007

［16］"北京残奥会场馆的无障碍建设"，吕小泉《北京城市规划》杂志，2007

［17］"北京奥运场馆的无障碍技术工作"，吕小泉，北京无障碍建设与改造工作会会议文集，2007

［18］"场馆无障碍设施保障工作总结"，北京奥组委工程设施保障组，2008

［19］"场馆无障碍设施统计表"，北京奥组委工程部无障碍设施处，2008

［20］"残奥会场馆无障碍检查验收表"，北京奥组委工程部，2008

［21］"故宫无障碍情况"，故宫博物院，2008

［22］"八达岭长城无障碍"，北京八达岭特区办事处，2008

［23］"关于首都机场无障碍设施改造项目的报告"，首都机场股份公司，2008

［24］"奥运会与残奥会无障碍服务指南.第29届奥运会组委会"，地图出版社，2008

［25］"场馆无障碍设施应急预案"，吕小泉，北京奥组委工程部，2008

［26］"奥运档案第九集无障碍"，中央电视台，http://sports.cctv.com/20090116

［27］"无障碍通用设计"，黄群，2009

［28］"2008年奥运会对北京经济发展影响研究"，国家体育总局信息中心，2010

［29］"广州亚残运会无障碍咨询报告"，吕小泉，2010

［30］"广州亚残运会区域无障碍建设检查表及评分方法"，吕小泉，2010

［31］"大连残疾人托养服务中心无障碍建设咨询报告"，吕小泉，2011

［32］"中国无障碍设施建设技术标准体系建立与实施"，胡传海，2011

［33］"辽宁特殊教育学院无障碍建设咨询报告"，吕小泉，2011

［34］"杭州第八届残疾人运动会无障碍咨询报告"，吕小泉，2012

［35］"无障碍指南"，国际残奥委会，华夏出版社，2013

［36］"广州天河爱心公园无障碍咨询报告"，吕小泉，2014

［37］"成都第九届残疾人运动会无障碍咨询报告"，吕小泉，2014

［38］"无障碍建筑材料与装修标准 -- 北京家庭无障碍改造招标要求"，吕小泉，2015

［39］"张家口崇礼筹办2022冬残奥会的无障碍保障工作"，吕小泉，2016

［40］"博物馆建筑室内环境的无障碍流线研究"韩颖，东南大学博士学位论文，2016

［41］"对十三五规划无障碍科研项目与课题的建议"，吕小泉，2016

［42］"建筑无障碍安全与应急研究"，吕小泉、吕天天，中日国际无障碍建筑学术讨论会，清华大学，2017

［43］"多层工业建筑无障碍指南"，http://www.ttbz.org.cn/StandardManage/

［44］"多层工业建筑无障碍指南编制说明"，吕小泉，2017

［45］"旅游环境无障碍建设规范"，http://www.ttbz.org.cn/StandardManage/

［46］"旅游环境无障碍建设规范编制说明"，吕小泉，2017

［47］"山东省康复研究中心无障碍咨询报告"，吕小泉，2017

［48］"滑雪场建筑无障碍标准与编制"，吕小泉，北京中国肢残人协会，2017

［49］"南昌银行无障碍建设导则与编制说明"，吕小泉，2017

［50］"中国康复研究中心建设无障碍咨询建议"，吕小泉，2017

［51］"无障碍理念是雄安规划高点定位的钥匙"，吕小泉，2017

［52］"新农村与现代村镇无障碍规划原则"，吕小泉、张东山，2018

［53］"Visit to Beijing 28 March–5 April 2008"，Sir Philip Craven MBE，2008

［54］"Design for access and mobility"，Australia，AS1428.1–2001

［55］"Management of emergencies for people with disabilities"，Croft consultants，UK，2005

［56］"Access to and use of building"，Building regulation 2000，UK

［57］"The changing places toilet"，Martin Jackaman，UK，2013

［58］"Venue and facility accessibility standards"，IPC，2006

［59］"Technical manual on paralympic venues"，IPC，2005

［60］"Facility accessibility design standards"，London city，Canada，2007

［61］U.S. Congress. Civil Rights Act 1964.

［62］Architectural Barriers Act（ABA）1968.

［63］U.S. Congress. Rehabilitation Act 1973. Section 504.

［64］Uniform Federal Accessibility Standards（UFAS）.1984.

［65］Americans with Disabilities Act（ADA）1990.

［66］American with Disabilities Act Accessibility Guidelines（ADAAG）1991.

［67］U.S. Access Board. Americans with Disabilities Act and Architectural Barriers Act Accessibility Guidelines 2004.

［68］Architectural and Transportation Barriers Compliance Board（Access Board）. Americans with Disabilities Act（ADA）

［69］Accessibility Guidelines for Buildings and Facilities. ADAAG 2003.

［70］the Code of Federal Regulations（36 CFR part 1191）；

［71］ADA Accessibility Guidelines for Buildings and Facilities（ADAAG），2002.

［72］U.S. Department of Justice. ADA Standards for Accessible Design. 1994；

［73］2010 ADA Standards for Accessible Design（new 11/15/2010）

［74］American National Standard Institute（ANSI）. American National Standard for Buildings and Facilities – Providing Accessibility and Usability for Physically Handicapped People 1986. ANSI A117.1–1986

［75］U.S. General Services Administration（GSA）. The Facilities Standards for the Public Buildings Service. PBS—P100（march 2005）

［76］American National Standard Institute（ANSI）. American National Standard for Buildings and Facilities – Providing Accessibility and Usability for Physically Handicapped People 1961. ANSI A117.1–1961

［77］Guidance 2010 ADA standards，2011，U.S. Department of Justice.

［78］A Planning Guide for Making Temporary Events Accessible to People with Disabilities，NC State University，Rex J. Pace，2001

［79］ADA Guide for Small Businesses，U.S. Department of Justice，2008

［80］Barrier free design & universal design，James homes，2001

［81］Access Living Buildings，LCM Architect，USA，2015

［82］"Exhaustible Resources，Intergenerational Equity and Sustainable Development。"，Lu Tiantian，2003，Bath University excellent paper

［83］"Environmental Issues in International Trade。"，Lu Tiantian，2003，Tongji University

［84］"Stick Information versus Stick Prices"。Lu Tiantian，2003，

［85］"Cost and benefit analysis for London Olympics 2012"。Lu Tiantian，2004，Bath University excellent paper

［86］"London Olympic 2012 – Assessing the Economic Impact"，Lu Tiantian，Bath University，2004

［87］"Venue construction & project management"，Lu Xiaoquan，2006

［88］"The post Games utilization of the Olympic venues"，Lu Xiaoquan，Legacy Lives 2007 UK Sport Legacy Live Conference，2007

［89］"Update of Beijing venues accessibility design and construction development" Lu Xiaoquan, 2003–2008, BOCOG Report and conference briefing for IOC & IPC

［90］"Beijing urban accessibility development", Lu Xiaoquan, 2007, No 1。Beijing Urban Planning magazine (Edit & Published by Beijing municipal Planning Commission),

［91］"ABC–CLIO Companion to The Disability Rights Movement", Fred Pelka, 1997

［92］"Barrier Free Design", James Holmes–Siedles, 2000

［93］"Accessible Stadiums", U.S. Department of Justice, 2009

［94］"British Sports Building Access", Sport England, ISBN 1 86078 1497

［95］"Easy Access to Historic Building", England, 2012

［96］"blog.163.com/gzlwang@126", China, 2013

［97］"City of Mississauga 2011–2017 plan", 2010

［98］"GL4–5, Barrier Free Design Standards for Facilities at EXPO 2005", November 2003, Japan